古典文獻研究輯刊

三三編

潘美月・杜潔祥 主編

第36冊

美國漢學視野中的宋代文人趣味

吳佩烔 著

國家圖書館出版品預行編目資料

美國漢學視野中的宋代文人趣味／吳佩烔 著 -- 初版 -- 新北
市：花木蘭文化事業有限公司，2021〔民110〕
序2+ 目2+226 面；19×26 公分
（古典文獻研究輯刊 三三編；第36 冊）
ISBN 978-986-518-652-4（精裝）
1. 漢學 2. 宋代文學 3. 美國
011.08   110012115

ISBN-978-986-518-652-4

9 789865 186524

古典文獻研究輯刊
三三編　第三六冊   ISBN：978-986-518-652-4

美國漢學視野中的宋代文人趣味

作　　者	吳佩烔
主　　編	潘美月、杜潔祥
總 編 輯	杜潔祥
副總編輯	楊嘉樂
編　　輯	許郁翎、張雅淋、潘玟靜　美術編輯　陳逸婷
出　　版	花木蘭文化事業有限公司
發 行 人	高小娟
聯絡地址	235 新北市中和區中安街七二號十三樓
	電話：02-2923-1455／傳真：02-2923-1452
網　　址	http://www.huamulan.tw 信箱 service@huamulans.com
印　　刷	普羅文化出版廣告事業
初　　版	2021 年 9 月
全書字數	206759 字
定　　價	三三編 36 冊（精裝）台幣 90,000 元

美國漢學視野中的宋代文人趣味

吳佩烔 著

作者簡介

吳佩烔，1987 年生，江蘇南通人，文學博士，上海師範大學人文學院副教授，美國夏威夷大學馬諾阿分校中國學研究中心訪問學者（2015 ～ 2016）。主要研究方向為：美國漢學、比較詩學、文學與藝術的跨學科研究。迄今已在《文藝研究》、《中國比較文學》等期刊上發表論文多篇，並主持上海市哲學社會科學規劃課題一項。

提　　要

　　本書以現當代美國漢學家對宋代文人趣味的研究作為突破口，考察美國漢學界研究這一中國傳統審美文化和美學現象時的內容和方法，展現、探究、分析其中包含的中西美學與文化對話圖景。

　　全書主體部分共五章，首先結合趣味概念的歷史與特徵，闡述美國美學在這一問題上提供了何種思想資源，美國漢學家在此基礎上如何把握趣味概念並進入不同文化的審美領域；接著剖析美國漢學家如何通過「美學的秩序」等概念認知中國傳統文化思維方式，如何以此為基礎界定和解釋宋代文人的特點、身份內涵和文化思維；然後分別探尋美國漢學家如何研究宋代詩文、繪畫、書法中的文人趣味，包括注重從個體表達、日常經驗、自我養成和社會學美學視角把握宋代詩文寫作問題中的審美取向和價值判斷，以「詩畫結合」理念及其內涵詮釋為核心、研究宋代文人畫學畫論和繪畫實踐中體現的文人趣味，以及將作為書法美學核心之一的「法度」理解為基於秩序感的文化觀念、由此進一步闡釋從「唐法」到「宋意」的書法審美轉變。

　　通過上述研究，本書不僅僅意在挖掘美國漢學界的宋代文人趣味研究對於海外漢學自身、對於我們考察觀照海外漢學能夠具有何種啟示，更試圖探尋其對於中西跨文化交流的現實借鑒價值。

自　序

　　本書修訂自我的博士論文。這一研究課題的緣起最早或許可以追溯至本科就讀南京大學時對跨文化、跨學科研究產生的興趣，這種興趣最終促使我投身比較文學學科這一以跨文化、跨學科為基本特徵的領域。

　　在我國的比較文學研究領域，對包括美國漢學在內的海外漢學進行考察是一個重要的研究方向。所謂「漢學」，顧名思義即「外國學者對中國的研究」，這是一種典型的跨文化與跨學科研究。比如僅以狹義的文化學科分界而論，美國漢學界的中國文化研究已經在哲學、文學、藝術史、思想史等多個學科內做了大量引介考證、作品分析、問題詮釋、歷史敘述建構等工作，取得了不容忽視的成果；在此之上，美國漢學領域還具有多種科際整合的層面，比如美國學者以前述學科為基礎進一步深入到審美領域，綜合性地形成了對中國傳統審美文化的研究。對於比較文學和比較文化研究而言，美國漢學是一個具有充分價值的考察對象。

　　不過，對於美國漢學在多個學科內牽涉到的美學層面和審美領域，以及他們圍繞某些審美文化對象展開的科際整合和審美文化研究，國內學界的關注程度和深度目前尚有不足。故本書試圖以美國漢學家對宋代文人趣味這一審美文化內容和美學現象的研究作為突破口，考察其研究內容與方法，歸納其特點。本書的主要著眼點並非執著於對美國學者觀點正誤的判斷或批判，也並非主要討論其對某一學科的研究方法論建構是否有所助益，而是展現、探究、分析其中包含的中西美學與文化對話圖景。這一課題的意義，不僅僅在於挖掘這一領域對於海外漢學自身、對於我們考察觀照海外漢學能夠具有何種啟示，最終更要著落於探尋其對於中西跨文化交流的現實借鑒價值。

　　能夠完成這些篇章，基於我在求學和研究之路上得到的各種支持與幫助。

首先要感謝的是我的恩師劉耘華教授。我於 2013 年考入國家重點學科——上海師範大學比較文學與世界文學專業，在劉耘華教授門下攻讀博士學位。正是恩師的悉心指導，讓我的求學之路有了得窺門徑、豁然開朗之感，讓我無比真切地感受到比較文學與比較文化研究的豐富有趣，感受到做學問雖然辛苦，卻又何等快樂。恩師是非常純粹的學者，治學極為嚴謹，思慮周詳，見識深刻，為人隨和，是我等榜樣；在學業上對學生要求嚴格，在生活上恩師和師母對學生亦頗有照顧。跟隨恩師學習，在研究與寫作中得其悉心指點，又有幸跟隨參加各種學術活動，參與學術刊物編輯，各種磨礪，感覺自己無論是學術能力還是工作能力都得到質變，真正窺見學術之一二門徑。從恩師身上，我學到了不少足以受益終生的品格與方法。得遇明師，一生之幸，師恩之大，感激不盡。

然後要衷心感謝的是美國著名漢學家、夏威夷大學馬諾阿分校哲學系教授安樂哲（Roger T. Ames）先生。蒙安先生惠允，我於 2015 年 9 月至 2016 年 7 月赴該校中國學研究中心（Center for Chinese Studies）訪學，並受教於安先生。安先生有大儒之風，學識淵博，談吐博雅風趣，平易近人，與學生打成一片，深受愛戴。列席安先生之課堂而聆其論道，令我從事的研究課題乃至整個學業之路都受益匪淺。

在夏威夷的訪學之旅中，無論是在夏威夷大學的漢密爾頓圖書館（Thomas Hale Hamilton Library）查閱大量海外文獻，還是在東西中心（East-West Center）參與學術活動、與海外學者交流，抑或在風景優美、文化多元的夏威夷群島各地親身體驗各種跨文化的情境，都是難以忘懷的深刻經歷。若沒有這些經歷，沒有夏威夷大學以及中國學研究中心的 Daniel Tschudi 先生等的幫助，本研究課題難以順利完成。

此外，在寫作過程中還得到了李天綱教授、楊乃喬教授、陳建華教授、姜宇輝教授、宋炳輝教授、施曄教授、紀建勳教授、郭西安副教授、姚雲帆副教授等老師提出的寶貴修改意見，在此表示誠摯的謝意。

還要衷心感謝我的父母，為了使我能順利完成學業並繼續前行於學術之路，他們支持甚多，付出甚多。感謝我的妻子楊伊博士，同為學人，我們在學術和生活上都相互幫助、相互砥礪。

學術幽玄，道路漫長，如今也僅僅初窺個中風景。我將繼續不斷求索。

2021 年 2 月於上海家中

目

次

緒　論

　　美國學者對中國文化的研究無論是全部歸入海外「漢學」（sinology）這一傳統歸類，還是使用二戰後興起的「中國學」（Chinese studies）一詞，跨文化和跨學科屬性在其中始終一以貫之。與其他國家對中國的關注和研究一樣，美國漢學（中國學）是在跨越國界的政治、經濟、文化交流的視野中誕生的一門學術。經過一個半世紀的發展與積累，當代的美國漢學（中國學）已經具有了眾多的科目分支，兼具深度、廣度和獨特性，橫跨政治、經濟、社會、歷史、教育、文化等眾多人文學科領域。從文化視角來看，由於其以來自異域、作為「他者」的眼光關注中國，既有中西方各自文化的直接或間接比較，也有通過建立在自身文化基礎上的自身視域，對另一種異質文化進行的理解、詮釋和闡發，乃至將這些成果用於反觀西方自身。出於各種目的和動機，其成果與影響也為中國學者所關注，這種從中國的角度關注西方漢學研究內容、過程和方法論的本質，也是在充分利用、參照、借助西方學者在不同文化的語境和視角中對中國文化的體認所得，以融匯中外的方式開闢新的視角來反觀中國自身，從而更加立體地認識作為自己立身之本的中國文化。以中國文化為對象，在雙方的不同文化語境中進行多重折射而獲得新知，在不斷的文化交流中拓展視野，不斷推進對各自自身文化以及不同文化相通相異的認識，並在終極層面上認識人類與人類文化的本質，構成了中西比較文化研究、中西文化對話關係的重要內容和意義所在，這也是西方漢學研究和對西方漢學的研究的根本立足點〔註1〕。

─────────────

〔註 1〕出於這一認識，本書以下仍然全部使用「漢學」一詞指稱美國學者的中國文化研究。

　　目前，國內學界對現當代美國漢學中的比較文化研究的關注，以及這種關注的成果，主要集中在思想研究領域、傳統的比較文學研究領域和中國藝術史領域。思想研究部分的重點是美國漢學家對中國傳統哲學思想的研究，主要體現為以下三種形式：（1）對漢學家及其觀點與方法的個案研究，主要關注對象為安樂哲（Roger T. Ames）、郝大維（David L. Hall）、史華慈（Benjamin I. Schwartz）等，這方面的研究成果有郭齊勇、李蘭蘭《安樂哲「儒家角色倫理」學說析評》〔註2〕、劉耘華《「清掃通向中國的道路」——郝大維和安樂哲的中西比較文化方法論試探》〔註3〕、許紀霖、宋宏編《史華慈論中國》〔註4〕中收錄的諸多國內學者對史華慈的研究和論述等等；（2）在具體哲學觀點討論中運用美國漢學家的思想材料，如韓振華的《從宗教辯難到哲學論爭——西方漢學界圍繞孟子「性善」說的兩場論戰》〔註5〕和《孟子是個講「邏輯」的人嗎？——基於對西方漢學視角的考察》〔註6〕等；（3）對中國古代思想著作的翻譯研究，如譚曉麗《和而不同——安樂哲儒學典籍合作英譯研究》〔註7〕、宋曉春《比較哲學視閾下安樂哲〈中庸〉翻譯研究》〔註8〕等等。對於美國漢學中的比較文學研究，受到國內學界關注的漢學家主要包括宇文所安（Stephen Owen）、柯馬丁（Martin Kern）、艾朗諾（Ronald Egan）等，其中以對宇文所安的關注最為集中，如葛紅《宇文所安唐詩史方法論研究》〔註9〕、高超《宇文所安唐詩研究及其詩學思想的建構》〔註10〕等，其他還有馮若春《「他者」的眼光——論北美漢學家關於「詩言志」、「言

〔註2〕郭齊勇、李蘭蘭：「安樂哲『儒家角色倫理』學說析評」，載《哲學研究》2015年第1期，42～48頁。
〔註3〕劉耘華：「『清掃通向中國的道路』——郝大維和安樂哲的中西比較文化方法論試探」，載《文藝理論研究》2013年第6期，146～156頁。
〔註4〕許紀霖、宋宏編：《史華慈論中國》，新星出版社，2006年。
〔註5〕韓振華：「從宗教辯難到哲學論爭——西方漢學界圍繞孟子『性善』說的兩場論戰」，載《中山大學學報（社會科學版）》2012年第6期，156～166頁。
〔註6〕韓振華：「孟子是個講『邏輯』的人嗎？——基於對西方漢學視角的考察」，載《復旦學報（社會科學版）》2014年第1期，65～75頁。
〔註7〕譚曉麗：《和而不同——安樂哲儒學典籍合作英譯研究》，復旦大學博士學位論文，2011年。
〔註8〕宋曉春：「比較哲學視閾下安樂哲《中庸》翻譯研究」，載《外語與外語教學》2013年第2期，77～80頁。
〔註9〕葛紅：《宇文所安唐詩史方法論研究》，西北大學博士學位論文，2010年。
〔註10〕高超：《宇文所安唐詩研究及其詩學思想的建構》，天津師範大學博士學位論文，2012年。

意關係」的研究》〔註11〕、張妍《自我指涉與表演：柯馬丁解釋〈詩經〉等文本的策略》〔註12〕等等。

　　這兩個領域受到的重視程度較高，成果相對較為集中，但也有一個重要的缺陷——美學維度的缺失。在西方傳統中美學與哲學難以分家，美國漢學家在對中國傳統文化的研究和詮釋中並非不注意美學的領域，比如安樂哲、郝大維在其「中西思想比較三部曲」中提出的一個用以描述中國文化思維形態的重要概念就是「美學的秩序」，多次將中國文化傳統稱為「美學傳統」。這種提法的內涵並未在國內學界的研究中得到足夠重視，其與歐洲美學史和美國美學的關聯，以及其中包含的中西美學比較，也因此被忽略。包弼德（Peter K. Bol）的《斯文：唐宋思想的轉型》（*"This Culture of Ours": Intellectual Transitions in T'ang and Sung China*）一般被視為一部唐至北宋的思想史著作，但其中也包含了不少美學方面的材料。對美國漢學中的比較文學研究的關注，由於文學的性質而具有相對更濃的美學色彩，但像《斯文》一書中運用文學及其他材料關聯印證思想觀念那樣的跨學科研究，在我們自身對漢學的關注方式中目前還比較缺乏。此外，對這一領域的美國漢學家的關注範圍也還有所不足，對齊皎瀚（Jonathan Chaves）、傅君勱（Michael A. Fuller）、柯霖（Colin S. C. Hawes）等當代美國學者的著作很少提及，從而限制了文學和美學視野的進一步擴展。

　　提及美學的維度就不能不提到美國漢學中的另外一個重要領域——中國藝術研究。這一領域也匯聚了不少美國學者，從堪稱現代美國漢學之中國藝術研究奠基人的福開森（John C. Ferguson），到包括高居翰（James Cahill）、班宗華（Richard Barnhart）、卜壽珊（Susan Bush）、孟久麗（Julia K. Murray）、包華石（Martin J. Powers）、韓文彬（Robert E. Harrist, Jr.）等在內的當代學者，他們的成果在美國漢學領域中也頗為豐碩。對於這一部分，國內學界雖也有所涉及，但整體關注度和關注範圍仍明顯不夠，主要表現為兩點：一是多為僅從藝術史專業角度出發（如李勇的《異域視野中的「中國藝術」——英美漢學界中國美術史研究芻論》〔註13〕），文化視角欠

〔註11〕馮若春：《「他者」的眼光——論北美漢學家關於「詩言志」、「言意關係」的研究》，四川大學博士學位論文，2004 年。
〔註12〕張妍：《自我指涉與表演：柯馬丁解釋〈詩經〉等文本的策略》，浙江大學博士學位論文，2014 年。
〔註13〕李勇：「異域視野中的『中國藝術』——英美漢學界中國美術史研究芻論」，

缺；二是在關注的漢學家個體上過於集中於高居翰（對他的研究論述有杭春曉《高居翰「視覺研究」中的辭與圖——中國繪畫史研究方法之再檢討》〔註14〕、吳堅旭《創造性模仿在繪畫藝術中的意義——高居翰對董其昌「仿」之闡釋》〔註15〕等）等少數大家，對其他美國學者鮮少提及。這兩方面都導致了對美國漢學中國藝術研究中的美學觀念的發掘和與思想研究的結合較為不足。

由上所述，從美學層面出發，以美學觀念作為貫穿線索進行思想、文學、藝術相互結合、關聯、印證的跨學科研究，在對現當代美國漢學中的比較文化研究的考察中仍大有值得發掘之處。因此，筆者的課題之用意也在於探尋美國漢學中的比較文化研究的美學維度、以及其中包含的文化觀點與文化研究方法論，並通過跨學科研究，對美國漢學所包含領域進行更廣泛的關注，挖掘美國漢學中的新視角，發現和考察其中包含的更多比較文化研究經驗，從而更全面地考察其中的中西文化交流。

為達成這一研究目標，筆者所選擇的切入點是美國漢學家研究宋代思想史、文學史、藝術史、文化史時對文人趣味這一美學現象的涉足和研究情況。作為移民國家，美國學術界不但具有相對更高的開放性，其人員組成也比較豐富。就漢學研究而言，既有比較「單純」的西方漢學家，他們來自西方母語和西方文化背景、接受比較純粹的西方學術訓練、在西方學術環境中接觸中國文化和展開漢學研究，如前面提到的安樂哲、郝大維、史華慈、艾朗諾、包弼德、齊皎瀚、傅君勱、柯霖、高居翰、班宗華、卜壽珊、孟久麗、包華石、韓文彬等；也有眾多的華人學者在美國漢學研究中具有重要地位，如杜維明、余寶琳、孫康宜、高友工、方聞、巫鴻等。本文所選擇的作為研究對象的美國漢學家聚焦於前一群體。之所以做此選擇，是因為他們的文化身份和學術背景較為單純，故進入中國文化這一領域時所感受到的文化異質性也更為單純和強烈，所體現的文化碰撞更為直接，交流的圖景更為明晰；而華人學者中仍以漢語為母語、在成長環境中即較多接觸中國文化及其思維範式（甚至成年後才赴美）者為數不少，又在西方學術體系和

載《文藝評論》2014 年第 5 期，11～16 頁。

〔註14〕杭春曉：「高居翰『視覺研究』中的辭與圖——中國繪畫史研究方法之再檢討」，載《文藝研究》2014 年第 12 期，125～135 頁。

〔註15〕吳堅旭：「創造性模仿在繪畫藝術中的意義——高居翰對董其昌『仿』之闡釋」，載《深圳大學學報（人文社會科學版）》2009 年第 4 期，143～146 頁。

學術環境中對自己的母語和母文化展開研究，其中的中西文化碰撞和交流圖景是非常複雜的，甚至可以說形成了不同於西方漢學家群體的另一問題。因此，作為切入美國漢學之美學領域的開始，本文選擇美國漢學家中的西方群體作為研究對象，便於以更為直接與明晰的方式，對中西美學與文化在該領域中的碰撞和交流進行挖掘和把握。

之所以選擇從文人趣味這一角度切入，一在於所謂「文人美學」和「文人趣味」是中國傳統審美的一個非常重要的組成部分，不但從我們自身視角出發的中國美學史敘述中可以確認這一點，美國漢學對中國傳統審美的研究也反映了同樣的認識，這一線索貫穿了他們從宋至清的中國美學研究，因此作為考察美國漢學家如何涉足中國美學問題的著手之處非常合適；二在於美國漢學家的美學研究在總體上具有不著意於理論建構、注重從實際文本和物質形式出發、注重實際的體驗性和「非概念性」的審美經驗把握方式等特點，具有濃厚的美國式自然主義和實用主義美學特色——而在這種情況下「趣味」還是在其研究文本中較常出現的美學概念，說明無論他們如何務實不務虛，趣味問題確實在他們所涉足的中國美學領域中佔有重要地位。

之所以在美國漢學於文人趣味方面的研究中選擇宋代這一時期，也主要基於我們自身和美國學者對宋代這一時期的地位和重要性的認識。從我們自身的視角來說，宋代在思想、文學、藝術、社會文化等多方面的特質和成就使其成為中國文化史中具有關鍵性意義的時期，可以說奠定了中世之後中國文化的許多基本面；而宋代在這方面所確立的趣味，無論是寫作中的「平淡」、「理趣」，書法的「唐法宋意」轉型中對「法度」這一書法美學核心觀念的處理，繪畫中對「詩意」和「畫如好詩」的追求等等，也都是具有代表性、並對後世產生深遠影響的美學特質。美國漢學家對文人趣味的研究同樣也將宋代這一時期放在重要位置。一方面，在研究理路上，美國漢學中的美學研究與思想研究相互取用滲透（比如在其對宋代文學和藝術領域的研究中，多有對審美意識的哲學與社會思想史基礎的追溯），藝術成就與思想意識的共生也被美國學者視為宋代美學（尤其文人美學）的特點，且這一特點尤其為文人士大夫所承擔——由於美學與其哲學思想基礎的這種強相關性，既然宋代在漢學視角下的中國思想史研究中具有重要地位，那麼宋代文人在文人趣味、文人美學中的重要性也就不言而喻。另一方面，單

從美學史角度看，美國漢學家同樣視宋代這一時期在中國文人美學的發展史中具有重要地位。比如孟德衛（David E. Mungello）不但注意「太極」、「理」、心性養成等典型宋代新儒學觀念在文人美學中的基礎作用，還將朱熹去世這一時點作為大部分文人傳統已經形成的階段性標誌〔註 16〕，故宋代這一時期在文人美學、文人趣味研究中的重要性可見一斑，亦可表明美國漢學家為何在對這一時期的審美研究中投入大量精力。

因此，以趣味這一美學概念作為貫穿線索，以宋代這一在思想史、文學史、藝術史、文化史上均具有關鍵性意義的時期作為切入點，從美學維度對美國漢學家的思想文化、文學、藝術研究進行跨學科的綜合考察，不但可以發掘美國漢學中的美學研究特點，也有助於更好地把握他們的比較文化方法論，以期在中西文化的對話關係中有所助益。

作為宋代具有多方面成就、引領社會文化之先的文人士大夫精英代表，蘇軾將文化的基本分支分為文、詩、書、畫四大領域〔註 17〕，在美學上所涉及的是三個基本層面：（1）作為文人士大夫立身之本和文化存在方式的寫作；（2）寫作的外在物質形式及其所代表的日常生活藝術化；（3）如何在非「本職」的領域中體現屬於自身的文化屬性和美學特質，進一步確立屬於自身的文化場域。美國漢學家對宋代文人趣味的研究也主要集中於這四大基本領域和三個基本層面。因此，對於現當代美國漢學家如何研究宋代文人趣味這一課題，筆者主要分為五個部分進行展開：

第一章，主要闡述趣味的定義、美國美學在趣味問題上提供了何種思想資源，在此基礎上美國漢學家具有怎樣的趣味觀，如何涉及、把握和運用趣味這一美學概念。

第二章，對趣味問題同時也是文化問題的主體——宋代文人的身份、特點、內涵進行剖析，這一剖析主要分為三部分：（1）由於文人作為中國傳統文化的主體之一，對其文化思維方式的辨析，首先應始於對美國漢學中作為中國傳統文化思維方式的「美學的秩序」的分析；（2）從中國傳統和美國漢

〔註 16〕David E. Mungello, "Neo-Confucianism and Wen-jen Aesthetic Theory", In *Philosophy East and West*, Vol. 19, No. 4（Oct., 1969），pp.368-369.

〔註 17〕蘇軾《書吳道子畫後》：「知者創物，能者述焉，非一人而成也。君子之於學，百工之於技，自三代歷漢至唐而備矣。故詩至於杜子美，文至於韓退之，書至於顏魯公，畫至於吳道子，而古今之變，天下之能事畢矣。」見〔宋〕蘇軾著，孔凡禮點校：《蘇軾文集》，中華書局，1986 年版，第 2210～2211 頁。

學家的譯名與解釋分析「文人」這一身份的特定內涵；（3）「美學的秩序」在宋代文人身上的表現。

第三章，結合美國漢學家對宋代詩文寫作中幾個具有宋代特色的實際問題——對「時文」和西崑體詩歌的反應、「平淡」風格、「理趣」、宋詞地位變化與江西詩派構建中的文化生產的研究，闡述美國漢學家如何把握這些問題中所包含的宋代文人審美取向和對寫作的價值判斷。

第四章，基於宋代士人畫、文人畫的發展背景，以「詩畫結合」這一審美趣味理念為核心，考察美國漢學對宋代文人畫學畫論和繪畫實踐中體現的文人趣味的研究，以及對南宋時期「文人趣味」成為一種圖像文化符號這一現象的理解。

第五章，以作為書法美學核心之一的「法度」概念為線索，考察美國漢學家對宋代文人書法美學及其中趣味的研究。

處理宋代文人趣味問題和美國漢學視野下對其的研究，需要注意的關鍵問題有三：其一，作為趣味主體，「文人」概念和特質無論在國內外的研究中都有多方面多角度的解釋，甚至指稱和概括這一群體以及他們所具有的身份特質和文化內涵的術語在歷史上也多種多樣，這些多樣的術語和解釋中所體現出的文化精英身份的複雜性、多面性和內在張力，在宋代也體現得最為明顯，因此需要予以分析和釐清；其二，宋代文人士大夫的審美趣味，其本質是一種自我實現，其表達特點是非概念性、身體性、行動性和表演化，美國漢學家也與之相應採用了基於自然主義、實用主義和經驗美學的研究視角，二者之間的關係值得玩味；其三，在由唐至宋轉型期的思想領域，所謂「斯文」、或者說大的文化傳統的問題佔有重要位置，而在美國漢學家的視角中，這種決定了文人士大夫文化位置的根本點如何影響宋代文士在各領域的表達中的趣味選擇，這其中傳統與個人之間的張力如何得到處理——這可以說關係到如何處理中西文化相通性和差異性的根本，也是對美國漢學中的美學層面進行發掘的最終指歸。

第一章　美國美學和漢學中的趣味觀

第一節　非概念性的趣味

　　美學中的「趣味」，主要指一種具有很強主觀性的審美取向、審美鑒賞力和判斷力。以英語中表示趣味的 taste 一詞為例，據《英漢大詞典》，其有「感受、體會、鑒賞力、審美力、式樣、風格」等義〔註1〕，從中可見趣味包括了以感性為主的體驗、審美判斷力與以式樣和風格等為主的鑒賞評判內容；《牛津哲學詞典》的解釋是：「趣味判斷是審美判斷。它們表達的是主體認為適用於審美思考中某客體的反應：它是美的、高雅的、和諧的、高尚的等等，或者枯燥無味的、感情用事的、過於誇張的、無意義的等等。這些判斷的主客觀性問題，趣味的培養方法，與道德認可等的關聯，這些內容是美學的一部分，主要發展於 18 世紀。」〔註2〕審美趣味一般被認為是從味覺中延伸而來，在西方，無論是古希臘語中的 γενσιζ，還是英語中表示趣味的 taste 或 relish、法語中表示趣味的 Goût、德語中表示趣味的 Geschmack，其本義都與味覺或味道有關，由此可以看出「趣味」一詞在西方與品嘗食物的味覺的關聯性。由於味覺的直接性、模糊性和主觀性遠強於一般在美學中被視為主要感知來源的視覺與聽覺，因此在近現代哲學、美學理論中，審美趣味這一概

〔註1〕陸谷孫主編：《英漢大詞典（第二版）》，上海譯文出版社，2007 年版，第 2076 頁。

〔註2〕〔英〕布萊克波恩：《牛津哲學詞典》，上海外語教育出版社，2000 年版，第 373 頁。原文為英文，中文譯文為筆者自譯。

念中的主觀感性特質和作為一種感官能力的屬性被置於尤其重要的位置，其中感性經驗的群體之別與個體差異性也更為突出。

伽達默爾在總結「藝術經驗的真理問題」中所展現的歐洲「人文主義傳統」（實際就是歐洲傳統美學及其哲學基礎中有別於科學方法和思維的部分）時，將其概括為由「教化」（Buildung）、「共通感」（Sensus Communis）、「判斷力」（Urteilskraft）和趣味（Geschmack）這四個概念為主導的體系。根據他對這個體系的推演，成為人文主義傳統核心概念的便是趣味，其他三個概念最終指向的也正是趣味問題。

所謂「教化」，最初是起源於中世紀神秘主義的、具有宗教性的精神意蘊，後來首先與修養概念緊密結合，接著經由康德、黑格爾、威廉·馮·洪堡（W. v. Humboldt）發展出自我造就（Sichbilden）和由知識、精神、道德融入貫徹於感性和個性之中的情操（Sinnesart）等含義，實際就是指人類脫離直接性與本能性來構造自身精神世界的方式，其基本性質為普遍性——人類通過教化「使自身成為一個普遍的精神存在」，並節制自己的個別性和特殊性，使特殊性「由這種普遍性出發才得到正確而恰當的規定」〔註3〕，並在與他人、他物的關係中認識自身。在具體的認識活動中，教化「存在著一種對於自身的尺度和距離的普遍感覺，而且在這一點上存在著一種超出自身而進入普遍性的提升」，其凝聚成的本質性表述是「一種普遍和共同的感覺……使得人們聯想到某種廣闊的歷史關係」〔註4〕。這樣教化問題實質上被引向了由歷史積累而成、影響和塑造身處歷史和群體中的每一個個體的普遍性文化取向和文化秩序，並將問題轉換為如何建立普遍的文化取向、秩序和感覺，以及相關的下一個概念——「共通感」。

「共通感」最初源於雄辯術及其修辭學，在該領域中討論的是如何正確並巧妙地論證和傳達真理和意義、並以強烈的感染力感動他人、從而建立共同的感覺；同時它還與以「數學方法」為基礎的批判性科學思維相對立，是一種具體的、具有普遍性和生活性的智慧。這種定義意味著「共通感」是通過外在的表達和行為建立共同的、能在人群中產生吸引力和凝聚力的感

〔註3〕〔德〕伽達默爾著，洪漢鼎譯：《真理與方法》，商務印書館，2010年版，第23頁。
〔註4〕〔德〕伽達默爾著，洪漢鼎譯：《真理與方法》，商務印書館，2010年版，第31頁。

性經驗。共通感中存在一種對可信事物本能而即時的取信傾向，而可信性來自兩個方向，一是對具體事物的掌握，二是由社會習俗所規定的是否可行、是否適當之類的區分與態度，因此具有歷史性。通過普遍性教化建立的共同的取信傾向，在運用於對具體事物和關係的可行、合理、適當與否等定性問題時，就勢必需要伽達默爾所提及的第三個概念——判斷力，並通過判斷力來體現由教化建立的「健全理性」和共同感覺，將判斷力的具備與否作為對人的品質的一種定性，即愚昧與聰明之別。然而判斷力作為一種將某一特殊歸入某種一般的認識能力和活動，需要在單個特殊事物中判斷完滿與非完滿，這就需要一個從普遍出發至個別的關鍵點，以及一套可以指導個別應用的規則和標準；這種規則和標準又需要通過具體事情來訓練而不是簡單應用預先給予的概念，並包含了深刻的感性因素，故鮑姆嘉通把感受性的判斷（iudicium sensitivum）描述為趣味（gustus），康德認為感性判斷的能力範圍裏只有審美的趣味判斷，稱「一種完滿性的感性判斷就是趣味」〔註5〕。於是教化、共通感和判斷力所涉及的方面最終都聚焦於趣味問題之中。

伽達默爾認為趣味概念統合了具體的感性、本能性和由教化塑造的共同理性或共同規則與標準。在具體、感性的方面，他引用和概述巴爾塔札·格拉西安（B. Gracian）的觀點：趣味帶有感性上的差別，是「以最直接的方式享有的接受和拒絕」，介乎感性本能和精神自由之間〔註6〕；同時在歷史上趣味最早是道德性概念而非審美性概念，這意味著趣味必然與教化有所關聯，趣味的運行也不是單純聽憑本能——格拉西安心目中有教養之人的趣味是在「同生活和社會的一切事物保持正確距離的自由」和「自覺而冷靜地分辨和選擇」中運行的〔註7〕，故趣味也被格拉西安作為其教化理想的出發點。以此為起點，隨著社會制度和階層結構的更替，趣味進一步發展為社會教化理想和相應的共同判斷的象徵，「好的趣味」作為「好的理想」塑造了「好的社會」，故趣味不限於個體，它也是一種社會現象。

〔註5〕〔德〕伽達默爾著，洪漢鼎譯：《真理與方法》，商務印書館，2010年版，第51頁。

〔註6〕〔德〕伽達默爾著，洪漢鼎譯：《真理與方法》，商務印書館，2010年版，第56頁。

〔註7〕〔德〕伽達默爾著，洪漢鼎譯：《真理與方法》，商務印書館，2010年版，第56～57頁。

　　趣味概念包含了深受社會的普遍性教化所影響的認知方式，以及精神上的分辨能力，但這種認知和分辨以及它們所產生的取向又與徹底的普遍性之間若即若離：它們不具備（或難以發現）所有人都必須承認的概念上的普遍標準，不刨根問底也不能被論證，而是以類似感覺的方式作出接受或拒絕的堅定判斷，並以這種堅定判斷確立某種趣味的可靠性；依據這一趣味做出的肯定和否定，都是建立於保存這一趣味自身的目的，使其自身不受侵害。因此雖然趣味是一種社會現象，具有社會普遍化的要素（比如「時尚」這一現象），同時也包含了個體與普遍之間的微妙張力——不僅包括如何處理趣味與普遍性影響的關係，甚至還包括個體（或某一群體）的趣味反過來對普遍的教化與時尚構成影響：

　　　　趣味儘管也是活動於這樣的社會共同體中，但是它不隸屬於這種共同體——正相反，好的趣味是這樣顯示自己的特徵的，即它知道使自己去迎合由時尚所代表的趣味潮流，或者相反，它知道使時尚所要求的東西去迎合它自身的好的趣味。因此趣味概念包含著：我們即使在時尚之中也掌握尺度，不盲目跟隨時尚的變化要求，而是使用我們自己的判斷。人們掌握趣味的「風格」（Stil），即把時尚的要求同他們自己趣味的所注視的整體聯繫起來，並接受那種與這個整體相適合、相適應的東西。〔註8〕

　　在這種張力之中，判斷力就成了確立和維繫趣味的必要條件，人們需要以此在審美中確定何者為美的東西，以及將美的東西置於何種互相適合的整體之中。這種判斷在受到整體性影響的同時也保有一定的自由，不依賴於與所有他人的判斷的完全一致。因此趣味的判斷具有理想和標準，作為認識行為又表現出對整體與個體、普遍與具體關係的處理，「是以反思判斷力的方式從個體去把握該個體可以歸於其下的一般性」〔註9〕。

　　伽達默爾的上述梳理和總結表明了趣味的兩大重要特徵。一方面，在歐洲人文傳統的視域下，趣味包含了非常複雜的層面。作為人文領域中的一個概念，趣味進入美學領域後就幾乎從未被作為單純而具體的藝術審美問題來

〔註8〕〔德〕伽達默爾著，洪漢鼎譯：《真理與方法》，商務印書館，2010年版，第59頁。

〔註9〕〔德〕伽達默爾著，洪漢鼎譯：《真理與方法》，商務印書館，2010年版，第60頁。

看待；它不可避免地與道德、倫理等價值因素結合，在具體、個別的事物和關係內有所體現的同時，也被置於社會性和文化性的視角之中。來自歷史積澱的社會文化秩序所提供的普遍性因素與趣味經驗的個體性和直接性相結合，使得審美趣味被賦予了如下重要功能──反映人文傳統下人類精神世界運作方式和相應價值追求，並體現出蘊含這些方式與價值追求的外部現象。另一方面，趣味一詞本身雖然是一個美學概念，但它的運行和對它的把握卻是「非概念性」的，既不能或難以像「美」那樣進行本體論層面的論證，本身也不以論證的邏輯方式確立；作為一種認識行為，它必須以不與其所應用的具體情況相脫離的方式而實現，因此對趣味的把握和研究必須深入實際的審美領域和審美問題，比如具體的藝術研究。這種非概念性和具體性，實際上使得趣味獲得了更高層面的、在存在範圍和存在意義上的普遍性，極大地抬升了趣味問題在人文研究中的地位，並獲得了甚至足以跨越自身文化與他者文化之別而展開人類精神世界考察的可能性。

　　在中國傳統審美話語中，同樣也有不少關於「趣」和「味」的言說，雖不能直接等同於西方意義上的趣味，但其作為審美追求和審美判斷的內容實質，使其可以被納入趣味問題的視野。在語言的來源上，與西方之 taste 起於以味覺比審美相似，中國傳統話語中對審美的言說也從味覺的比喻開始，如《左傳‧昭公二十年》中晏子論樂：

　　　　聲亦如味，一氣，二體，三類，四物，五聲，六律，七音，八風，九歌，以相成也。清濁，小大，短長，疾徐，哀樂，剛柔，遲速，高下，出入，周疏，以相濟也。君子聽之，以平其心。心平，德和。〔註10〕

　　這裡的「味」包含了兩種層面：有具體可感的外在形態與風貌，以供審美之需──比如聲律和剛柔疾徐等外在形態表現；有對人的感性上的影響（「心平」）、對精神世界乃至文化上的影響（「德和」），乃至由此產生的審美目的和價值（「君子聽之，以平其心」）。以此為起源的後世「餘味」、「風味」、「滋味」等眾多關於「味」之言說，其言說架構也基本以此為基準。不過與西方的趣味概念不同的是，中國的「味」雖也需要以具體可感的外在形態作為感知的基礎，但其並不與某種或某些具體的外在審美樣式、風格、內容等掛

〔註10〕楊伯峻：《春秋左傳注》，中華書局，2009 年版，第 1420 頁。

鉤，而是更注重於一種可以超越外在形式的直接性和具體性、使感性突破感官侷限而獲得極大豐富性的審美體驗。

「趣」有兩重含義。其一為取向，如《說文解字》解釋為「疾也」，《廣韻》解釋為「向」也，亦即「趣」本通「趨」，有趨向、方向、速度之意，進入審美話語中便指審美意識的指向、追求和旨趣等。其二則與「味」相類似，是一種超越了具體外在形式和內容、賦予感性以極大豐富感的審美體驗；這種審美體驗通常只給定一個模糊的方向，就是尤其強調給人以某種充滿活力的生動之感。後世也產生了眾多以「趣」為名的審美形態與審美追求，如「理趣」、「奇趣」、「諧趣」、「興趣」等，往往具有「趣」的這種雙重含義。比如南宋嚴羽《滄浪詩話・詩辨》中，在推崇盛唐詩審美時提出「興趣」之說：「盛唐諸人惟在興趣，羚羊掛角，無跡可求。故其妙處透徹玲瓏，不可湊泊……言有盡而意無窮。」〔註11〕此處所謂「興趣」，即由「興」而得「趣」，直接作用於感性直覺和形象思維，是指「詩歌意象所包含的那種為外物形象直接觸發的審美情趣」〔註12〕。「興趣」一說不但包含了具體的審美外在形態（由外物形象直接觸發而不說理議論）和以豐富性與活力為方向的審美感受（「言有盡而意無窮」），也提出了明確的審美判斷標準，作為嚴羽的一家之言又體現了屬於其個人的主觀審美取向和價值追求，無疑可以納入趣味問題的範疇。其他與「趣」相連的「理」、「奇」、「諧」等，大體也以這類形態構成。

中國傳統的「趣」「味」話語，其目的論最終往往指向修德養性，終不免於帶上教化與養成的目的；但更多的還是將審美話語聚焦於外在的審美風貌、格調、情調，以及由這些所產生的感性體悟與評價。較之西方的趣味理論，中國傳統「趣」「味」言說相對而言更加聚焦於純粹的感性審美層面，落實於具體而常常分散的審美問題和審美案例之中（但又不被這些具體問題案例所限制），更側重感官基礎上的心理體悟，而並未構成周密的理論體系，至少從文本上看也不太注重將整個人文傳統納入趣味話語的理論視角和方法。中國的「趣」「味」與西方趣味概念的最大不同，是西方趣味更注重可以客體化的外在表現載體，而中國的「趣」「味」在可以與具體審美樣

〔註11〕吳文治主編：《宋詩話全編》，江蘇古籍出版社，1998 年版，第 8719～8720頁。

〔註12〕葉朗：《中國美學史大綱》，上海人民出版社，1985 年版，第 314～315 頁。

式相結合的同時，還追求超越了具體性的感性體驗。不過，即便是對這種超越性審美體驗的追求，也同樣是一種有明確目標和標準的審美意識和審美取向，其中亦不乏對審美的判斷。從這個角度理解，中國傳統話語中的「趣」「味」與西方視野下趣味問題的本質和主要內容具有一致性和共通點，也可以嘗試通過對實質而具體的審美問題和審美表現進行情境性的考察，將中國傳統審美話語和審美追求納入趣味問題的視野，並在此基礎上尋找對中國傳統審美文化進行進一步探究的可能性，從而為西方漢學進入中國傳統審美文化提供了路徑——當然，是否直接建構趣味與「趣」「味」的術語和理論關聯，直接將對超越具體形式的豐富性和活力的審美體驗作為審美趣味的一種進行研究，取決於學者對具體方法和路徑的選擇。目前看來，美國漢學家甚少選擇這一方式，不過他們的這種選擇還有另一更重要的理由——中國傳統的「趣」「味」話語，同樣也進一步印證了中西趣味問題共同具有的非概念性特點，其核心方法無論中西，都需要著落於具體情境和具體問題，講求審美上的實質，亦即他們選擇的是中國傳統審美之「趣」中可以以具體審美樣式呈現的一面。美國學者的研究活動和研究成果表明，他們正是循從具體問題入手這一路徑，在跨文化的背景下進入了中國審美文化的領域。

　　漢學中的美學思考方式和研究方法論，追根究底需要追溯至其前見的構成，即漢學家自身所處的美學傳統之中。因此，對於自身文化屬性與歐洲人文傳統有著深厚關聯的美國學者而言，將對趣味問題的認識和考察反映在漢學研究當中，也可謂順理成章。在進入涉及美學層面的漢學領域時，taste 一詞在美國漢學家的行文中並非鮮見，因為與趣味這一概念有關的領域，如文學、藝術及相關文化活動，都是美國漢學的重要研究部分。不過由於美國哲學、美學乃至美國文化同樣建立了屬於自身的特點和思潮，使得美國漢學家對趣味問題的把握也體現出了獨特之處，甚至可以說在美國漢學家研究中國美學中的趣味問題之時，美國自身的美學思想傳統對這些研究的方法論和思維方式產生了更大的影響。因此，欲追尋美國漢學在這方面研究中所表現出的特點，還應當從美國自身的美學資源中尋找源頭。

第二節　美國漢學中趣味研究的基礎：來自美國美學的思想資源

　　在趣味問題的前見上，來自歐洲的人文傳統為美國漢學所起到的作用，更多是確立問題的基本概念、屬性和範疇。而在思維方式、方法論、研究方式等方面支撐著美國漢學家對中國審美文化研究的自身美學基礎，更多來自美國自身的美學思想傳統。20世紀的美國現代美學在主要繼承歐洲美學傳統的同時，也建立了具有自身特點的美學理論體系和美學話語。至20世紀中後期美國漢學開始大規模進入對中國傳統審美文化的研究之時，美國美學已經建立了包括分析美學、符號論美學、格式塔心理學美學、自然主義和實用主義美學等在內的多種理論體系，可以從美國自身的角度為跨文化的審美研究提供思維的出發點和前見。

　　以 1942 年美國美學學會成立為標誌、美學這一學科正式在美國建立之後，美國美學的主流是分析美學，符號論美學和格式塔心理學美學等也具有相當的影響力。但是在趣味問題上，能夠為美國漢學家提供方法論和研究範式支持的主要是自然主義和實用主義美學。這是因為要研究審美趣味問題，首先必須堅信審美和審美經驗的存在，通過審美意識形態為文藝下定義，說明審美是什麼和審美如何運作，由此延伸到趣味問題之上；而在分析美學等體系中，文藝是否一定具有審美作用、審美是否定義藝術的必要條件已經備受疑慮，用審美來定義藝術甚至被部分流派視為抱殘守缺的保守主義，遑論進一步探討審美趣味。而美國自然主義和實用主義美學的主流方法以過程和經驗兩大基本觀念為核心，較之其他美學流派更加注意實際的美感經驗和審美趣味問題，不但呼應了趣味本身的特徵，也更易於適應美國漢學家在跨文化的審美研究中對具體性和社會文化性層面研究方法的需求，可以為他們提供一定的美學思想資源。這些資源主要可以從桑塔亞那（George Santayana）、杜威（John Dewey）和托馬斯・門羅（Thomas Munro）的美學著述中尋得。

一、桑塔亞那

　　喬治・桑塔亞那是自然主義美學的重要代表。在哲學層面，桑塔亞那出於自然主義和主觀經驗主義的立場而反對黑格爾主義。他相信經驗是唯一可靠的，沒有像二元論的通常觀念那樣將理性與感性、自然處理成對立的關係，而是將理性也劃入人的自然本能之中，從而使自己的學說在建立於感性基礎

的審美領域中也可以實現對理性的特別關注，能夠強調理性在藝術和審美中的作用。他的美學觀念也建立在自然主義的基礎之上。他將美定義為事物對於人的一種價值的體現：「美是一種積極的、固有的、客觀化的價值。用不太專業化的術語表述，美是被當作事物屬性的快感。」〔註13〕他將「價值」作為其美學的核心：「美學是研究價值感覺的理論。」〔註14〕作為一種價值的美是「被當作事物屬性的快感」，是將主體的快感與客觀對象的形式和本質概念緊密聯繫所產生的知性作用，是快感的主觀根源和知覺的客觀根源的統一。這就將美的存在固定在知覺之中，由此形成的美的價值是對某種善的存在與否的感知，從而使美通過具備滿足人類心靈的一些基本需要的自然功能而成為一種最高的善，實現了價值上的美善結合。

桑塔亞那強調這種知覺性的美的三個維度：情感因素、理性、審美的道德與社會功能。情感因素使有理性介入的審美依然有別於具有最大抽象性的科學觀念，美依然「是一種感情，是我們意志和欣賞本能的感動」〔註15〕，必然為人賦予一種快感，因此必須重視感官的感知作用和審美主體建立在感知基礎上的主觀情感體驗，重視審美客體對主體的作用。桑塔亞那將人的所有機能和經驗都列入了在美感的形成中有所作用和影響的因素，「我們心靈的全部情調，我們的激情力量，我們的習慣的牢固和連續，我們的注意力，我們的幻象和感情的活躍都源於這些生命力的影響。也許它們並不構成任何觀念或者感情的全部基礎，但卻是所有存在以及全部性質形成的條件。」〔註16〕其中，理性也是人的自然構成中的一個重要部分，和感性一樣屬於人的本能，是得到美感所必需的另一大基礎。理性對審美的參與主要是指人將事物改造為符合人的願望的形態的主動行為，為物質賦予合適的形式，從而擴大了審美活動和審美對象的範圍：「任何使客體人性化和理性化的行為都被稱為藝術」〔註17〕；其目的性和結果在於以理性的藝術原

〔註13〕〔美〕喬治・桑塔亞那著，楊向榮譯：《美感》，人民出版社，2013年版，第37頁。

〔註14〕〔美〕喬治・桑塔亞那著，楊向榮譯：《美感》，人民出版社，2013年版，第12頁。

〔註15〕〔美〕喬治・桑塔亞那著，楊向榮譯：《美感》，人民出版社，2013年版，第37頁。

〔註16〕〔美〕喬治・桑塔亞那著，楊向榮譯：《美感》，人民出版社，2013年版，第41頁。

〔註17〕〔美〕喬治・桑塔亞那著，張旭春譯：《藝術中的理性》，北京大學出版社，

則作為理性生活的重要因素，從而改變生活環境，「促進人類理想各個方面的全面實現，即，使我們的生活更舒適、知識更豐富、精神更愉快」〔註18〕。這種帶有實用主義色彩的觀念造成了桑塔亞那所強調的第三個維度，即審美與人的自然本能結合，強調審美的道德功能和社會功能，從而達成美善結合。他反對康德的審美非功利觀念，認為藝術需要成為人類進步的原始因素：「所有的藝術都是有用的和功利性的。一些藝術品擁有顯著的美學價值，這主要是就其道德意義而言，這些藝術品的本質就是給作為整體的人類天性提供某種滿足。」〔註19〕不但美、善兩種領域之間有著非常密切的關係，而且道德判斷的反應本質上也是一種審美反應：「不僅道德刻意追求的各種滿足歸根結底是審美的滿足，而且在初具良知觀念、正確原則獲得直接的權威性後，我們對這些原則的態度也逐漸演化為一種審美態度。」〔註20〕

以自然主義和實用主義為基礎，桑塔亞那雖對趣味問題有專門論述，但他甚至沒有對審美趣味的概念進行嚴格界定，而是將其視為出自人的天性並為人的天性服務的不證自明的組成部分——因為從自然主義觀點看，由概念確定的秩序和規則都是非自然甚至趨於教條的存在，用理智強加的教條主義違反了理智基礎是人的天性這一自然原理。審美趣味的根源在於「我們的本性中有一種最原始和最普遍的觀察美和珍視美的傾向」〔註21〕，其最終職能在於滿足和協調自身的天性，作為審美方面的秩序和價值傾向的審美趣味必須建立於人的自然本性並緊扣這一天性予以理解。由於人類個性和感受的多樣性，不同個體產生的審美傾向和偏好也勢必具有多樣性，因此只要其感受和偏好建立於自己的天性和深思熟慮的比較與反思的基礎上，其審美趣味就有充分的立足基礎和合法性，有理由得到肯定；同時由於理性的加入和協調，審美趣味本身也能得到進一步完善，從而更好地滿足自己的人性的需要。基

2014 年版，第 2 頁。

〔註18〕〔美〕喬治‧桑塔亞那著，張旭春譯：《藝術中的理性》，北京大學出版社，2014 年版，第 12 頁。

〔註19〕〔美〕喬治‧桑塔亞那著，張旭春譯：《藝術中的理性》，北京大學出版社，2014 年版，第 11 頁。

〔註20〕〔美〕喬治‧桑塔亞那著，楊向榮譯：《美感》，人民出版社，2013 年版，第 23 頁。

〔註21〕〔美〕喬治‧桑塔亞那著，楊向榮譯：《美感》，人民出版社，2013 年版，第 1 頁。

於這樣一種人本主義性質的審美價值理論，桑塔亞那充分肯定審美趣味的多樣性，反對教條性和追求絕對權威性的單一審美趣味導向。

　　以承認審美趣味多樣性存在的合理性為基礎意味著需要對審美趣味進行動態性和過程性的把握，此時對於「美」和「趣味」的靜態的概念定義已經不再重要，主要的焦點變為審美趣味的衡量標準問題，亦即重要的是怎樣感受和理解美，以何種標準衡量相應趣味的合理性與價值。自然主義和實用主義的美學態度不等於相對主義，並不意味著所有審美趣味、審美經驗和審美判斷具備同等價值，也不意味著同樣具備合理性基礎就可以隨意將一種趣味加諸他人的趣味之上。桑塔亞那認為審美趣味需要肯定多樣性，也同樣需要通過協調人類的某些普遍要求建立起一個審美趣味的社會標準，保證藝術的功效、累積性和對人類的解釋力。這種社會標準首先在於主體對審美趣味的「深思熟慮」的反思，運用主體的一些特殊的情感和全部的理性生活使自己的趣味達到盡善盡美，這種達到盡善盡美的趣味本身就是一種對合法性的衡量標準；其二是建立於普遍人性基礎上的對審美趣味的一些普遍性原則。審美趣味還應具有一定的社會性和大眾性，具有滿足不同審美趣味的人的審美需要的品質，能夠參與社會活動和生活，將發揮想像力、創造力與實用、道德目的有機結合而非置於矛盾對立之中，由此審美趣味才能說是真正符合人的本性，能夠借助其所包含的深刻的文化品質長久存續。

　　桑塔亞那的審美價值和審美趣味理論建立於自然主義和實用主義之上，以人的欲望和本能為中心，拋開對趣味的概念性的把握和邏輯推演，而是從人性角度出發來研究趣味，可以說更為接近趣味的核心問題，也為美國漢學家進入中國美學領域的思想路徑投下了自己的影子。他為美國漢學進入具有人本性質的中國審美思想提供了一種對話的接口，因應著研究中國審美趣味時對主體、社會性、文化性的關注和分析；其一方面強調不能忽視普遍性的社會標準和理性的作用，一方面又反對審美趣味方面的教條主義和霸權性的審美趣味話語權，其中的內在張力也造成了面對「文人趣味」這一中國美學審美領域重要話語的話語權地位時，美國漢學家需要思考：採用何種態度進入「文人趣味」，在「文人趣味」下做出的審美判斷何者可以接受，何者屬於不合理的「霸權」而應另尋「真相」；並提示他們是否由此出現了趣味主導話語的更替。美國漢學家在進入中國美學領域（特別是藝術話語領域）時往往需要對此有所判斷和辨析。

二、杜　威

　　對於作為審美趣味內容的審美判斷與作為趣味表達方式的藝術批評，杜威基於經驗的完整性、連續性以及藝術與非藝術（生活體驗）的連續性而提出：批評就是判斷，由於知覺向判斷提供材料，批評與判斷的著眼點均在於具體的藝術對象（經驗對象）而不在於某種寬泛的統一判斷標準。因此杜威對傳統批評中的所謂「司法式批評」表示了反對。「司法式批評」是一種「被想像成不是說明關於一個對象的實質與形式的內容的工作，而是一個以其優缺點而宣布無罪或有罪的過程」〔註 22〕，其問題並不單純出自通過權威地位和權威話語實施判斷，更在於其所設定的權威、「客觀」、必須遵守的統一外在標準——因為它割裂了知覺經驗與判斷之間的關聯：「由於審美批評的質料就是對審美對象的知覺，自然與藝術批評總是由第一手知覺的性質所決定；知覺上的遲鈍決不能由無論多麼廣泛而大量的學習，也不能由於對無論多麼正確的抽象理論的掌握而得到補償。這也不可能將判斷排除在審美的知覺之外，或至少不讓判斷附加在一個原初完全未分析的質的印象之上。」〔註 23〕而司法式批評家所缺乏的正是知覺力和基於知覺的判斷，導致其判斷標準脫離知覺經驗，趨向對規則和「關於過去所提供模式重要性的穩健的觀念」（即典範）的依賴，「『告訴』他們應該相信什麼，比分辨與結合要容易得多」〔註 24〕。

　　杜威與桑塔亞那同樣反對「霸權」性的判斷與批評，但在技術（技巧）在審美判斷中的作用上，二人思考角度相異。桑塔亞那強調通過技術和技術性經驗掌握藝術具體價值、從而更好地做出審美判斷，杜威則認為技術易被抽象化，易被與經驗割裂開來，司法式批評的一大重要謬誤就是「將特殊的技巧與審美的形式混淆起來」〔註 25〕，在審美判斷中過分關注技巧和使用技巧的能力，並將其列入統一性的判斷標準中，而忽略了個人獨特的經驗、視

〔註 22〕〔美〕約翰·杜威著，高建平譯：《藝術即經驗》，商務印書館，2010 年版，第 346 頁。

〔註 23〕〔美〕約翰·杜威著，高建平譯：《藝術即經驗》，商務印書館，2010 年版，第 345 頁。

〔註 24〕〔美〕約翰·杜威著，高建平譯：《藝術即經驗》，商務印書館，2010 年版，第 347 頁。

〔註 25〕〔美〕約翰·杜威著，高建平譯：《藝術即經驗》，商務印書館，2010 年版，第 350 頁。

野與風格，也無法應付新的生活模式和要求新的表現模式的經驗的出現，從而反過來又限制了知覺與創新。杜威提出應當從生活經驗的角度作出審美理解和審美判斷：

> 在任何藝術中，一個重要的新運動的意義本身，在於它表現了
> 人的經驗中的某種新的東西，某種新的活的生物（living creature）
> 與他的環境之間的互動關係，以及由此而來的先前受鉗制或遲滯的
> 力量的釋放。〔註26〕

然而對「笨拙無能」的司法式批評的反對和對知覺經驗的強調，並不意味著杜威就贊同處於另一極端的「印象主義批評」。相反，「印象主義批評」是杜威反對的另一種「傳統」審美批評形式，其特徵為否定判斷批評的可能性，並用對藝術對象所激發的感覺與想像所作的陳述取代判斷。這種印象主義方式在反抗現成規則與先例的標準化帶來的「客觀性」時走向了缺乏客觀性、內在關聯性和分析思考的主觀性混亂。杜威認為思想即使最初只是一個審美印象也應進行思考分析並以判斷終結，而在印象傳達和接受過程中必須伴隨超越印象的分析和判斷，這又建立在審美者的「氣質與個人歷史的基礎之上」，亦即經驗——「有經驗的讀者就具有了在不同人的不同印象間，根據擁有此印象的人的偏愛與經驗來進行區分的手段。」〔註27〕雖然笨拙的、司法性的統一標準必須反對，但並不意味著沒有判斷準則。這種判斷準則源於在某些方面和階段與他人共有、與審美者相互作用的外部世界，產生於這種相互作用中的經驗；其內容是一種定性的價值判斷而非定量測量。藝術家和批評家必須在直接印象中結合從先前豐富積累的經驗發展出來的意識，才能超越狹小的時空侷限，避免將所有經驗的意義與有效性視作特定時空中的偶然，從而陷入某種不可知論。

除了基於豐富經驗的判斷準則，批評和判斷的個人傾向性也具有非常重要的作用。這種傾向性結合了情感、學識和洞察力，杜威將之描述為對批評家「起保護作用的一種莫大的、有見識的興趣」——倘若空有學識而「沒有一種與強烈的對某些題材的愛好聯繫在一起的自然的敏感」，就會變得冷

〔註26〕〔美〕約翰・杜威著，高建平譯：《藝術即經驗》，商務印書館，2010年版，第351頁。

〔註27〕〔美〕約翰・杜威著，高建平譯：《藝術即經驗》，商務印書館，2010年版，第353頁。

漠而停留在藝術作品之外，不能深入到其內心之中；倘若空有興趣而沒有
「活躍著作為豐富而充實的經驗產物的洞察力」，判斷將止於片面和濫情
〔註28〕。而學識（特別是對多種傳統的熟知和「同情的瞭解」）則有助於突
破侷限性，防止片面甚至扭曲的態度和判斷，防止將形式等同於批評家所
偏好的技巧而忽視審美性經驗本質的錯誤做法，確保審美的多樣性。

在反對「司法式批評」和「印象主義批評」的論述中，杜威重點反對了
這兩種傳統批評所帶來的兩大謬誤：一是約簡，二是範疇的混淆。約簡謬誤
（reductive fallacy）是將藝術作品的各個要素割裂開來，將其中某個要素孤
立，再將整體約簡為符合這個單一而孤立的要素的存在。僅僅考慮文化環境，
或將藝術品約簡為專門的再現價值，或將技巧的價值從它們與形式的聯繫中
分離，甚至更極端的用偶然存在的因素對藝術品整體進行「闡釋」，都屬於約
簡謬誤，其實質即將多樣性價值中的某一種作為全部的審美判斷標準。範疇
的混淆實質即價值的混淆性替代，是試圖將「獨特的審美經驗術語翻譯為某
種其他經驗的術語」、把藝術作品「當作是彷彿對已經存在的其他經驗領域通
行著的價值的重新編輯」〔註29〕，特別是將審美價值與哲學價值和倫理價值
混淆、導致審美批評變成「道德藥方」的影響最大而值得注意。價值混淆及
其導致的範疇混淆根源於忽視具有獨特性的媒介的內在意義：每一種獨特與
適合的媒介可以將同樣的經驗材料根據不同目的轉換為新的對象。就審美藝
術而言，其目的也正在於用適合的媒介加強直接經驗本身，因此審美者需同
時具備經驗和根據所使用媒介抽取要素的能力。

通過反對「司法式批評」和「印象主義批評」，杜威實際上提出了基於其
實用主義美學和經驗美學的一種趣味運作理論和這種趣味理論的基本價值取
向：

> 每一位批評家，就像每一位藝術家一樣，都具有一種偏見與偏
> 愛，它與個體的存在本身聯繫在一起。將之轉化為一種敏感的知覺
> 與理智的洞察的器官，並且在這麼做的時候不放棄本能的愛好，這
> 正是他的任務，而方向與真誠性正是從中引申出來。但是，儘管他

〔註28〕〔美〕約翰‧杜威著，高建平譯：《藝術即經驗》，商務印書館，2010 年版，
　　　　第 359 頁。
〔註29〕〔美〕約翰‧杜威著，高建平譯：《藝術即經驗》，商務印書館，2010 年版，
　　　　第 367～368 頁。

　　的偏見將他引向事物，當聽任他的特殊而具選擇性的反應模式在一個固定的模式中變得僵化時，他就不能作出判斷。因為它們必須在一個如此多樣、如此完滿的世界的視野中被觀看，它們包含著具有吸引力的無限多樣的其他性質和無限多樣的其他反應方式。……一種對作為經驗的材料的數不清的相互作用特別敏感的經驗的哲學，是批評家可以最肯定與最安全地從中汲取靈感的哲學。否則的話，一位批評家怎樣才能被多種朝向不同整體經驗的完成的運動所鼓舞，使他能夠將其他人的知覺指向一個更為完滿、更有秩序的對藝術作品客觀內容的欣賞？〔註30〕

　　杜威對經驗連續性、完整性和打通不同層面審美經驗的思考反映在美國漢學的美學領域中，意味著審美領域的重新定位和將生活、社會領域的詮釋與審美經驗結合的各種思考與嘗試，意味著如何將中國傳理路、西方的形式分析以及社會詮釋方法進行結合，以潛伏但深刻的方式影響著美國漢學家在這一領域的研究方法。其對「司法式批評」的批判同桑塔亞那對審美話語權的闡述相結合，在他們對某些中國審美話語的話語權定位中產生了影響，對「印象主義批評」的觀點也影響了他們對中國傳統審美話語在一些方面的定性。而杜威和桑塔亞那在技術（技巧）作用的觀點的相異也加劇了美國漢學視角中處理中國藝術的技術、技巧類問題時的張力。

三、托馬斯・門羅

　　門羅可謂美國自然主義美學的集大成者，並雄心勃勃地試圖系統性地建立一套可以在自然主義方法基礎上涵蓋一切藝術現象和藝術問題的美學體系。在其《走向科學的美學》（*Toward Science in Aesthetics*）一書中，門羅提到了趣味而並未直接以「趣味」這一概念為中心展開某種集中論述，但他在這本書中主張運用具體化的描述方法來研究並貫通審美與倫理的事實與價值，對藝術作品的功能、審美與非審美價值的關注，注意到審美問題對社會標準的影響和藝術家的分類等等，體現的都是趣味所關注的領域和趣味問題的實際性、具體性，涵蓋的方面也與伽達默爾總結出的教化──共通感──判斷力並最終指向趣味的人文傳統體系有著諸多重合。

〔註30〕〔美〕約翰・杜威著，高建平譯：《藝術即經驗》，商務印書館，2010年版，第374～375頁。

　　在對美學問題的基本研究思路上，門羅否定了將美學與倫理、價值與事實、規範與描述相割裂的做法：「目前，人們在區分美學和倫理學時，仍然把美學看作一門研究『價值』的『規範性的』科學，而把倫理學看作是研究『事實』的『描述性的』科學。這種區分顯然意味著價值並不等於事實，而是脫離事物的自然秩序而存在的某些奇怪的實體。」〔註 31〕門羅實際上否定了分析美學的「元批評」方法。他認為對道德和審美現象需要同樣的描述性研究，為人類的控制性活動建立規範和標準的前提是對這些活動予以事先的觀察，需要將價值的判斷與建立跟具體的事實相結合，並且也存在用更加描述性的方法研究與審美價值有關現象的可能性與可行性。

　　對於在審美活動及審美趣味的基礎層面——欣賞和批評的過程中所產生的取向和標準，門羅也在其產生過程中強調實際性和具體性。他認為對於有些經驗，並不需要「困難」的推理性認識或有意識的評價即可進行感受，並表現出對其的傾向性；而對於因為複雜性或可能導致內在衝突而較為「困難」的評價對象（比如眼前的直接經驗與記憶或想像中的經驗產生了衝突），其批評原理是通過把對象的形式與記憶中某些類似客體的形象進行比較；如果這種比較引起了衝突，人們可以對某些方面進行取捨而嘗試迴避衝突，或運用想像的經驗和想像中的客體進行替代，直到替代物能夠喚起另一種決定性的反應以調解衝突。而這種用於比較和替代的特定意象若「經常不斷地浮現在我們的腦海中，並與現有的客體進行比較」〔註 32〕，即可被稱為「理想」或「價值標準」。這意味著作為價值取向的批判標準必定是一個具體可感的存在，凝聚在具體的意象之中。

　　將審美活動和取向的立足點轉向具體性，同時意味著評價和趣味中必然有個體性的成分，即使在主觀上希望將評判做到具有普遍性和公正性，也難以完全避免基於個體的「偏見」的產生，因此在分析上不能僅關注形式，而必然要結合鑒賞者和批評者的個體性因素。這些因素又不是孤立的，而是主要通過個體來體現社會層面與個人層面複雜交織的結果。門羅認為它們包括：針對形式方面的內容，個體的思維結構中必然包含特定的關注

〔註31〕〔美〕托馬斯・門羅著，石天曙、滕守堯譯：《走向科學的美學》，中國文藝聯合出版公司 1984 年版，第 102 頁。

〔註32〕〔美〕托馬斯・門羅著，石天曙、滕守堯譯：《走向科學的美學》，中國文藝聯合出版公司 1984 年版，第 105 頁。

點和認知方式；個體境遇和群體影響所造成的無意識，前者如「長期習慣」、「某些長期被遺忘的曾經引起震驚的事件」和「某種一貫受到壓抑的強烈傾向」，後者如「人們所屬的社會集團的習慣性標準」〔註 33〕；外來聯想的影響，如他人的評價和某些個人經歷造成的聯想體驗，並融入個人因素之中；對藝術作品可能對個人乃至社會所造成的影響的預測。因此門羅強調一定要通過形式分析與自我分析的結合來為審美評價取得更高的可靠性，並形成了一種本質上體現了趣味的運作方式、將整體與個體、普遍與特殊結合的審美方法：

> 形式分析可以使每個人對作品的評價更加可靠，因為他所評價的是藝術作品本身和它的整體，而不是某些片斷或某些聯想；而自我分析則可以使他對自己具有的反應更有把握，使他確信他的哪些反應代表了自己性格中的基本和永久的成份，而不僅僅是某種暫時的情緒或突變，或者是某種單一的錯誤的推論。通過將自己的判斷和其他人的判斷講行比較，他就可以進一步發現自己的判斷在多大程度上符合整個社會經驗中的那些共同意見。這時，如果他最初作出的判斷仍然被確定為是正確的，這種判斷就是一種更加自覺的和經過驗證的判斷，而較少可能是一種盲目衝動的產物。〔註 34〕

門羅對待審美問題的實際與具體取向和打通審美與倫理的觀念，同樣還體現在他坦然地將非審美甚至是被西方傳統美學視為「功利」的價值因素一同納入了審美問題所涉及的價值判斷之中。這些非審美因素包括藝術品激起的社會情感、宗教動機、裝飾與鎮靜作用和進行社會運動的功能等，對藝術品的評價也因此必然有多種方式，而不是僅限於以對藝術形式的直接審美體驗作為依據。門羅認為不能將藝術（審美）價值與倫理價值簡單對立起來，不能將對藝術品的經驗方式僅限於常被指認為單純而非功利的審美模式，而是應當認識到「甚至『審美』或『評價』等詞本身也可以用於許多不同的藝術經驗方式」，「如果我們從廣義上給『審美』下定義，使之包括經驗中一切『愉快的』時刻，以及一切為了藝術而藝術的藝術作品，那麼，這種定義就會包

〔註 33〕〔美〕托馬斯・門羅著，石天曙、滕守堯譯：《走向科學的美學》，中國文藝聯合出版公司 1984 年版，第 107 頁。

〔註 34〕〔美〕托馬斯・門羅著，石天曙、滕守堯譯：《走向科學的美學》，中國文藝聯合出版公司 1984 年版，第 110～111 頁。

含許多並非欣賞藝術形式的興趣和活動」〔註 35〕。這一觀點與杜威所提出的「一個經驗」取得了共識。當然，在具體的實踐中也可以有不同的關注方向，可以偏重形式也可以偏重影響效果，也不強求美學家一定要做綜合的研究或必須靠美學來解決極廣的涉及面、而不能專注於某一審美上的方向，這也體現了門羅所追求的實際性和包容性。

　　藝術評價方式的多樣化和審美與倫理的打通，使得審美問題的實際運作更偏向趣味概念所指涉的方向，也就涉及到對社會標準（教化／共通感）和對個人兩方面的影響。門羅試圖在這兩方面構建包容性的平衡。門羅反對以「相對主義」之名否定社會性共同價值（特別是根據歷史經驗積累而成的共同價值）的存在、只強調審美的個體性而將價值世界引向完全無政府狀態的觀點，認為藝術作品、審美鑒賞活動、個人趣味都不是全然獨特的，在具有個體獨特性的同時也必然包含共同因素，這些共同因素可以在個人行動中表現為連貫性的思想交流和其他愛好，體現出通過一般價值標準對自己和他人過去經驗施加影響的事實。在這一點上，門羅又與伽達默爾為歐洲人文傳統中所總結的「共通感」概念取得了共識。而若要通過美學來建立可靠的共同價值標準，又不能因為相對主義的謬誤之處而走向絕對主義的強制性、忽視情境和趣味的多變性，所以門羅還是回到了他的美學方法的基本立場：將純粹描述性的態度、尋找解決問題的啟發的目的性與明確的價值標準相結合；美學研究中趣味判斷的基本結構應當是一種有限的描述性判斷——「某種形式傾向於在某種情況下對某種類型的人產生某種效果」〔註 36〕；對於藝術價值的判斷，可以聚焦於其如何在實際中指導和影響評價、并如何由此產生更加具體的判斷，然後與其他地方的判斷產生與演繹的程序進行比較，從而完成對共同價值和共同標準的驗證，並能夠分析什麼樣的人傾向於產生何種價值判斷標準、規則和審美趣味。此外，門羅還在個體性的層面注意到了藝術對個體的個性產生相對影響、具體的個體因素和個體體驗可能具備某種特定形式等方面，認為應當運用於對假設性論斷的驗證之中。

　　可以說，在美國漢學家對包括文人趣味在內的中國傳統審美的研究中，

〔註 35〕〔美〕托馬斯・門羅著，石天曙、滕守堯譯：《走向科學的美學》，中國文藝聯合出版公司 1984 年版，第 115～116 頁。

〔註 36〕〔美〕托馬斯・門羅著，石天曙、滕守堯譯：《走向科學的美學》，中國文藝聯合出版公司 1984 年版，第 120 頁。

門羅的這種具體觀念、描述性方法和趣味本位留下了很深的烙印；最鮮明的體現便是美國漢學家更傾向於聚焦具體的審美現象和取向，並結合形式分析、社會史、文化史與個人史的多個維度，以盡可能大的包容視角和描述方法為主線展開考察。

第三節　美國漢學家的趣味觀

　　美國美學的主流是分析美學，符號論美學和格式塔心理學美學等流派也有相當的影響力，在一些具體研究案例中，美國漢學家也運用到了一些來自這些美學流派的研究方法；但是從整體來看，美國漢學家對中國審美文化的研究既沒有體現出分析美學的特徵，也沒有將關注點集中在分析美學所注重的美與藝術定義、審美判斷的語言和意義等問題上，沒有理論對理論地進行對中西審美話語的對比性語義分析；符號論和格式塔心理學的方法也主要運用於具體藝術作品的形式構成分析，並未延伸到對「中國傳統美學」的整體性解釋的建構之中。雖然美國漢學家並沒有在理論方法的選擇上過多著墨，但從他們的實際研究行動看，體現在分析美學等流派中的邏輯中心和元批評觀念，以及非歷史性、非社會背景性的孤立研究方法等，並不為身處跨文化語境中的他們所接受，也就是並不傾向於認為這些可以作為跨文化語境下中西比較美學研究的主導思路。

　　這種因應跨文化語境的理論和方法意識，最突出地體現在對「趣味」這個概念的選擇上。美國漢學家對中國在美學層面上的研究，基本是以「趣味」而不是「美」作為綱領和導向，幾乎不作本體論層面的分析、推演、論證，體現出強烈的非概念性特徵。這是因為他們在哲學和美學基礎的層面就發現了分析美學等方法和術語與中國美學的不兼容性。如卜壽珊在《早期中國畫論》（*Early Chinese Texts on Painting*）一書中提到：

　　　　在對這些翻譯過來的畫論的研究中，讀者會立即注意到，「美」這一概念並未以重要地位出現在中國的審美關懷中；作為替代，構成了所有關於畫家和繪畫之討論的基礎的是，中國自然哲學系統的一種詞彙反映。〔註37〕

〔註37〕Susan Bush, *Early Chinese Texts on Painting*, Hong Kong: Hong Kong University Press, 2012, p.2.

中國並不存在地位（甚至包括內涵在內）與西方的「美」完全對應的概念，有一套自己的審美意識體系，但該體系也不完全對應西方的「美學」——這樣一種對中國美學的基本認識不一定都在美國漢學家的著述中明確提及，但幾乎都心照不宣地凝聚在行文立論和展開研究的基礎之中。如此一來，西方的純藝術（the fine arts）視角便在大多數場合被拒斥在對中國美學和藝術的研究之外，以「美」這一概念為本體和中心的分析、元批評、孤立研究等方法也難以運用。這也是分析美學等理論為何難以成為美國漢學之中國審美研究的基礎。

在中西跨文化語境所造成的這一情況下，以不具備本體論意義、可以具體言之的「趣味」來切入對中國傳統審美意識的研究，便顯得更為適宜。雖然 taste 也是一個在西方人文傳統中產生的術語，但由於它的非概念性和具體情境性，這一術語的意涵在存在範圍和存在意義上具有更高的普遍性，可以從中獲得足以跨越自身文化與他者文化之別、而展開人類精神世界考察的可能性。更加注重趣味問題、經驗和具體性的自然主義和實用主義美學，也就順理成章地在理論基礎與方法論構建上對美國漢學家產生了更為顯著的影響，並且更進一步地體現在他們的趣味觀特點之中，無論這種影響和特點是否有意識地在他們的著作中被闡述出來。

這種由自然主義和實用主義美學帶來的非概念性、具體性和情境性特點，首先便表現在對於美學術語和概念的運用中。即使趣味本身已經具有了相當程度的非概念性特點，美國漢學家仍在術語和概念使用中表現出更進一步的節制。即使是對趣味這一問題，美國漢學家也鮮少以純粹美學理論的形式對趣味進行把握和運用，而是繼續強調伽達默爾所說的非概念性的方式：既沒有對趣味這一概念進行具體而集中的界定和辨析，也沒有將其放在一個美學理論的框架中進行體系性的推演和運作。美國漢學家對趣味的提及和對 taste 一詞的運用，幾乎全部和對美學進行具體表現的領域（文學、繪畫等）緊密相關，並總是置於某些具體的情境和研究問題中，自然而然地展開趣味的所指和所牽涉的方面。試以幾個具體例子說明之，首先以高居翰《詩之旅：中國與日本的詩意繪畫》（*The Lyric Journey: Poetic Painting in China and Japan*）的導論為例：

> 有許多不同的因素可以被用來解釋這個現象（為什麼在和與謝蕪村同時的中國畫家中無人能達到蕪村精品中那種新穎動人的效

果），如果這真可以被稱作一個現象的話，而不僅僅是個人的偏見。在我看來，其中最重要的一點，是後期中國繪畫批評觀念的約束，把畫家所能接受的題材和風格變得日益狹窄，將他們不喜歡的創作視為「粗俗」、「不宜雅玩」，造成對於畫家的種種限制。多數後期中國畫受到一個美學觀念的限制，認為要超越簡單的圖畫趣味，諸如愉悅動人的主題，故事畫、風俗畫或其他人們感興趣的題材，裝飾性的美，繪畫技巧等等，不管怎樣，這些都被看作是媚俗的表現。後期的日本畫家恰恰相反，顯得較少拘束。來自一個不具備這類帶有權威性的傳統，較少內部的約束或禁忌，或缺少如此有影響的理論家來教訓他們，日本畫家就比較能自由地發揮他們自己的愛好及其受眾對不加修飾的裝飾風格、生動的敘事性以及關於市俗娛樂形象的愛好。〔註38〕

　　此處涉及了趣味這一概念的三大方面。其一是趣味具有的個體性的主觀偏向，由「個人的偏見」一語予以側面反映。其二是趣味的主觀傾向和判斷選擇所指向的對象是外在、具體、實存的，比如表現在具體的繪畫領域，在繪畫領域中又主要是題材（「諸如愉悅動人的主題，故事畫、風俗畫或其他人們感興趣的題材」）和風格（包括構成風格的表現元素，如「裝飾性的美」和「繪畫技巧」等）。其三是關於趣味的標準問題，尤其是對具有權威性和約束性、且具有一定程度「普遍性」和社會性影響力的審美標準的設定。這是趣味這一美學問題中一直存在的重要方面，自 17 世紀英國經驗主義哲學到 20 世紀美國自然主義和實用主義美學中都是論述的一大重點。反映在中國美學傳統及對其的研究中也不例外，高居翰在此也涉及了這種趣味標準的幾個方面，包括文中所涉及的趣味標準內容（對「粗俗」、「不宜雅玩」、「媚俗」的反對）和形成（「有影響的理論家來教訓他們」），同時還在藝術作品的流傳中提及了趣味標準所造成的社會性影響力的體現：

　　　　在存世數量浩繁的中國畫中，我們常常碰上一些作品，以各種方式，背離常見的畫法。不管是在題材還是在風格上，它們呈現出某種不同尋常的方向，但由於缺乏追隨者，或沒有被妥善保存，結果變得默默無聞。因為不符合收藏家的趣味，它們被有影響力的趣

〔註38〕〔美〕高居翰著，洪再新等譯：《詩之旅：中國與日本的詩意繪畫》，生活・讀書・新知三聯書店，2012 年版，導論第 5 頁。

味仲裁者限定和部分制約了。〔註39〕

高居翰還在一個注腳中將這一趣味現象與皮埃爾·布迪厄（Pierre Bourdieu）對趣味的社會學觀點相提並論，體現了他對趣味在社會性意義上的關注：「在歐洲文化中一個可資比較的現象見皮埃爾·布迪厄：《區隔：對趣味判斷的社會學批判》（*Distinction: A Social Critique of the Judgement of Taste*）。比如，關於高品位對藝術的其他一切都嗤之以鼻，他寫道：『這是容易揣摩的，在文化上也是不費力的。』」〔註40〕

對趣味概念的類似運用也見於卜壽珊對宋代畫家李澄叟的《畫山水訣》的記述：

> 他（李澄叟）自己對長江一帶景色和院畫山水風格的趣味見於作者的序言和最後的「泛說」之中。作為一個地方性的藝術家，他繼續崇尚南宋院畫傳統的早期建立者而甚於當代的宮廷畫師；作為一個北方被金統治的分裂的中國的南方人，他貶低北方人的浮誇之作。南北畫風的缺陷之間的區別，包含在他在「泛說」中的評論中，有效地為這一版本的文本賦予了合乎13世紀早期的觀點。〔註41〕

趣味概念在這裡的運用同樣包含了題材與風格是趣味的內容、以及趣味具有個體經驗性和個體取向這兩大方面。

由此可見，美國漢學家對趣味概念的使用、對趣味問題的涉及，都是在與具體問題、具體情境、具體經驗的緊密結合中進行，而基本不作純理論的把握和推演。他們對中國傳統審美文化的研究整體上表現出非概念化、注重具體現象案例、對理論的運用予以節制和注重社會史、文化史和個人史背景的特點，以及在這種整體特點中「趣味」概念相對不低的出現頻率，不但表明了他們以趣味為主導的思路選擇，呼應了伽達默爾所總結的人文傳統中趣味的特點、地位和作用，他們的研究特點也反映了其美學觀念更加接近和傾向於美國自然主義和實用主義美學的一面。

這種非概念性和注重實質性表現、實質性特徵的思路所帶來的另一個方

〔註39〕〔美〕高居翰著，洪再新等譯：《詩之旅：中國與日本的詩意繪畫》，生活·讀書·新知三聯書店，2012年版，導論第5頁。

〔註40〕〔美〕高居翰著，洪再新等譯：《詩之旅：中國與日本的詩意繪畫》，生活·讀書·新知三聯書店，2012年版，第157頁注3。

〔註41〕Susan Bush, *Early Chinese Texts on Painting*, Hong Kong: Hong Kong University Press, 2012, pp.144-145.

法論特點就是，雖然美國漢學家所使用的「趣味」概念幾乎完全是來自西方的，但他們並不特別在意是否可能造成中西美學理論與術語體系的不兼容，甚至理論上的辨析從總體上看也並不多見。倘若從中國自身的角度看，由於中國傳統審美話語中同樣有一系列關於「趣」和「味」的術語，有同樣來自味覺的審美起源和以「趣」、「味」為核心的審美觀念闡釋，因此中西兩套審美話語體系之間的求同辨異本應十分重要。然而從筆者目前掌握的美國漢學相關著述中看，美國學者很少直接涉及中國傳統話語中的「趣」和「味」，而在不斷強化跨文化意識的同時卻又很「強硬」地直接運用趣味這個很西方的概念，似乎「格格不入」。這種看似「疏忽」的表現實際上同樣體現了美國漢學家在這一領域務實不務虛、注重實質性相通和具體問題的方法論，以此避免過多糾纏於理論。這可以從少數同時涉及中西之不同「趣味」術語的文本中發現端倪。如艾朗諾將蘇軾《題魯公帖》「人之字畫工拙之外，蓋皆有趣，亦有以見其為人邪正之粗云」〔註42〕一句翻譯為：

> Each person's calligraphy conveys, quite apart from its skill or clumsiness, a certain drift, and it is said that it also shows whether the calligrapher was wicked or upright. 〔註43〕

此處將「趣」譯為「drift」（漸變，趨勢），又在下文中補充其亦可譯為「flavor」（風味），意味著艾朗諾將「趣」這一中國傳統審美話語理解為一種對外在格調的審美趨向和審美意識，而在西方的趣味話語中，這樣的審美意識是歸入趣味範疇的。再如嚴羽《滄浪詩話》中有名的一句「詩有別趣，非關理也」，宇文所安的翻譯是「Poetry involves a distinct interest that has nothing to do with natural principle」〔註44〕。這表明宇文所安將「趣」理解為審美上的興趣和追求，而且這種追求具有外在可感的實質性表現。這種認識更明顯地表現於將嚴羽的行文表達風格歸入何種美學問題的範疇：

> 行話連篇，拿腔作調以及禪宗文字那種做作的白話風格是第一

〔註42〕原文可參見：〔宋〕蘇軾著，孔凡禮點校：《蘇軾文集》，中華書局，1986 年版，第 2177 頁。

〔註43〕Ronald Egan, *Word, Image, and Deed in the Life of Su Shi*, Cambridge and London: Harvard University Press, 1994, p.268.

〔註44〕〔美〕宇文所安：《中國文論：英譯與評論》，上海社會科學院出版社，2003 年版，第 445 頁。

章的主導風格……以禪喻詩的現象在嚴羽的時代就已經很常見了，但直到今天，它依然是學者津津樂道的話題，也是《滄浪詩話》最折磨人的最沒意思的方面。其實更有意思的地方是，嚴羽為了冒充禪宗大師的權威強調，對詩禪說作了獨特的引申。由此產生的風格是一個趣味問題：如果放到英文語境裏來考慮，它大概最接近偵探小說中那種「硬漢子」（tough guy）的一貫腔調；為領悟嚴羽風格的某些特性，美國讀者可以想像一個散文作家用雷蒙德·錢德勒（Raymond Chandler）筆下的主人公的語氣說話，時不時冒出一些半懂不懂的德國形而上學術語——就像我剛才說過的，這是個趣味問題。〔註45〕

可見，在宇文所安的認識中，具有風格、格調等外在特徵的審美追求，屬於趣味問題。最直接的表達則來自齊皎瀚，他對梅堯臣《林和靖先生詩集序》中「然後知趣尚博遠，寄適於詩爾」一句的翻譯是：

Thus I realized that his taste was comprehensive and far-reaching, and that he was simply expressing his happiness through poetry.〔註46〕

這裡看似直接將「趣」與 taste 等同，但這一「等同」的基礎是「趣」字的「趨向」一義，即理解為「審美取向」，從而使「趣」與 taste 獲得實質上的相通之處。以此理解為前提，才將林逋詩歌的平淡旨趣視為可在西方意義上稱為「趣味」的審美意識中的一種。其中包含的對中國之「趣」與西方之 taste 的關係的認識和處理方法，與艾朗諾和宇文所安在本質上是一致的，即不作理論對理論的辨析，而是抓住實質性內容的相通——中文裏提到的「趣」既然有審美取向的含義，可以通過字面組合的形式（如「理趣」）具體化為有明確目標、標準、外在表現的審美意識和審美追求，其中亦不乏對審美的判斷，與趣味問題的本質和主要內容是一致的，那就可以納入趣味問題的視野，其後更重要的就是對實質而具體的審美問題和審美表現進行情境性的考察。對中國之「趣」與西方趣味概念的關係處理，進一步表明了美國漢學家在美學領域中強調非概念性、注重具體情境和具體問題、講求實質的趣味觀和趣味方法論。

〔註45〕〔美〕宇文所安：《中國文論：英譯與評論》，上海社會科學院出版社，2003年版，431～432頁。

〔註46〕Jonathan Chaves, *Mei Yao-ch'en and the Development of Early Sung Poetry*, New York and London: Columbia University Press, 1976, p.114.

　　審美趣味問題本身具有的人本性質，使得研究者既需要把握宏觀的社會
文化背景和普遍的文化秩序，也需要深入具體的個體情境和具體的審美經
驗、審美問題、審美需求與審美追求；不但要把握好建立於共通感和教化基
礎上的普遍的文化秩序、價值標準、判斷規則，也需要洞悉身處這一文化中
的個人如何受到整體文化的影響，又如何對整體文化產生影響，並將整體與
個體、普遍與特殊間的複雜互動反映在具體的審美活動、需求、追求、偏好
等之中。這些尤其體現為美國學者將社會文化史與（被研究者的）個人史相
結合、并貫注入對文本和藝術作品的形式分析之中的總體方法，他們以此對
所要考察的趣味的形成基礎進行再構成，並開啟了審美與哲學、審美與倫理、
審美與社會、審美與宗教等關係的視野。美國學者對歐陽修、梅堯臣、蘇軾、
米芾、李公麟、范成大等典型宋代文人及其審美趣味的研究，無不體現了這
一總體思路；在繪畫領域，宋代繪畫審美與社會階層、社會文化的關係也得
到了比較集中的發掘。

　　漢學研究的跨文化語境，使得外國研究者自身的文化背景與個體體驗、
個體特徵也介入進來，更加劇了漢學中趣味研究的這種辯證性。美國自然主
義和實用主義美學的思潮講究審美經驗的完整性與連續性，注重具體問題、
個體、案例，結合綜合性的視角和描述性的方法，著眼於實用和靈活性，這
些特點適應了趣味問題的特質和在漢學的跨文化語境中對異域文化的趣味問
題展開研究的需求，並影響了美國漢學家研究中國審美文化中趣味問題時的
方法選擇——既表現出美國自然主義和實用主義美學觀念的基本特徵，又不
排斥在具體案例中融會來自不同美學理論的具體方法（比如在後面我們可以
看到蘇珊·朗格和魯道夫·阿恩海姆的一些理論也體現在一些具體審美現象
的分析中）。對於研究者自身的個人觀感、體驗乃至趣味是否介入相關研究之
中，美國漢學家總體而言尚保持謹慎，不過也有高居翰這樣的嘗試者，在保
持社會意義、歷史分析的視角的同時，也將自身感受、個人欣賞因素與筆法
和圖像形式分析結合起來，而高的更深一層的目的在於試圖突破其所認為的
趣味話語限制，對中國繪畫的藝術成就做更進一步的發掘。

　　出於趣味問題的自身特點和這樣的研究理路，當美國漢學家聚焦於中國
傳統文化中的宋代文人趣味時，他們就需要對以下問題做出行動：什麼是文
人？文人所體現的文化背景、文化秩序和所具有的文化思維是怎樣的？文人
對審美的需求和偏好是什麼？文人的審美趣味問題在哪些領域有突出的表

現，並表現為哪些具體的審美現象、審美追求、價值取向和判斷標準？文人
希望用自身的審美趣味回應哪些問題，為教化、共通感和判斷力（無論就社
會整體還是就自身而言）施加怎樣的影響，又適應了自身什麼樣的需要？等
等。同時，對於身為研究者的美國漢學家而言，他們還需要思考：要以怎樣
的美學視角和觀念介入對宋代文人趣味中所包含的各種審美現象的體認？如
何處理好自身的文化、美學前見與研究對象中所包含的審美思想之間的關
係？筆者將在接下來的四章中，繼續描述和分析美國漢學家針對這一系列問
題所展開的研究行動，以及這些行動中蘊含的跨文化語境特點。

第二章　文化中的文人

　　趣味是美學的重要內容，審美趣味的思維本質是認知、價值判斷與取向，而認知與價值判斷又是包括美學思維在內的思維框架和思維秩序的具體構成之一。無論是出於趣味在實際的審美活動中體現的非概念性、伽達默爾所總結的歐洲人文傳統中所體現的教化—共通感—判斷力—趣味體系，還是較常涉及趣味問題的美國自然主義與實用主義美學思潮，都要求在研究趣味問題時首先釐清作為基礎的文化氛圍、文化思維與趣味主體的特點。在漢學的跨文化視域下研究屬於中國文化的宋代文人趣味，並進而認識作為趣味主體的文人，更需要首先對中國文化中的這些方面進行充分而準確的描述與認識，在此基礎上進入對文人和宋代文人文化的定義與定性。從宏觀看，美國漢學家的研究實踐大體依此展開。

第一節　美學的秩序：文人趣味的思維基礎

　　美國漢學對中國傳統思維框架與秩序的最基礎的認識活動，首先是在思想領域展開的，而在相應的研究成果中，由郝大維和安樂哲提出的「美學的秩序」（aesthetic order）是一個重要的概念，不但在他們的著作中佔有顯要位置，經過梳理後也可發現，即使沒有明確而直接地引用這一概念，其所包含的內容也經常自覺或不自覺地隱含在其他美國漢學家探討中國傳統審美文化時的研究基礎之中。不過倘若追根溯源到西方的思想體系中，這一概念也是來自懷特海（Alfred North Whitehead）的影響〔註1〕——其最初由懷特海提出，

〔註1〕懷特海對「美學的秩序」這一提法的影響，已向安樂哲先生本人確認。

並取自他的過程哲學和有機哲學，而「過程」（progress）和「有機」（organic）
又是西方用以理解東方思想的重要工具，在郝、安的著作中亦如是。懷特海
的過程哲學和有機哲學如何最終導向美學的秩序，其中的「美學性」如何體
現，審美認知與美學思維的性質如何與其關聯，中國傳統文化的思維秩序如
何表現為一種美學的秩序，以及如何最終返回到作為趣味主體的文人所具有
的屬性中、并具體體現在文人趣味的問題上，這些問題體現的正是美國漢學
對中國文人趣味思維基礎的理解。

一、西方語境下的美學思維

　　中國傳統文本中並不存在與西方完全相同或對等的「美」或「美學」概
念，因此將「美學的秩序」一詞應用於中國傳統思維，只能理解為無美學之
名、但行美學思維之實。而對於美學思維之實為何物，需要先返回西方美學
史的文本中予以釐清。

　　作為「審美」和「美學」含義的 aesthetic 一詞源於希臘文的 Aesthetikos，
但就像中國傳統文本中並不存在「美學」概念一樣，希臘文中本也不存在
「審美」這樣的字眼，Aesthetikos 的本義也只是「感覺」〔註2〕。早期的希
臘思想家只從客觀現實基礎和形式層面看待所謂的「美」，視之為自然哲學
的一部分，比如畢達哥拉斯學派的比例與和諧觀、赫拉克利特的變化觀等；
至蘇格拉底才以「效用」觀引入人的維度，從而為使用 Aesthetikos 提供了
先決條件，即將人才能具有的感性運用和帶有相對性的價值判斷帶入這一
領域；有了這兩個要素，才有可能進一步讓柏拉圖判斷它們在思想秩序中
的地位。亞里士多德則更近一步，在感性和心理的地位問題上，承認人的本
能、情感、欲望等要素為人性所固有，亦因此有要求滿足的權利和予以適當
滿足的必要。在由此產生的目的價值的判斷上，對於快感、教益還是快感兼
教益的問題，亞里士多德也一方面為快感和人的滿足進行辯護，以至於引
發後人對其文藝判斷標準是否都基於審美和邏輯理由、而非倫理目的的看
法；另一方面又將「美」定義為一種「善」，並因為善而引起快感和達成人
的滿足。無論是將美定義為何種層面上的快感和滿足，還是以其作為善的
倫理價值（並且善的目的同樣能達致某種滿足），這都進一步強化了美學思
維中感性和價值判斷這兩種屬性所具有的地位。

〔註 2〕朱光潛：《西方美學史》，人民文學出版社，1979 年版，第 82 頁。

　　17 世紀的英國經驗主義也對美和審美的這兩種屬性有所看重。霍布斯（Thomas Hobbes）奠定了人的一切思想起源於感覺的基本哲學原則，並在此基礎上建立了經驗派的心理學詮釋：將不同感覺留下的意象或觀念加以綜合，以及「類似聯想」與「接近聯想」的關聯思維。由於其中還包含想像與欲念、感覺與情感的聯繫，由感官受到外物衝擊的結果（認識性反應、快感或痛感等）引發主體採取下一步行動的意志，並根據是否與欲念相聯繫區分其中是否有控制性的意圖，霍布斯的學說為主體的介入和發揮感性作用提供了空間。對於「美」這一對象，霍布斯的定義也具有明確的與善結合的價值判斷，將美定義為「預期希望方面的善」，作為目的的「令人高興」定義為「效果方面的善」〔註3〕。夏夫茲博里（The Earl of Shaftesbury）和哈奇生（Francis Hutcheson）的基本觀點也建立在美與善共通的價值判斷上，即道德感與美感的共通。休謨則將美定義為對象作用於人心所產生的效果，據此為審美趣味的判斷力賦予了個體主觀性和相對性。

　　也正是延續了對美學思維中的感性和價值判斷的認知，當鮑姆嘉通（Baumgarten）主張美學成為一個獨立學科、並為這門學科命名時，他選擇了同樣源出希臘文 Aesthetikos 的 Aesthetica 一詞，因為他之所以主張這門學科的獨立性，就是將其重心放在了與理性邏輯相對的感性認識方面——既然對人類心理活動的研究中，有邏輯學來研究理性認知，有倫理學來研究意志問題，那就同樣需要一門學科來填補對感性認識和情感的研究空白。這個分類系統建立於萊布尼茨和伍爾夫（Christian Wolff）的理性主義。萊布尼茨已經將審美思維限於感性活動乃至直覺性活動的領域，趣味和鑒賞力等也產生於這個領域中未經徹底明晰化的分析、生動但混沌的「混亂認識」或「微小感覺」。　伍爾夫則提出了快感與完善相結合的美的定義，這從源頭上仍可追溯至亞里士多德。鮑姆嘉通據此進一步將美學的對象（美）定義為「感性認識的完善」或憑感官認識到的完善，美學即「以美的方式去思維的藝術」，那麼美學性的思維也就成了這樣一種思維：具有既因未經邏輯分析的抽象化而「混亂」或「混沌」、又因通過人的感性認識和感性的關聯加工（通過對事物的直感、印象、記憶、想像、情感等的關聯與綜合）而獲得的生動感和形象性，其最終目標憑藉這些感性認識見出和達到一種完善，「趣味」的內涵也就是對這

〔註3〕〔英〕托馬斯・霍布斯著，黎思復、黎廷弼譯：《利維坦》，商務印書館，1986 年版，第 38 頁。

種完善的感性審辨能力〔註4〕。從 Aesthetikos 到 Aesthetica 和 Aesthetics，不但感性在美學思維中的基礎性地位由此確立，還提出了美學思維中的主觀加工和關聯性思維的特點。

康德將審美判斷作為其哲學體系中美學思維的核心。雖然仍無法迴避作為感性層面的快感和滿足，但他試圖將其與一般的快感乃至功利和道德活動區分，為其賦予不涉及欲念和利害計較的特質，從而提升審美判斷作為感性運動的層級，即快感不能在審美判斷之先；雖然因不涉及欲念和利害計較而與實踐活動區分，因不涉及概念而與邏輯判斷和認識活動有別，但其快感和滿足的產生原理卻使其成為結合認識、實踐、感性心理的橋樑——這個原理就是審美判斷的對象形式適應了包括知解力和想像力在內的人類認識功能、并能使它們自由而和諧地活動與合作，對象與認識功能的契合以一種不明確的情感效果和心理狀態（快感、欣慰、滿足等）對審美判斷的成果予以肯定；且該原理運作於個別的個體，卻因心境的可傳達性而具有可使人共感的普遍有效性。對於審美判斷中與「美」相對的另一面，即「崇高」，康德強調了其對觀者「彷彿和人的判斷力背道而馳，不適應人的認識形象的功能」的「暴力」性心理衝擊，以及由此產生的動盪心理狀態和心理轉化過程：從被支配、近似恐懼（但非恐懼）的痛感，到通過抵抗而產生的對自身抵抗力所獲得勝利的快感，以及包含了自我尊嚴感與自我崇敬等的自我心境。這其中已經包含了移情作用說的雛形。

出於「美是理念的感性顯現」這一基本思想，黑格爾為美學的思維定義了兩種基本特點：一是在感性主導（且近乎唯一主導）的審美世界裏同樣為理性尋得基礎性的位置，促成感性與理性的結合；二是強調「心靈」或「心智」的地位，亦即美學思維並非純粹的感性，而同樣具有自覺的內心活動。這就避開了唯一強調感性或感性與理性分離而導致的人與外在世界的絕對對立，並由此開闢人與外界環境和對象互證並存、相互施加影響、同時帶來內外雙方變化的視角。在美學思維的運作過程中，人在「把外在世界變為他自己而存在」的同時，又做到「人把他的環境人化了」，在感知與認識外界的同時又為外界打上自己的烙印，而心靈或心智就是這種過程的中軸。黑格爾由此將美學思維的最終成果提升到更高層次的滿足，即在與自然、外界的統一中使人自身得到實現、生展與肯定。其後以費肖爾（Robert Vischer）、立普斯

〔註4〕參見朱光潛《西方美學史》，人民文學出版社，1979年版，第289～291頁。

（Theodor Lipps）等為代表的「審美移情說」，即以人對外物的移情作用、移情後人與外物的共感為基礎對審美活動和美學思維本質展開的解釋，也基本籠括在黑格爾的這一理路之中。

借助心理學對審美活動和美學思維展開的探討，最初大多仍集中在其所產生的快感或滿足的層級與性質、以及相應的心理活動上。如馬歇爾（H. R. Marshall）認為「美就是相對穩定的，或者真正的快樂」〔註 5〕，以與一般的、「低級」的感官刺激和愉悅區分，並由此認為美是一種依附於反省、感覺、意志、情感等狀態的「主觀特性」，而非「對稱」、「秩序」類的客觀屬性或某種形而上學的絕對存在的顯現。桑塔亞那在分析審美快感和審美判斷的性質時提出，審美活動與道德活動中的判斷同屬受到感情的重大影響的價值判斷，但審美判斷具有積極而直接的特性，並因為「客觀化」於物質對象而區別於一般快感，從而使作為美學思維對象的美可被定義為「積極的、內在的而又客觀化了的價值」、「被當成一種事物的屬性的那種快樂」。美需要直接訴諸感性的事物材料，這些材料的特殊形式、組合與關係的多樣統一直接為知覺而非理性邏輯所把握，並在與主體經驗相聯繫時獲得表現力。詹姆斯・薩利（James Sully）認為審美觀照不是本能而粗魯的「情緒」（emotion），而是思想和想像在心境中佔有支配地位的特殊「情操」（sentiment），且這種情操存在於伴隨著對美的知覺的快樂感情之中。這種觀照有別於普通的知覺形態（特別是個人和實踐的利害所支配的知覺），具備豐富性、純粹性、擴散性（或「延續的感受性」）和具有社會性質的「可分享性」。

沿著這一路徑上升到一般心理學的層面，美學的思維就成了梅伊曼（E. Meumann）所說的人對世界的審美態度，包括具有特殊清晰條理的意識狀態和特定的對象。美學的經驗寓於美學的活動之中，糅合了來自個人、社會、環境、時代等的動機和烙印，並同時由個人獨有的心理與人人共有的心理起作用。梅伊曼是一個行動論者，他認為美感經驗的最高極境不在觀照而在於創造性的藝術家活動，要求用明確的形式表現包含著深刻情緒的藝術經驗所具有的衝動和願望，且這種表現是一種自我表現，並最終變為永恆的藝術品。德拉庫瓦（H. Delacroix）則認為這種活動的目的在於建立一個協調一致的結構整體，並把人類生活的某個方面或片斷容納在某種形式的結構中，從而使

〔註 5〕〔英〕李斯託威爾著，蔣孔陽譯：《近代美學史評述》，上海譯文出版社，1980年版，第 11 頁。

人的精神生活、各種能力和心理機能達到和諧。結構與和諧成為美學經驗區別於其他經驗的獨有特點，自我在其中達到內在互不矛盾、自我整體不受壓抑而精力飽滿的和諧狀態。

綜上所述，可以大致歸納出西方文本中美學思維或美學性所具有的特點：

（1）美學性、美學思維與理性邏輯和因果思維相對，以感性作為主導或感性佔有基礎性的地位；

（2）美學活動中的審美判斷是一種具有不同程度主觀取向的價值判斷，且價值的標準建立在對自身的滿足（比如快感也可視為自身滿足的一種層級和形式）之上，這同時也導致審美趣味成為審美判斷的重要形式和體現；

（3）美學活動無論有無利害、有無功利、靜觀還是介入，都是主體自身有所參與並有所變化的活動，人將自身內在外化於環境和外部對象之中，同時外部世界的影響也內化於人自身，人在這種相互影響中達成某種自我實現、自我表現和自我圓滿。

這些特點可以使「美學」一詞不僅限於藝術哲學之類體現典型「美學性」的領域，而是可以用來在「美學的秩序」、「美學傳統」等語彙中用來定義和描繪某種與理性邏輯和因果推導相對的思維框架和意識形態。

二、懷特海的「美學的秩序」

懷特海的「美學的秩序」，首先表現為他以「美」作為貫穿整個人類精神結構體系的核心範疇，人從感知到完成某種自我實現或精神實現的全過程都圍繞著美學性而展開。在認知層面上，他認為認知伴隨著感性，否定了「純知識」這種高度抽象和純粹理性的概念，也否定了非功利的觀念，認為知識總是伴隨情感與目的等附件。觀念的普遍性有級別之分，並且是情境化的，依據不同歷史、種族、文明階段等的特殊情況而表現為不同的特殊形式，人們接受較高級的普遍觀念的主要方式是用適用於相關時代的特殊形式進行暗示，而很少接受精確的語言表達形式。認知有情感伴隨的原因有二，一是「人們在高級的普遍觀念中朦朧地感受到了某種重要的東西」，二是「人們對觀念所呈現的特殊形式有特殊興趣」，比如「激動於某面旗幟、某首國歌」或「朦朧地感覺到了他們的國家所代表的那種文明的形式」〔註6〕，且兩種

〔註6〕〔英〕阿爾弗雷德·諾思·懷特海著，周邦憲譯：《觀念的冒險》，譯林出

情感來源往往混為一體。感性與情感的伴隨和對形式的興趣，對於認知的這兩個要素的闡發體現了明顯的美學思維特性，指向了「審美」和「趣味」這樣的美學概念，從而使對認知的認知脫離了純粹理性的觀念，而具備了與主體精神世界緊密結合的美學性。

對於人的精神世界的架構，懷特海分為兩個基本面。一方面是經驗和圍繞經驗的認知。它包括對群體中個體成員地位的看法，和作為獨立個體各自具有的喜怒哀樂、認識、希望、目的；以及認識能力，認識能力分為辨識力和判斷力兩部分。另一方面是從經驗開始對心靈的作用和變化，這種作用和變化過程可以概括為從「激發正當的不滿之情」開始，以不同層級的心靈滿足為變化的某種結果。人通過一種漸次成熟的批判精神激發正當不滿，該批判精神以對美和理智的分辨力以及對責任的看重為基礎，道德則是依存性的。這樣就實現了感性、理性、道德統一在一個「滿意之情」的進程中。

從「不滿」到「滿足」的實現，懷特海分為兩個基本層級，首先是愛、同情、憤怒等原始性、動物性情感，始自對其的渴求，終於相應的滿足；其次是人類特色的、以美和思想為對象的高級感性和理性經驗，並通過有意識地享受它們而獲得滿足。懷特海特別將「理智分辨力」和「精微的思想」——一般作為與感性相對的理性的代名詞——也歸入人類用以獲取滿足之情的對象和方式，其造成的精神衝擊與由此獲取的精神滿足也進入了「美」的領域，即一種「理智的美」：

> 人們在對思想進行精細的調整時，其成就是壯觀的。這種壯觀與真實與否這一生硬的問題是不相關的。我們可以把這種壯觀稱為「美」。但是，理智的美，雖然可以用與感官美有關的詞彙來讚頌，但無論如何，卻要借助比喻來實現。對於道德美，也可作如是觀。
> 〔註7〕

理智活動也能以獲得滿足的形式獲得美，且對這種美的描述需要借助「比喻」這一典型的類比思維（而非往往作為理智活動基礎的因果思維）來實現，這就令原本最與美學性無緣、鮑姆嘉通定義「美學」時使用的對立面也具備了美學性。懷特海認為要實現最高理想的滿足，需要包含感官、理

社，2014 年版，第 8〜9 頁。

〔註 7〕〔英〕阿爾弗雷德‧諾思‧懷特海著，周邦憲譯：《觀念的冒險》，譯林出版社，2014 年版，第 15 頁。

智、道德這三種不同類型的美，三者統一於「使宇宙的愛欲得到最終的滿足」這一本質之中。這樣，「美」的定義和範疇得到極大程度的伸展，並足以將整個人類精神世界秩序統括其中，成為最終達成「美學的秩序」的基礎。

對於「經驗」這一基礎概念，懷特海也做出了美學性的擴展，強調經驗的過程性和經驗中的自我完成、自我實現。他仍將主體——客體關係作為經驗的基本結構模式，但不僅限於完全理性控制下的知與被知關係，而是通過經驗事態的複雜性與意識的可變因素，充分闡發了其中的感性、模糊性、關聯性和主客體交互性，並在其中體現其過程哲學和有機哲學的觀念。主體與客體的定義是相互的和關係性的：「一個事態，只要它的特殊活動涉及一個客體，它就是一個主體；任何東西，只要它在某一主體中引起某種特殊的活動，它就是一個客體。」〔註8〕主客關係的基本結構是一種「關心」（concern），客體在其中成為主體經驗的一種構成成分；經驗的基本事實是在關聯性的各種事物中產生一個感情調子（affective tone）作為主觀形式，用以決定經驗的引發者（客體）在被引發的經驗中的地位和所產生的效應，且這一情感來自客體並指向客體。懷特海將這樣的經驗描述為一個「攝入」（prehension）的過程，攝入的完成標誌是個體在經驗事態中作為一個情感統一體而突出自身、並在感情上欣賞自身，實現具有個別特殊意義的自我完成，即「過程創造了它自己」（這也是懷特海因為「接受者」一詞的被動性色彩而反對使用該詞的原因）。如此，經驗活動的形態就帶有了審美活動、審美判斷和趣味取向的色彩，從而使人與世界的關係、認知與思維的秩序可以涵蓋「理性嚴謹論說」以外更寬廣的諸種世界形態。

對於人類及其經驗的個體性與自然整體、精神與自然的關係，懷特海創造性地使用物理學中的能量流動進行解釋，從而建立個體與整體世界、個別與共性之間的持續性關係：

> 物理科學將自然事態設想為能量的所在地。無論事態可能是什麼別的東西，它總是一樁懷有那種能量的個體事實。電子、質子、光子、波狀運動、速率、硬輻射、軟輻射、化學元素、物質、虛空、溫度、能量的衰變，這些術語都說明這樣一個事實：物理科學依據

〔註 8〕〔英〕阿爾弗雷德·諾思·懷特海著，周邦憲譯：《觀念的冒險》，譯林出版社，2014 年版，192～193 頁。

每一事態享有能量的方式承認事態之間存在著能量的區別。

這些區別完全是能量的流動造成的。所謂能量的流動，換言之，指的就是該事態如何從自然的過去繼承能量，又如何準備將該能量傳送給將來的那種方式。〔註9〕

而與物理性的流動相類似，諸分離的經驗事態（個體）也可使主觀形式的同一性在明確個體來源的前提下進行持續性的繼承和轉移，從而為關聯性的思維提供了基礎，建立了經驗與物質能之間的一個類比，這個類比可將自然與科學世界同時納入精神世界的美學秩序：

於是關於物質能的概念（它是物理學的基礎）就必須被設想為來自複合能的一個抽象概念，它是有情感的、有目的的，內在於最終合成（其中，每一事態完成了自身）的主觀形式中。物質能便是經驗的每一活動的全部精力。「物理科學是一種抽象」，單是這句話便承認了哲學的失敗。描述可衍生那一抽象的更具體的事實，便是理性思想的任務。〔註10〕

這種持續和流動的概念既堅持了認識論中的個體統一性和自我同一，也涵蓋了經驗過程中「矢量結構」的指向性關係和過去強化於現在的內在關係。除此以外，傳統美學在這個過程中主要解決美與善的關係，而懷特海進一步對真與美的關係、或者說對真在「攝入」過程中可能具有的美學性層面給出了闡釋。在價值判斷中的真和美都是作為重要的調節性特性而存在，現象憑此向經驗主體的直接決定證明自己的合理性和在直接事態中的地位，並影響到攝入的主觀形式。真就是現象符合實在的合格證明，現象與實在關於真的關係根據符合程度和直接與間接的程度分為三種：「象徵性真」、感官知覺的真和「率直的真」。「象徵性真」是指沒有直接因果關係的現象與實在被攝入，但攝入的主觀形式又是相符的，符號與傳達的命題間具有間接、模糊、複雜融合的關於真的關係。不構成直接因果關係的客觀意義（較少量）與主觀形式（大量）同時得到傳播，比如語言和藝術。這種真的關係最具美學性，懷特海認為它「構成了藝術的那種間接的闡釋力量」，「藝術內在的微妙之真大

〔註9〕〔英〕阿爾弗雷德・諾思・懷特海著，周邦憲譯：《觀念的冒險》，譯林出版社，2014年版，第202～203頁。

〔註10〕〔英〕阿爾弗雷德・諾思・懷特海著，周邦憲譯：《觀念的冒險》，譯林出版社，2014年版，第204頁。

多是這種類型」〔註11〕。第二種是感官知覺的真，指的是更加寬泛意義上的感性，在健康與正常的感官作用下，對「流動的能」、即經驗傳遞做出符合一定時期條件的一致性反應，從而詮釋了感官知覺與共時事態的關係。「率直的真」就是一般意義上在理性思辨領域處理的、以命題為表現形式的關於真的問題，也是懷特海認為人為達成最終目的的滿足所需要的、在純粹事實中證明自身的真，使人的目的和滿足不僅限於間接暗示之中。然而這種真也並未獨立於美學的秩序之外，因為在命題的經驗攝入過程中還是會伴有對精神世界的某種刺激，真也會帶來某種滿足，因此「與一個命題的情感吸引力保持一致的行動更容易成功，只要這個命題是真的」，「一個命題的重要性在於它的趣味性。」〔註12〕

如此一來，整個關於「真」的秩序便被包括在美學的秩序之中，「真」也通過經驗攝入而指向人的滿足、自我完成、完善與實現，並作為實現和諧的簡單直接方式來提升美的普遍重要性；「真」具有了美學性也使「美」成為比「真」更加寬泛而基礎的概念，美也因此獲得了另一個最大化的定義：「美就是一個經驗事態中諸因素之間的相互適應。」〔註13〕。這樣，「美學的秩序」的基本便得以建立。

對於個體如何置於這一秩序之中，懷特海主要著重於通過具有多樣關聯性的過程（progress）來達成的自體定義與實現。懷特海認為：「現實世界是一個過程，過程就是現實實有的生成。因此，現實實有是創造物，它們也叫做『現實機緣』。」〔註14〕而通過過程所創造和生成的現實實有本身就具備多樣性，是眾多現實與非現實的潛在統一、眾多潛在性的實在合生（concrescence），並由此生成了新穎的包容（指關聯性的具體事實）、結合體和主體形式。由於世界是過程，生成構成了存在的原則，因此對現實實有的「客體化」分析和自身生成過程的分析是相互關聯的，從而構成了作為

〔註11〕〔英〕阿爾弗雷德·諾思·懷特海著，周邦憲譯：《觀念的冒險》，譯林出版社，2014 年版，第 274 頁。

〔註12〕〔英〕阿爾弗雷德·諾思·懷特海著，周邦憲譯：《觀念的冒險》，譯林出版社，2014 年版，第 268～274 頁。

〔註13〕〔英〕阿爾弗雷德·諾思·懷特海著，周邦憲譯：《觀念的冒險》，譯林出版社，2014 年版，第 278 頁。

〔註14〕〔英〕阿爾弗雷德·諾思·懷特海著，李步樓譯：《過程與實在》，商務印書館，2011 年版，第 38 頁。

「動在」的一種存在原則。在這個運動過程中的自體定義和實現是一種創造（creation），即「發揮自身功能在自我形成中起著不同的作用而不失去自我同一性」，並「在其創造過程中把它的多種不同的作用轉變為一個融貫一致的作用」〔註15〕，從而實現對自身的規定。所謂的「合生」也正是「多種事物構成的世界獲得一種個體的統一性，使『多』中的每一項確定地屬於構成新穎的『一』的成分」〔註16〕。這本質上是一種「雜多寓於統一」式的美學表述，而這種表述在西方美學史中有悠久的傳承。

對於主體（或個體的統一性）如何參與這一活動和過程的本質描述，懷特海使用了「感覺」一詞來回歸「美學」的詞源。用來定義現實實有的活動是由材料產生的經驗活動，該過程中的「感覺」表示從材料的客體性轉變為該現實實有主體性的基本方式體現了對材料和主體的具體關聯性的肯定，確定了該材料、事物對主體自身的內在建構的貢獻，因此主體對事物的「感覺」又是肯定性的包容，並因為方式的多樣性和獨特性造成多種不同的感覺，以情感的複合實現了最終的滿足所具有的主體形式，實現主體性和主體的目的。亦即，在感覺的層面上，「這個世界是自我創造的；而這個現實實有就作為自我創造的創造物，便獲得了超驗世界部分創造者的不朽的功能。在這種自我創造中，現實實有自身的理念作為個體性滿足和作為超驗創造者，指導著這個現實實有。享有這個理念就是『主體的目的』，現實實有由於這種主體性目的而成為一種確定過程。」〔註17〕這與他在《觀念的冒險》一書中使用的「攝入」概念是一致的。感覺的過程則分為三個階段：反應階段、補充階段和滿足。在反應階段，一方面接受審美綜合的客體性材料，一方面將私自的欲望、想像、理想等注入，並預設情境指向和產生情緒性。補充階段包括審美的補充——在合生過程中對內在客體性內容的對比和節奏產生情感性鑒賞，以苦樂美醜等知覺進行抑制或強化；以及理智的補充——將潛在的命題與實現的事實之對比複合於感覺之中，以避免盲目性。滿足是最終結果，標誌著全部不確定因素消失。

〔註15〕〔英〕阿爾弗雷德·諾思·懷特海著，李步樓譯：《過程與實在》，商務印書館，2011 年版，第 42 頁。

〔註16〕〔英〕阿爾弗雷德·諾思·懷特海著，李步樓譯：《過程與實在》，商務印書館，2011 年版，第 325 頁。

〔註17〕〔英〕阿爾弗雷德·諾思·懷特海著，李步樓譯：《過程與實在》，商務印書館，2011 年版，第 133 頁。

綜上所述，懷特海的「美學的秩序」作為一種有機哲學和過程哲學，表達的是基於系統、過程、創造（生成）、經驗的個體統一性等概念的融貫性，並在美學思維的三種特質——感性、主觀性價值判斷、內外相互作用中自我實現的基礎上，更新了感覺與理智、真與美的概念和關係，從而將美學性貫注於宇宙論與認識論之中，並為郝大維和安樂哲等美國漢學家研究中國傳統思想及文化思維特質提供了一種路徑。

三、安樂哲、郝大維論中國文化之「美學的秩序」

安樂哲與郝大維將主導中國文化和西方文化的思維框架分別命名為第一與第二種問題框架。與第二種問題框架又名「理性的秩序」相對，第一種問題框架又名「美學的秩序」，這一命名直接來自懷特海。第一問題框架所具備的特徵是，秩序的各個組成部分都具有獨一無二的不可置換性，注重以事物的實際性、特殊性、細節性來界定事物之間的各種關聯，以關聯性而非因果法則與規範型式界定世界與事物，這與諾斯羅普（F. E. C. Northrop）聲稱主導了大部分東方文化的「直覺概念」（concepts by intuition）具有一定的相似處——諾斯羅普所說的是「指稱那些當即被領悟的事物，並且它的全部意義都是由這些事物所賦予的」〔註18〕。從方法上看，從作為「理性」相對面的秩序型式入手，取徑於充滿大量釋義性概念的理性問題框架之外的領域，這一思維與當初鮑姆嘉通定義並開闢「美學」這一學科的方式頗有異曲同工之妙，與理性和邏輯主導的第二問題框架相對的第一問題框架也因如此賦予的美學性思維特徵而獲得「美學的秩序」之命名；其中的具體秩序內容和思維認知方式又因與懷特海「美學的秩序」中所具有的多樣性、經驗攝入、合生、以攝入與合生過程界定事物的特質相吻合或呼應，從而進一步坐實了這種文化形態的「美學」之名。因此安樂哲與郝大維認為自己解釋中國文化的要點是借助美學問題框架中獲得的啟示。

這種借助美學問題和美學傳統來詮釋中國文化的「美學的秩序」，其美學性主要由三個具體方面構成。

其一，關聯思維。

作為第一問題框架核心的關聯思維，其最重要的特質是運用類比聯繫來

〔註18〕〔美〕郝大維、〔美〕安樂哲著，施忠連等譯：《期望中國：中西哲學文化比較》，學林出版社，2005 年版，第 141 頁。

擴展與形象和隱喻相聯繫的多義性、模糊性和不連貫性，而不是理性思維模式所重視的單義性；這種思維的研究對象是種種具體的、直接的感覺、知覺和想像，且關涉的是與具體、可體驗的東西的連接，通常不求助於超驗的理性或純粹的形式邏輯等脫離經驗運作的領域。這直接對應了「美學」一詞在詞源上所具有的首要意義和美學思維特質中的首要層面，即感覺與感性。

　　關聯思維的認知和解釋模式對懷特海的「關聯性的具體事實」的「包容」概念進行了發展，拓展為一個按照類比關係組織各種事物的系統：將為系統而挑選的事物關係作為構成系統的類比關係，思索類比關係所具有的含義，並將其作為行動依據。形象與概念群的連接是「按照有目的的意向，而不是按照物理學上的因果關系聯繫在一起的」，關聯思維的類比程式「以連接和區分為前提」，就如同圖騰的誕生：「……是以選定的富有意義的關聯為基礎的……這種意義是創造出來的意義，就是說，圖騰事物被選定的特徵在與之相聯繫的人身上引發了情感和行為，圖騰事物幫助這些人確立作為個體的性格和重要性，同時也建立了社會聯繫的格式。」〔註19〕作為形象和隱喻的圖騰類別在個體關係之間確立了意義的範圍。

　　這種關聯思維模式一方面呼應了懷特海在自體定義和實現中的「創造」概念，另一方面其中的目的性和意向性連接也對懷特海的經驗持續和流動的概念──即諸分離的經驗事態（個體）也可使主觀形式的同一性在明確個體來源的前提下進行持續性的繼承和轉移──進行了進一步發展，從而將懷特海為關聯性思維建立的基礎進一步確定下來。這種關聯思維同樣繼承了懷特海對過程的看重，關聯性的語言被界定為描繪過程的語言，而過程的這種重要地位反過來又使美學的秩序成為思維秩序的根本。因應著過程，關聯性語言「是讓我們接近『一切事物皆流』的直接意義的語言」，「是對在逝去的事件之流的感覺的結果、符號和回報」，「是一種手段，藉以獲得對事物之流的新鮮的、直接的感覺」〔註20〕。這種定義中可以明顯看出對懷特海的經驗持續和流動觀念的繼承。此外，在其中有了目的和意向的存在，也就構成了美學思維的第二個特點──具有主體取向的價值判斷──的開始。

〔註19〕〔美〕郝大維、〔美〕安樂哲著，施忠連等譯：《期望中國：中西哲學文化比較》，學林出版社，2005年版，第151頁。
〔註20〕〔美〕郝大維、〔美〕安樂哲著，施忠連等譯：《期望中國：中西哲學文化比較》，學林出版社，2005年版，第167頁。

其二，理與象的思維與表述範式。

安樂哲和郝大維對這組中國傳統術語的表述體現了充分的美學性，這種美學性的第一步就是將「理」與極易在西方的翻譯和詮釋過程中所訴諸的客觀理性、超越觀念等相剝離，在經驗論的維度上對「理」進行定義與解釋。由於「理」在字源上所具有的「紋理」、「條理」和「修飾」、「做記號」的意義，以及《說文解字》中將之與雕玉藝術相關聯，「理」這一概念的提出本身就構成了一種關聯性語言和類比思維，即與雕玉過程中切割、打磨、處理紋理的過程相似，「語言被看作是去『雕刻』世界，包括切割世界和安排世界」〔註21〕——繼續類推下去，這裡所說的語言顯然不僅限於狹義的語言，而可以拓展至各種「藝術語言」、「行為語言」上，概而言之即所有的表達和表現形式；而「理」也可以拓展至這些表達和表現形式背後所蘊含的對世界的處理方式。

安樂哲和郝大維對「理」的詮釋包含兩個層面，一是事物和事件中固有的結構樣式，而且是「於經驗的動態過程中內在的秩序和規則的結構」〔註22〕。這種內在不是形而上學的「理性」，而是處於語境之中，將各種特殊個體與特殊經驗組成一個以類比關係為基礎、兼顧獨特性與連續性的整體規範與描述，並通過動態、變化和生成在其中具有的首要地位而使整體具備了無限的開放性，以及在關係整體中對每個成分的價值和意義進行決定。由於既是描述又是規範，作為規範又不訴諸形而上學而是使用歷史的經驗模式進行類比，「象」內之「理」所構成的仍是一種審美的連貫性。對「理」的這種美學式詮釋中不但可以見到懷特海的各種成分，也能看到杜威以經驗為基礎的一元論美學的影子。

「象」則由於其感官性而更無疑是一個美學概念，一方面關乎知覺、想像、回憶的各種經驗，另一方面還具備展示性。雖然安樂哲和郝大維也是在「image」這一譯法的意義上運用此術語，但並不打算將其作為相對固定、靜止的再現性客體來看待，而是強調「成象」的過程與創造行為。「既定的形象之內在意義在於創造和重塑形象本身的反省行為」，人們從外在的表達（如藝

〔註21〕〔美〕郝大維、〔美〕安樂哲著，施忠連等譯：《期望中國：中西哲學文化比較》，學林出版社，2005年版，第258頁。

〔註22〕〔美〕郝大維、〔美〕安樂哲著，施忠連等譯：《期望中國：中西哲學文化比較》，學林出版社，2005年版，第258頁。

術作品）中最終看到的也是產生表達形態的創造行為和創造過程〔註23〕，在過程中實現自我的生成與表現。書法的所謂「字如其人」本質是人的一生的過程中的個人風格與經驗，以及共同經驗累積而形成的傳統；西方學者之所以不能以西方作為「人工製作品」的 poem 來對應中國的「詩」、而需要並大多站在自我表現論上來詮釋，根本原因也在於此。象論的本質在於激發想像、進行創造的過程中所體現的主體與客體的連續性，主體參與了建構象並進一步建構世界的活動；不惟形式，思想也成為被表現的行動（embodied action）。將理與象的本質和關係統攝於經驗的內化、自我的外化及內外交互的創造過程中。這一觀念事實上為美國漢學對中國文化中美學層面的詮釋（尤其是文人士大夫文化等精英層面上的），無論在文學、書法、繪畫還是其他領域，奠定了所必需的哲學基礎。

其三，「焦點—區域」形態的認知結構與經驗體系。

經驗的攝入圍繞自我的生成與實現而展開，創造的行為與過程內在於表達之中，主客體間的連續性和介入性，使得中國「美學的秩序」中的整個認知和經驗體系整體上圍繞主體／自我而展開。而經驗的連續性，以及以關聯與類比作為構成這種連續性的基本手段，又使得整個認知和經驗體系具有可以漸次展開、層層擴張的開放性。這就構成了安樂哲、郝大維的「焦點—區域」結構。作為體系核心的主體／自我之所以是「焦點」而非「中心」，是因為整個結構的具體形式並非將各個細節部分按照服務於中心的功能進行組織，構成譜系化、表達精確、條理井然、界限清晰的分支邏輯結構，而是以焦點所處的位置作為視角的出發點，來對層層套疊和擴散的區域中的某個特定部分進行解釋。最典型的「焦點—區域」結構就是「同心圓」或「輻射圓」，是一種從圓心（焦點）將標準與價值不斷向外伸展、外部層層向內「貢獻」的套疊結構：

> 它是一種向心的秩序，從中心軸出發，通過種種服從的模式，與外界相連接。這些具體的圓圈「貢獻」的程度各不相同，並且他們自身就建構了中央權威。他們形成了社會的和政治的實體的標準和價值，並且將它們置於焦點之中。這樣一種明確的、細密的、趨向中心的焦點衰頹為一個日漸不確定的、疏鬆的區域。中心的吸引

〔註23〕〔美〕郝大維、〔美〕安樂哲著，施忠連等譯：《期望中國：中西哲學文化比較》，學林出版社，2005年版，第265頁。

力在於，它以不同程度的成功，將構成其世界的各個沒有關聯、迴然不同而且經常相互衝突的中心都拖進其區域，並且將它們羈縻於此。〔註24〕

如果轉以這個結構來解釋認知和經驗體系，就意味著人性與世界的連續性：產生了對自身的規定和構成要素的經驗、以及由這些經驗產生的價值與標準，就都可以沿著這一輻射模式連續向外傳遞，而外部的經驗也可逆此路徑被攝入主體，用以建構自身或印證自身的價值與標準。另一方面，之所以是「焦點」而非「中心」，是因為焦點構成區域又為區域所構成，因此作為焦點的自我不可能獨立，其與區域、環境的連續性是其固有的性質。而在擁有一以貫之的一些核心價值和標準的同時，還會根據場域的擴展性，使焦點的具體設定會依據語境化的方法、在特定情境和領域中而有所變更而獲得靈活性，並不會被最終固定。這種關聯性和彈性的結構使得將構建自身的價值與標準在新的領域中獲得合適的實現變得容易，也是對自我開放性的保證。

在這個結構中，作為焦點、作為標準和價值擴散源頭、同時也作為運用經驗建構和生成的目標的「主體」或「自我」，根據儒家模式是「關於一個人的身份（roles）和關係的共有意識」〔註25〕，根據道家則是「它（自我）的關係與它的世界的一種作用」〔註26〕，在最基本的層面上都是一種關聯性與連續性中的動態定義和生成。就居於主流地位的儒家而言，自我所秉持的價值、標準、所實現的成就，即外化為「斯文」、「文化」的概念，作為所生成和實現的自我的可把握的描述形態：

　　……（文）的意思是「描畫」、「型式」和「紋理」。就像天將它們的美麗表現為「天文」，作為「天地之心」的人類將他們的成就表現為「文化」。「文」是「紋理」，它兼有美學的價值和意義。無論從文學的意義上說，還是從文字的意義上說，「文」都是在記述。……「文」是人類創造性的、開拓性的、文明的方面。總之，「文」包括了人類那些高雅文明的事物，用儒家的語言來說，它使一個人真正

〔註24〕　〔美〕郝大維、〔美〕安樂哲著，施忠連等譯：《期望中國：中西哲學文化比較》，學林出版社，2005年版，第293頁。

〔註25〕　〔美〕郝大維、〔美〕安樂哲著，施忠連譯：《漢哲學思維的文化探源》，江蘇人民出版社，1999年版，第29頁。

〔註26〕　〔美〕郝大維、〔美〕安樂哲著，施忠連譯：《漢哲學思維的文化探源》，江蘇人民出版社，1999年版，第52頁。

成為人。〔註27〕

個體參與建構「文」或「文化」的動態過程則是：

某個人的個人獨特性，與某種連續的歷史構造或有審美價值的
行為規範之間的相互作用，產生了富有創造性的成果。當那些品質
特異之士將那些刻板的禮儀行為個性化，給某些經典文本作注釋，
或者對傳統所珍視的書法或繪畫的常見規範作出某些特別的更動，
在這樣的過程中新的文化典範就會不斷地出現。〔註28〕

既然關聯思維和理—象範式提供了令整個美學秩序運作起來的基礎和方法，「文化」成為了以這種方法在美學的秩序中進行自我生成與實現的重要外在表現與產物，也成為了需要被攝入、用以定義和構成自我的重要元素，同時還是在歷史進程中連續傳遞、擴展、累積的經驗構成之一，那麼這個體系中的「主體」與「自我」毫無疑問成為了文化的創造者、承擔者與傳播者，也成為這個文化中的趣味的重要創造者、執行者與評判者。在中國文化的歷史進程中，這一角色主要由構建文化思想基礎的文化精英來承擔——在相當時期內，也就是所謂的「文人」，或用包括「文人」一詞在內指稱的社會精英與文化知識分子；不但由他們來運用關聯思維和理—象範式，以「美學的秩序」的思維框架來解決包括趣味問題在內的諸多文化問題，還從思想領域擴展到包括美學在內的多個文化領域之中，並在這些複數的領域中生成、建構、實現自身的文化身份。而要研究美國漢學家如何探討文人趣味在諸多美學相關領域中的呈現和運作，首先需要對「文人」的定義進行釐清，並探究美國漢學家們對這一文化主體的理解。

第二節 「文人」概念的中西考辨

將中國傳統文化思維解釋為一種美學性傳統和美學性秩序，並以關聯思維和「焦點—區域」結構體系建構以文化作為內在和外在內容標誌之一的自我完成與實現，便意味著這個體系勢必是以人為核心的。那麼要在審美趣味的層面上考察文人如何以自身為焦點建構和拓展其審美領域，首先就要釐清

〔註27〕〔美〕郝大維、〔美〕安樂哲著，施忠連譯：《漢哲學思維的文化探源》，江蘇人民出版社，1999年版，第37頁。
〔註28〕〔美〕郝大維、〔美〕安樂哲著，施忠連譯：《漢哲學思維的文化探源》，江蘇人民出版社，1999年版，第37頁。

「文人」這一概念的指稱對象及內涵。在這一問題上，中國傳統典籍與美國漢學家的解釋既有眾多共識，也有側重點的微妙差異。

一、「文人」的傳統解釋

「文人」並不是一個定義、內涵、外延都十分清晰明確的概念，即便是用以明確指稱某一歷史時期的某一社會階層和群體，比如以北宋時期歐陽修、梅堯臣和蘇軾一門為代表，以他們所具有的特點來定義的階層，除了「文人」這一名稱以外，還常用「士大夫」、「文人士大夫」、「士人」、「士夫」、「文士」等詞。這些詞都很難說具備高度清晰明確的界定，彼此有別但又具有高度的交叉性、關聯性和重合性，換言之雖然所指的對象是基本明確的（且階層特點雖因時代而有不同，但整個階層在文化中的地位和基本屬性一脈相承），但概念始終帶有模糊性，在思維方式上如同安樂哲、郝大維所言，是以多個角度細節性的模糊關聯來合成對一種事物的定義，也是一種美學傳統。

無論「文人」、「士大夫」還是別的類似詞彙，作為一個文化體系中的階層，其內涵有兩條線索是相對清楚的，一是社會政治地位與屬性，往往以「士」字及相關概念而言說；一是思想文化特點與屬性，通常以「文」字為核心的言說更多聚焦於這一方面。

「士」的概念非常古老。首先是社會政治方面的含義。一方面，「士」既通「仕」又通「事」，即既有做官之義，還要執掌經行具體事務，同時「士」又是官職，如《禮記·王制》：「諸侯之上大夫卿、下大夫、上士、中士、下士，凡五等。」〔註29〕《尚書·堯典》：「帝曰：『皋陶，蠻夷猾夏，寇賊奸宄，汝作士，五刑有服，五服三就。』」〔註30〕後更成為官吏的通稱。換言之，這是直接進行著社會治理、對社會有著直接與現實影響的政治群體。其後「士人」、「士夫」、「士大夫」的定義也是以居於官職的社會政治屬性為首。以「士大夫」為例，這是「士」和「大夫」（如《禮記·王制》中提到的上大夫、下大夫，地位高於士）的合稱，同樣也是進行社會治理實務的官員階層，如《周禮·考工記》所言之「坐而論道，謂之王公；作而行之，謂

〔註29〕 楊天宇：《禮記譯注》，上海古籍出版社，2004 年版，第 141 頁；〔清〕阮元校刻：《十三經注疏》，中華書局，1980 年版，第 1321 頁。

〔註30〕 《尚書》，王世舜、王翠葉譯注，中華書局，2012 年版，第 25 頁。

之士大夫」〔註 31〕。

　　另一方面，由於古代行王官之學，民從官學，「士」或「士大夫」這一群體在社會階層劃分中也是文化（特別是精神文化）的承擔者，具有了文化屬性和文化層面的地位，「士農工商」的經典劃分即反映了這一點。《唐六典·三·尚書戶部》：「凡習學文武者為士，肆力耕桑者為農，功作貿易者為工，屠沽興販者為商。」〔註 32〕從中可見一斑。這也就要求士人應當具有精神和道德層面的高標準、價值追求和價值判斷能力，並要在這一方面擔當起引導民眾和作出表率的責任。早在先秦時期儒家就提出了這方面的要求，如《論語·泰伯》：「士不可以不弘毅，任重而道遠。仁以為己任，不亦重乎？死而後已，不亦遠乎？」〔註 33〕《孟子·盡心上》：「王子墊問曰：『士何事？』孟子曰：『尚志。』曰：『何謂尚志？』曰：『仁義而已矣。』」〔註 34〕。居於官位且有模範操守、引導文化之責，這種認知直到兩宋時期仍然為以歐、蘇等為典型的廣大士人群體所認可接受，同時也是他們作為「士大夫」、「士人」的自我身份認知的重要構成。

　　「文人」的含義略為複雜。《辭源》給出兩種含義，可追溯年代均甚早。一為「有文德的人」，語出《尚書·文侯之命》：「汝肇刑文武，用會紹乃辟，追孝於前文人。」〔註 35〕二為「擅長文章的人」，《現代漢語詞典》中解釋「文人」為「讀書人，多指會做詩文的讀書人」，便直接與此義相關，也是現代使用「文人」一詞的通常含義。《辭源》另有「文士」詞條，釋為「讀書能文之士」，雖然看似「文人」與「士人」的結合體，但從其引用的出處（《韓詩外傳》：「君子避三端：避文士之筆端；避武士之鋒端；避辯士之舌端。」〔註 36〕）來看，「文士」的偏重點與「文人」基本相同，都在讀書能文之上。東漢王充《論衡·超奇》：「採掇傳書以上書奏記者為文人。」〔註 37〕從這一

〔註 31〕〔清〕阮元校刻：《十三經注疏》，中華書局，1980 年版，第 905 頁。

〔註 32〕〔唐〕李林甫等撰，陳仲夫點校：《唐六典》，中華書局，1992 年版，第 74 頁。

〔註 33〕楊伯峻：《論語譯注》，中華書局，2012 年版，第 114 頁；〔清〕阮元校刻：《十三經注疏》，中華書局，1980 年版，第 2487 頁。

〔註 34〕楊伯峻：《孟子譯注》，中華書局，2012 年版，第 348 頁；〔清〕阮元校刻：《十三經注疏》，中華書局，1980 年版，第 2769 頁。

〔註 35〕王世舜、王翠葉譯注：《尚書》，中華書局，2012 年版，第 336～337 頁；〔清〕阮元校刻：《十三經注疏》，中華書局，1980 年版，第 254 頁。

〔註 36〕《辭源》修訂本，商務印書館，1979 年版，第 1356 頁。

〔註 37〕黃暉：《論衡校釋》，中華書局，1990 年版，第 607 頁。

句看，文人並非單純讀書的「學者」或書寫詩文的「文學創作者」，乃是以擅長文章之能力而具有相應官職之人，仍然處於整個社會的政治圖譜之中。由於「士人」、「士大夫」同樣也要「習學文武」，掌握知識文化，這就與「文人」有了交叉的基礎和日後對將兩者側重點兼於一身的群體進行複指的可能。

與基本為正面含義的「士大夫」不同，「文人」一詞所具有的褒貶感情色彩十分複雜。作為褒義的一面與對「士大夫」的德行要求基本一致，作為貶義的一面多為徒能為文而德行不彰之義，如曹丕《典論·論文》：「文人相輕，自古而然。」《與吳質書》：「觀自古文人，類不護細行，鮮有能以名節自立。」南朝徐陵《與李那書》中所言「自古文人，皆為詞賦」〔註38〕，顏之推《顏氏家訓》所言「自古文人，多陷輕薄」，均有能文寡德、疏於實學、短於器識、只顧風流自賞實則名節不佳之意。由於明清「士風不彰」，對於「文人」一詞的這層貶義用法一直存續到現代，如「文人相輕」等語仍時有使用。

宋代的文化階層對「文人」一詞的使用則有所不同，最重要的不同點在於用這個詞來指稱自身。以其政治地位與文化自信，顯然不可能以貶義方式使用，所強調的乃是「文」字，這個「文」包括但不限於文章寫作，還包括對更大範圍的學問與文化的掌握，以及承繼文化傳統、開拓一個時代的文化範式（所謂「斯文」）的使命。如梅堯臣《王原叔內翰宅觀山水圖》一詩中寫道：「上有荊浩字，特歸翰林公。願換廷掛一丸墨，誰言賣錢須青銅，范寬到老學未足，李成但得平遠工。黃金白璧未為寶，文人師臣無不通。」〔註39〕其中「文人師臣」並列，「文人」二字當更傾向於學問、文化的意義，而非單純擅長寫作。蘇軾亦多次使用「文人」一詞指代同道中人，如：「秀州本覺寺一長老，少蓋有名進士。自文字言語悟入，至今以筆研作佛事，所與遊皆一時文人。」〔註40〕蘇轍《亡兄子瞻端明墓主銘》亦稱其兄為文人：「試六論，舊不起草，以故文多不工；公始具草，文義粲然，時以為難。比答制策，復入三等。除大理評事、簽書鳳翔府判官。長吏意公文人，不以吏事責之，公盡心其

〔註38〕 〔宋〕李昉等編：《文苑英華》，中華書局，1966年版，第3501頁。

〔註39〕 〔宋〕梅堯臣《宛陵先生文集》，卷50。見舒大剛主編，四川大學古籍研究所編纂：《宋集珍本叢刊》，線裝書局，2004年版，第四冊，第84頁。

〔註40〕 〔宋〕蘇軾撰，王松嶺點校：《東坡志林》，中華書局，1981年版，第40頁。

職，老吏畏服。」〔註41〕這裡顯然也不僅僅止於寫作，更著重於寫作中所展現之學問與才能。黃庭堅亦有類似用語。宋代畫論中，《宣和畫譜》和《畫繼》這兩部重要著作均成書於蘇軾身後，也均有出現「文人」一詞，其內涵與感情色彩均以「本朝文忠歐公、三蘇父子、兩晁兄弟、山谷、後山、宛丘、淮海、月岩，以至漫仕、龍眠」〔註42〕這樣一批在政治與文化精英階層為標尺和模板。

以歐陽修、梅堯臣、三蘇父子等為代表的宋代政治與文化精英階層有屬於宋代自身的特點。由於宋代的科舉制度，士族閥門階層衰微，庶民寒士也可能憑藉教育和學問來參加和通過科舉，從而獲得官職並加入國家的內政和公共治理體系，甚至上升到具備社會政治影響力與文化影響力的地位。宋代統治階層亦獎掖學問，推崇文化教養，收藏搜羅文化藝術產品，前期科舉以文學文化為主線，其後逐漸轉向思想文化與治理方略，這些都在客觀上為社會營造了良好的文化建構與傳播氛圍。當在這一歷史條件下誕生的宋代文化階層用他們所具備的特點反過來重新定義「文人」一詞時，「文人」在宋代背景下就很難成為單純能寫詩文而不具其他實幹才能與文化才能、只顧風流自賞實則名節不佳的代名詞。

以宋代的這一階層自身為參照，「文人」與「士大夫」均為讀書能文、有學問和教養的人，也大多通過科舉制度在政治和經濟上獲得了具有一定社會地位，並具有名望和相當的文化影響力——正是這一點抹平了「文人」與「士大夫」在宋代語境下的差別，也削除了「文人」一詞的貶義用法。換言之，在宋代背景下，由於該階層的政治特點與文化特點，無論用「文人」、「士大夫」還是並用「文人士大夫」指稱，其本質含義與內涵都是基本一致的，是對同一階層、同一批特質的複指，這些詞基本可以等義代換。

二、美國漢學家的解釋

美國漢學家對文人士大夫的指稱主要根據這一階層的特點作反向的概括，並在英文中尋找對應的詞彙，常用的有以下幾種：

（1）scholar，直譯為「學者」。在英語背景下指學習經院學術、受到良

〔註41〕〔宋〕蘇轍著，陳宏天、高秀芳校點：《蘇轍集》，中華書局，1990 年版，第 1118 頁。

〔註42〕〔宋〕鄧椿著，黃苗子點校：《畫繼》，人民美術出版社，1963 年版，第 113 頁。

好教育、在一個或多個人文領域掌握大量知識的人。從美國漢學家的文本來看，使用該詞是為了對應宋代（乃至宋以後）科舉制度下文人士大夫階層的主要特點：因應科舉考試和社會學術主流要求，以學習儒家經典和儒家學說為主；重視教育和學術，但治學不僅限於學習儒家經典和道德學說，而是可以擴展到多個領域，擁有多方面的才能。scholar 一詞的指稱範圍是最為廣泛的，因為並不要求指代主體必須進入國家政治譜系、擁有具備足夠影響力的官職，其出身也未必限於寒門庶族，原先的士族世家後裔、甚至皇室公親中的一些人都可以被包括進來，只要具有文化學術教育和背景，並在文化領域有所投入和作為。這與宋代崇文的社會整體氛圍也相呼應。

（2）scholar-official 或 scholar-bureaucrats，直譯「學者型官員」，亦可指「文人官吏」。這兩個詞對文人士大夫身份的詮釋除了基於其學術和教育背景，也突出其社會政治地位，即通過以文化內容為主的科舉考試進入官僚系統，通過擔任官職而對社會治理產生實際的影響力，並在社會治理中獲得實踐其文化學說的機會，也由此而有助於擴展其文化話語的影響。由於文化性，「學者型官員」與單純的技術型官僚有著明顯的區別。

（3）literatus（複數為 literati），該詞源於拉丁語。在拉丁語的幾個相關語詞中，littera 指「字母、筆跡」，也就意味著與作為文化領域基礎的書寫直接相關；litterae 指「信件、記錄、作品」，也指「學問」，意味著文化領域是書寫的成果；作為形容詞的 litteratus 指「文字的」和「有修養的」，意味著書寫與文化和教育的聯繫；litteratura 指「文體、文學教育、語文研究」，表明文化書寫和教育的內容始於文學領域；而作為書寫主體的 litterator 本意是「啟蒙教師」。可見 literatus / literati 在源頭上指的是閱讀、評論、書寫、教授文學作品的知識階層，也正因書寫與文學性而可能是與中文中「文人」一詞最為接近的詞語。但是需要注意的是，literatus / literati 並不單純限於文學領域或以文學性作為全部的內涵，而同樣指向更為廣泛的文化學術與教育領域，因此不等同於中文中以貶義色彩所運用的「文人」含義（如曹丕、徐陵、顏之推的用法）。包弼德將以思想學術而非文學名於世的程頤稱為 literatus，卜壽珊在其著作中同時使用 scholar's painting 和 literati's painting 來對應「文人畫」一詞，說明在美國漢學家的實際把握中，scholar 和 literatus / literati 也基本可以等義代換，如同在宋代（尤其北宋）背景下「文人」、「士人」、「士大夫」往往指的是同一個階層、同一批人。

　　此外包弼德還在《斯文：唐宋思想的轉型》中使用過 literary intellectual 來指代，這一用法意味著兩點：其一，這一階層是「知識分子」，其最重要的貢獻和立身之本是在思想文化的價值觀之上；其二，文學性在這一階層中佔有十分重要的位置，不但往往出現思想家與文學家兩種身份的高度重合，文學形式、文學內容、文學觀念也往往與思想價值和趣味在各種層面上形成結合，包弼德在書中也往往需要用、可以用文學材料來研究文化思想、價值觀等方面的問題。這同樣也說明了「文人」、「士大夫」、scholar、literatus 等概念術語在內涵上的高度一致性。

　　也有美國學者試圖從文人是「有文德之人」這一定義出發，通過對「文」或「文德」的解釋探尋文人身份的文化內涵。如美國學者彼得森（Willard J. Peterson）為其參與主編的漢學論文集《文化的力量：中國文化史研究》（*The Power of Culture: Studies in Chinese Cultural History*）所作之序言中，認為若將該論文集所收錄之涵蓋數個學術領域的研究放在一起，即可反映它們共同聚焦了具有多樣性的自我定義問題，而貫穿這些領域、反映在這一問題中的核心，又是「文」的諸方面和面貌被如何塑造、以對「德」的傾向和處理進行回應和影響。從統貫中國文化史諸領域的角度出發，彼得森認為「德」意味著「一種強力影響他人的能力」，其核心特點是「在通過擁有這種『德』而使人能獲得、習得、引導某事物的意義上變得吸引人」[註43]。它是生理與心理因素的結合，貫穿於政治、宗教、文學、藝術等諸多領域。「文」在英文中沒有完全的對應詞，內在包含了「符號」（symbol）、「樣式」（pattern）、「辭藻」（lexical items）、「裝飾」（ornament）、「文章」（prose works）、「文學」（literature）、「書面語」（written language）、藝術，以及武力層面以外的文化與共享遺產的總和等等，難以將其所有分支定義完全。彼得森認為《論語》中「季氏將伐顓臾」一段是解釋「文德」或「文之德」的經典章節，其中表明的是可以通過培養「文德」來吸引和影響他人，為政者亦當為自身和總體的善而推廣「文德」；由此可進一步推得「文」作為「德」的外在，其特點也是以武力以外的方式影響他人的能力，亦即「文化的力量」。這實際上是對文人士大夫階層的文化行為中所內在的文化動力進行了解釋，即在善的總

〔註43〕Willard J. Peterson, "Introduction", In Willard J. Peterson, Andrew H. Plaks and Ying-shih Yu（eds.），*The Power of Culture: Studies in Chinese Cultural History*, Hong Kong: The Chinese University Press, 1994, p.1.

前提下進行的自我定義和由自身向外施展的對他人的影響。

　　以唐至宋的思想轉型為背景，包弼德從另一個角度解釋了「文」和文人文化行為的內在動力。他將「文」或「斯文」解釋為由源於上古的典籍傳統所保存的自然秩序和文化秩序，在具體外在形式上表現為「諸如寫作、統治和行為方面適宜的方式和傳統」〔註 44〕。「文」的內容的本質是規範的價值觀（normative values），源於天地化生萬物的自然領域和人類文明的歷史領域的累積，後來又從「師法宇宙」轉向注重人事的「聖人之道」、「古人之道」，從聖人言行中推演價值，通過古文寫作顯示價值，並通過在政壇的努力嘗試推動實現這些價值。作為以規範性價值觀為核心的文化秩序，「斯文」既要維持形式文化的延續性（formal cultural continuity），也有必要建立適應當下的、得到共同認可的文化準則、文化形態、價值觀念和行動方法。這樣一套文化體系的主體是「中國社會一個人數不多的精英群體」而非庶民，主要職能為出仕而非從事農工商，具備從政與指導天下的必要學識與技能〔註 45〕，即所謂士、士人、士大夫（依據「文人」為「有文德之人」的最初定義和該詞在宋代語境下的使用，也包括在內）。

　　構築文人士大夫文化身份核心的是「學」，這也是美國漢學家用 scholar 一詞指稱他們的原因。對於「學」的內容，包弼德對顏之推《顏氏家訓》和南宋時期袁采《袁氏世範》的對比正好解釋了其兩端：「文化的」和「倫理的」，且這兩端具有延續性和漸變性。二者都將「學」作為治家立身的基本條件，但側重不同。顏之推所言之學「除家族的禮儀和社會習俗之外，還談論修學、文學寫作、文獻學、音韻學、道教、佛教，以及多種多樣的藝術」，「重視廣泛熟悉儒家經典、歷史、諸子百家和純文學」；其為學方式在於「通過合於事實、典正合度、展現了『理』（normative patterns）的寫作」，使人不忘前古、恪盡臣職維持文化傳統〔註 46〕。袁采則代表著從文學—歷史視角轉向倫理—哲學視角的方法，即注重倫理觀念和其中包含的基本與普遍價值，以倫理行為衡量和實現人的價值。從懷特海式的視角出發，無論顏之推

〔註 44〕〔美〕包弼德著，劉寧譯：《斯文：唐宋思想的轉型》，江蘇人民出版社，2001年版，第 2 頁。

〔註 45〕〔美〕包弼德著，劉寧譯：《斯文：唐宋思想的轉型》，江蘇人民出版社，2001年版，第 4 頁。

〔註 46〕〔美〕包弼德著，劉寧譯：《斯文：唐宋思想的轉型》，江蘇人民出版社，2001年版，第 11～12 頁。

還是袁采的「學」，都可視為過程哲學下一種擴大化的、具有行為美學性質的審美對象，都是在將對自身文化身份的實現與評判劃入「審美」的範疇，二人不同的價值判斷和取向也就成為了一種特殊層面的不同趣味。從宋代文人士大夫的史實來看，顏之推和袁采所代表的趣味並非截然對立，而是往往集於文人士大夫一身，其中既有相互統一的可能，也有倫理與審美追求之間的張力。而這種趣味及其包含的取向與價值觀，以及內在的互適與張力，實現了文人在審美領域的文化身份，驅動了他們的文化行為，以及構成了「文人趣味」的文化基礎。

第三節　求整體兼盡個性：宋代文人的美學秩序

　　作為創造中國思想文化的最重要的核心主體之一，宋代文人學者的文化思維也必然繼承和表現了「美學的秩序」──關聯思維，理與象的思維與表述範式，以自身為焦點、以所處理文化問題為區域的「焦點─區域」認知結構與經驗體系。包弼德如此描述兩宋學者們「與於斯文」的方式：「他們掌握這些傳統，在實踐中加以運用，以其自身的學術成就和文學寫作對之闡幽入微……通過把斯文當做一種累積的傳統加以維繫，他們就順應了事物的自然秩序，接續了上古的文化遺產。」〔註47〕這樣的描述中已經可以看出「美學的秩序」在「文」中的內在運行：自然秩序與文化秩序的關聯類比，傳統累積所代表的經驗連續與傳遞，以自身對傳統的掌握、自身的實踐運用和自身的闡釋作為中心也意味著文人學者們始終處於文化領域的焦點位置──在運用「美學的秩序」處理包括趣味在內的美學和文化問題時也不例外。

　　基於斯文傳統累積意味著文學─歷史視角必然在宋代文人士大夫文化中得到繼承並繼續有所表現。這也意味著顏之推式的、多樣化的文化治學方式仍然在宋代發揮著重要作用，使得文人士大夫需要相應地對多種學術領域進行處理，其中也有美學領域──包括文學、書法、繪畫和生活美學問題等，並相應地處理這些領域中所存在的具有個體性、階層性、主觀性的趣味問題。這種文化學術行為的多樣性同時也是對文人自身的定義，如艾朗諾在研究歐陽修時的形容：

〔註47〕〔美〕包弼德著，劉寧譯：《斯文：唐宋思想的轉型》，江蘇人民出版社，2001年版，第2頁。

　　　　歐陽修是幾位因多樣的成就（diverse accomplishments）而知
　　名的宋朝學者中最早的一位。當我們看待歐陽修和他年輕的同時
　　代人（包括蘇軾、蘇轍、王安石和司馬光）時，或許這是第一次接
　　觸到這種令人印象深刻的、智識方面的多才多藝（intellectual
　　versatility）。這些人是傑出的官員，有影響力的政治理論家，主要
　　的文學人物，以及重要的歷史學家和古典學者（classicist）。〔註 48〕

　　這些文人士大夫的基本身份被定義為「學者」，知名的原因在於「多樣
的成就」，作為宋朝文人士大夫的顯著特色在於智識結構的多方面性和多才
多藝。這意味著身為文人學者之「文」與「學」已經成為一個多領域、多樣
化、多方面的文化整體。其中尤其要注意的是「古典學者」（classicist）一
詞。該詞在西方語境中本指研究古希臘和古羅馬文明，特別是其語言、文獻
和哲學的學者。艾朗諾在此用 classicist 一詞指稱這些宋代文人士大夫，意
味著他們被視為與西方古典學者類似、承載著根源性的文化，其「文」意味
著整個文化的基礎性構成。此外，用該詞來表明宋代文人士大夫的文化身
份也意味著思想領域的傳承和闡發是宋代文人、學者、士大夫「與於斯文」
的最根本的一面。按照懷特海對「美」的定義，宋代文人士大夫已經據此在
文化問題上作出了最根本的審美行為、表現了其最根本的趣味指向和其中
最核心的價值判斷與選擇。

　　作為文化思維框架的「美學的秩序」在宋代的延續，為文人學者、知識
分子們提供了進入各種不同文化領域的方法，斯文的傳承與文學—歷史經
驗的積累提供了在包括審美在內的各種領域進行自我生成與實現的可能
性。但是另一方面，他們還需要解決這些文化行為的合法性。在宋代的美學
秩序之中，在如何確立文人美學和實踐相應文人趣味的問題上，宋代文人、
士大夫、學者還面臨一個前代並不曾有（或不曾如此明顯）的根本性張力：
具有多方面性智識結構、并予以外在表現的文學—歷史視角，與向內轉的、
道學的倫理—哲學視角，二者關係當如何處理。對「文」的繼承和多方面性
的成就，宋代的崇文氛圍和建立一代之文化的需要，要求身處文化精英位
置的文人士大夫們率先垂範，在更多的美學領域進行擴展，並表現出相應
的文人趣味。事實上北宋的文人士大夫們也這麼做了，艾朗諾形容該時期

〔註 48〕 Ronald Egan, *The Literary Works of Ou-yang Hsiu*, New York: Cambridge
　　　　University Press, 1984, p.1.

「中國士大夫對美的追求空前的熱烈，開拓了大片的新天地」，「對『美』的追求在不同的領域裏都跨出以往的範圍，衝破以往認為不可逾越的界限」，並且「這一時代的文化創新反映了一群人連貫一致的趣味和選擇」〔註49〕。這些文化行為和努力對後世也產生了深遠的影響，後世所謂「文人美學」（如「文人畫」等）基本都以這一時期作為發端。然而與此同時，他們也面臨著新的焦慮，即與道學一側不斷向內轉、以心性修養和道德實踐為核心的倫理要求之間所存在的牴觸，亦即文學─歷史視角與倫理─哲學視角間的張力。艾朗諾認為「美的問題」或「美的焦慮」之所以產生，是因為文人士大夫們需要面對傳統儒家的諸種成見和教條束縛，開闢新的視野，為自己對美的追求勉力自辯──當然成見也不僅僅來自「傳統儒家」，還有宋代的新儒學。這類看法無論在中國的古代文學、藝術研究還是美國漢學的對應領域中都比較流行。

　　然而從歷史成就來看，這些成見、束縛乃至道學家對文藝的排斥並未使宋代文化在美學領域乏善可陳。歐陽修等典型北宋文人士大夫的多方面成就同時包括了思想領域和審美領域在內，本身就說明他們在多領域中進行的自我生成與實現大體能做到比較調和與平衡的互適，在整體性的明理致知、求道弘道與帶有個性化的自我和「焦點─區域」認知建構之間能盡力兼顧，即使時有表現得「戰戰兢兢」或者需要勉力自辯以維持合法性。據此也有美國學者認為文學─歷史視角與倫理─哲學視角並非絕對的張力關係，而是為文人美學定義了一種藝術與哲學的共生關係。如孟德衛便認為：「哲學與藝術的關係通常是共享某些貫穿了共同文化來源的特徵。有時這些特徵的關聯表現得並不那麼直接，就如西方哲學和藝術頻繁表現的那樣。然而，隨著文人在中國的發展，這些共同特徵得到有意識的加強，成為藝術與哲學的一種局部性聚合（a partial convergence of philosophy with art）」〔註50〕。文學─歷史視角中保有的各種審美能力和技能，倫理─哲學視角中強調的對思想的養成，在宋代匯聚並共同塑造了文人的生活方式與形態，並突出地凝聚為如何形成一套信條（beliefs）、并予以踐行（enact）和表達（express）的問題〔註51〕。

〔註49〕〔美〕艾朗諾著，杜斐然等譯：《美的焦慮：北宋士大夫的審美思想與追求》，上海古籍出版社，2013 年版，第 1～2 頁。

〔註50〕David E. Mungello, "Neo-Confucianism and Wen-jen Aesthetic Theory", In *Philosophy East and West*, Vol. 19, No. 4（Oct., 1969）, p.369.

〔註51〕David E. Mungello, "Neo-Confucianism and Wen-jen Aesthetic Theory", In

這種理解更加鮮明地體現了將關聯性思維和關聯性框架特徵運用於漢學研究的認識。

同國內學界一樣，美國漢學家在研究這一問題時也主要以歐陽修和蘇軾作為典型的案例。歐陽修是一代思想和政壇領袖，這使他必然與曹丕所指的貶義「文人」和時人心目中典型「純」文人的風流自賞行為盡可能拉開距離。但歐陽修所進入的審美領域又非常之廣，包括詩文寫作、詩話、詞、書法、以花卉為代表的日常生活審美、藝術品收藏等等，因此在保持社會地位和大家形象的前提下確立文人審美行為與趣味的合法性對他尤其重要。由此順理成章，艾朗諾認為歐陽修對於這一問題的焦慮主要表現在如何處理審美價值和教化功能的二元對立關係——無論歐陽修自己如何看待此二者的關係，這種二元對立在當時大有市場，甚至是一種主流觀念。歐陽修的解決之道是運用「常法」的觀念，從而使整體的倫理之道能夠為個人的、個別的審美領域賦予價值。在他與石介關於書法價值的爭論中，為了反駁石介認為書法對於道德修養無足輕重的觀點，歐陽修提出即使書法這種「相對不重要」的事物也必須依據「常法」而行，因此書法等事物與儒家倫理價值和道德修養絕非不相關聯。通過這種將一切與倫理價值關聯的做法，歐陽修使自己能夠與石介、穆修等早期古文支持者只求道弘道而忽視審美價值的觀念拉開距離，為自己乃至文人士大夫們進入審美領域建立了理論基礎〔註52〕，在緩解審美價值和教化功能二元對立的同時也為文人審美行為爭取到了合法性。歐陽修的做法本質上是將審美領域也歸入詮釋學的傳統，同時也是「美學的秩序」中「焦點—區域」模式的體現。包弼德認為，從倫理—哲學的視角或思想性的視角出發，歐陽修的做法是在「希望採取一種合理的中間立場」，以試圖解決知識分子所面臨的張力——「文化傳統與普遍價值觀之間的張力」〔註53〕。

包弼德如此形容倫理—哲學一側對文學（及更多的審美領域的價值）的否定性觀點：「那種需要思想一致並且個人服從於制度目標的政治藍圖，要實現它，就一點也不能讓與文學的興趣聯繫在一起的創造性和個性與政治

Philosophy East and West, Vol. 19, No. 4（Oct., 1969），p.371.

〔註52〕 Ronald Egan, *The Literary Works of Ou-yang Hsiu*, New York: Cambridge University Press, 1984, pp.19-20.

〔註53〕 〔美〕包弼德著，劉寧譯：《斯文：唐宋思想的轉型》，江蘇人民出版社，2001年版，第185頁。

價值觀相混淆。」「關心倫理的自然基礎的人出於其他的理由反對文學」——這個「其他的理由」在於認為靠藝術性而持久的載體（如言辭）無法透明地呈現觀念。〔註54〕而蘇軾所要解決的，就是在把自己置於嚴肅之「學」的中心時，如何定義哲學的一面與美學的一面之間的關係，如何協調整體性的「學」、「道」、價值觀追求與具有創造性和個性的文學、文才、藝術傳統及旨趣的一面。從包弼德的論述來看，美國漢學家對蘇軾的方法的理解是：充分發揮「美學的秩序」中的「理—象」思維和表述範式。包弼德抓住蘇軾《擬進士廷試策》中「通萬物之理」的提法進行討論，認為蘇軾所設想的是個人能通過直接觀察事物、考察事物的變動來理解事物中所具有的內在之理，以知識作為判斷事物和觀念的基礎。為了避免事物之理因所處特定環境而來的獨特性而偏於一端的趨勢，蘇軾要求將事物內在之理彼此聯繫，將事物並置成為一個統一體、以互相協調的方式發揮作用，即「通理」。蘇軾在其策論與史論中以這種兩分和平衡的思維為原則，進一步闡發其政治論、道德論和認識論，並承接了歐陽修的視角，承認人的情感和欲望，提倡人情。這一思想方法在政治上「大概是為一個願意適合人情與環境，而不是去適應道德教條的王朝提供一個邏輯依據」，在更多的領域則「變成了將大量一偏的可能性集合在一起的手段」，使得「過去所有的方法、價值和策略都有一席之地，但哪一種都不能被當成絕對」，從而借助諸個體的投入與斟酌創造引導人們的環境，通過多樣的部分統一於整體來形成完整秩序的平衡〔註55〕。但是多樣性和個性的價值又必須建立在廣博的知識、對「理」的洞察和完整性之上。

在推進認識領域所必然要處理的物我關係上，蘇軾建議採用「可以寓意於物，而不可以留意於物」〔註56〕的態度。既要保持對物的關心也要避免依賴物來感知自我的價值，從而保持自我意識中的價值觀本性和自覺。通過對蘇軾的經注的解讀，包弼德認為蘇軾的意思是人不可避免要對物做出反應，但恰當的「應物」取決於「把內在的終極本源和人對事物的感受聯繫起來，

〔註54〕〔美〕包弼德著，劉寧譯：《斯文：唐宋思想的轉型》，江蘇人民出版社，2001年版，第266～267頁。

〔註55〕〔美〕包弼德著，劉寧譯：《斯文：唐宋思想的轉型》，江蘇人民出版社，2001年版，第282～283頁。

〔註56〕出自蘇軾《寶繪堂記》，見：〔宋〕蘇軾著，孔凡禮點校：《蘇軾文集》，中華書局，1986年版，第2177頁。

而不是只對特定的事物做出情緒上的反應——也就是說不搞一些什麼是善、什麼是惡的條條框框」〔註57〕。這是對「理—象」思維和表述範式的進一步推進。當這種推進的領域繼續下去，就必然要求同時承認事物內在之理、人的欲望並將二者相連，通過內在關聯而使人和事物成為本來、完整、應該成為的樣子。人們藉以表達理解的媒介也是一種「物」，也在這類物象的諸多變化中包含了內在之理，並可能通過對內在之理的掌握增益新的事物和觀念。蘇軾認為這一原理同時適用於文、詩、書、畫四大媒介領域，而這四大領域又是文化成就的四大基本分支，通過對內在之理的掌握增益新的事物和觀念意味著統一文化的不斷增長，文化的事業也意味著一條實踐道德之學的可能道路。

於是蘇軾便為審美的領域、以及進入審美領域時所生成和實現的審美趣味爭取到了合法性，並闡明了他對認知領域本身的美學式觀照中所展現的最基本的趣味：寬廣先於狹隘，延續過去成就先於激進背離，創造與靈活先於模仿和僵化。也正因此，艾朗諾認為儘管有程度之別，但蘇軾、以蘇軾為中心的文人士大夫集團以及受此影響的文人們，均可以坦然地承認美與審美自有其價值，比如認定美學意義上的美對於藝術藏品來說是第一性的，這種美無須遭受質疑或非議。為了堅持前述蘇軾所認為應當採取的物我關係，防止藝術中所包含的不能教化或淨化心靈、反而令人迷醉、移情動性而無法自持的危險，蘇軾採用一套「真正的大美在於天然樸拙而非精緻人造」的文人審美趣味理論予以對抗〔註58〕。這樣一來，不但不需要像歐陽修那樣在審美領域如此戰戰兢兢，也為文人的審美進一步生發了新的趣味和觀念。

包弼德和艾朗諾的這種解讀再度契合了「美學的秩序」中不忽視諸部分獨特性的重要性、重視變動與合生的思想要素。從中可以發現一個有趣的現象：雖然領域和視角各有不同，但在宋代文人審美和趣味的基本思想、思維方法上，幾位美國漢學家的立論和闡釋基本都可以以「美學的秩序」作為綱領和線索。從這個意義上講，「美學的秩序」也確實成為美國漢學中對中國傳統文化思維基本面的認識。

〔註57〕 〔美〕包弼德著，劉寧譯：《斯文：唐宋思想的轉型》，江蘇人民出版社，2001年版，第304頁。

〔註58〕 〔美〕艾朗諾著，杜斐然等譯：《美的焦慮：北宋士大夫的審美思想與追求》，上海古籍出版社，2013年版，第176～177頁。

第三章　寫作趣味與價值追求

　　作為「文人」一詞的源頭，作為文人最為日常的生活經驗內容，作為宋代文人士大夫確立其文化思想、參與社會政治和文化秩序運行的基本手段和定義其文化存在方式的基礎，寫作毫無疑問地體現了宋代文人所有根本屬性、本質的文化需求和文化行為基本方式，揭示了宋代文人需要面對的最基礎的文化問題。寫作中的審美追求和對這些追求的問題意識、社會與文化思考和通過具體追求實現的解決之道，在審美趣味的選擇中所凝聚的重重意義和價值追求，這些若從西方視角來看，幾乎全面涉及教化、共通感、判斷力、趣味等構築人文傳統的基本概念。因此，宋代文人的寫作審美構成了宋代文人趣味的基本面，對其寫作趣味的研究也足以構成研究宋代文人趣味的基本範式。

　　在具體性研究和描述性範式的主導下，美國漢學家所認知的宋代文人寫作趣味，主要凝聚在三種具體的寫作審美追求和審美樣式，以及一種仍通過具體寫作樣式顯現、但更具宏觀性的文化現象之中。三種具體的寫作審美追求和審美樣式，第一種是北宋前期的「時文」（Current Style Prose）和西崑體詩歌，它們所包含的審美取向、在文化秩序層面上涉及的價值觀和文化意義，作為被回應、被思考的問題和需要被反駁的意識形態而存在；然而它們也不是單純的「靶子」，其中凝聚的頗多值得深思之處也值得揭示，並可以在這種揭示中體現出美國美學自身品格在漢學領域中的折射。第二種和第三種是被作為宋代詩文典型審美品格而為後人所知的「平淡」和「理趣」，它們在經過重重思考和選擇後被確立為對時文和西崑體審美的最終回應和替代，凝聚了北宋中期乃至之後文人為寫作中的審美趣味所賦予的基

本價值。最後一種更具宏觀性的文化現象，指的是北宋中晚期至南宋所形成的文人文化生產和文化場域，具體反映在宋詞的地位變化和「江西詩派」的構建之中。對這四大項的研究和對它們所反映的價值追求的發掘，構成了美國漢學視野中文學領域的宋代文人趣味圖景。

第一節　回應的背景：時文與西崑體詩歌

對於西崑體詩歌和北宋前期的「時文」寫作風格，美國漢學家並沒有進行過專題性的研究，而是主要作為被以梅堯臣和歐陽修為重量級代表的詩文革新運動所回應與反撥的目標而出現；它們招致美學和審美趣味層面的反撥的緣由，又與這兩種文體在宋代科舉與學者型導向的社會文化背景中所反映的「寫作的意義與價值」問題緊密相關。亦即，從審美趣味及其價值取向的角度看，其中反映了一個權力視野下趣味話語、趣味標準的爭奪與再建立的問題。

所謂時文，主要指北宋前期科舉中所要求使用的駢文。對於使用這一文體進行寫作的意義，艾朗諾認為在審美層面上其端正與高雅（decorous and elegant）的面貌適用於紀念、公告及其他公文寫作的莊重目的，而在實用層面上，科舉中要求使用駢文則為主考官提供了一個對考生的額外評判標準——這一標準使得考生不但要在作答的內容上受到評判，同時還要在對駢文這種嚴格而富有挑戰性的表達方式的駕馭上受到考驗，從而在對主觀性的回答內容進行評價之外還為考官提供了一種客觀標準（objective criteria）〔註1〕。而到了11世紀前期，駢文更跨出了科舉領域，而令其審美追求成為一種在詩、文中共通的文學性時尚（literary vogue），從而在審美趣味的領域建立了一種標準。艾朗諾將此歸功於楊億及其追隨者，因為楊億一方面深得朝廷賞識，使其代表的趣味具有上層基礎，一方面其美學風貌在詩歌和文章中是共通的，從而令其文章與西崑體詩歌共同成為一種誇飾、典雅、充滿典故的審美追求和趣味的代表。

對西崑體詩歌和時文的這種美學認識也是國內文學史書寫的常見話語，同時其所包含的審美趣味也常被國內文學史話語認為是遭到宋代古文運動和

〔註1〕Ronald Egan, *The Literary Works of Ou-yang Hsiu*, New York: Cambridge University Press, 1984, p.12.

詩文變革的反撥的原因。如對於西崑體詩歌，章培恒、駱玉明的《中國文學史》即言及：「西崑體遭主張詩文變革的人們的集中攻擊，這裡面有多方面的原因。一則西崑體確有很大的弊病，而這種詩體出於朝廷館閣詩人之手，在社會中的影響又特別大，所以主張變革文風的人首先要對付它。而另一方面，也要注意到歷史文化方面的因素：西崑體實際上帶有濃厚的貴族趣味，這和宋代社會的特點不相容；西崑體有明顯的娛樂傾向，這和道統文學觀的日漸強化相牴觸。」〔註2〕國內西崑體詩文研究的另外兩種方法論，一是仍主要聚焦於文學史內部，以文本、修辭分析和對西崑派詩人人格的重建（主要是楊億等人）為基礎，發掘其中的積極內容，考察其對後來詩人的影響，從而重新確立西崑體在文學史上的地位〔註3〕；二是結合宋代科舉與文治政策的背景，以帶有社會史色彩的視角論證西崑體存在於宋代文化、以及由唐至宋的審美轉變中所具有的合理性〔註4〕。美國漢學家對西崑體的觀點和考察方法與後一種的共通之處相對多一點，總體上持社會史和文化史視角；但他們在以審美價值和文化價值進行審視的道路上走得更遠，更傾向於將作為文學材料的西崑體放在思想領域進行考察，將這一問題所反映的寫作價值判斷與價值標準的更替作為核心，從文化意識形態的角度研究宋代文人對其做出何種反應，這些反應的本質為何物。較之國內以文學史話語為主導的研究路線，美國漢學家相對更偏向趣味層面的文化話語，並且其方法論有來自自身的美學根基的成分。

　　視西崑體審美為「貴族趣味」的傳統說法主要基於楊億等人作為館閣文臣的「高層」身份和受到宮廷賞識的背景，但這一定性並不為美國漢學家所認同。相反，他們仍將西崑體與時文歸入文人寫作與文人審美追求的範疇，其中包含的趣味觀念主要表現為一種「文作為人的教養（refinement）」，作為文人士大夫立身之基的「文」觀念仍是其核心。包弼德如此論證這一看法：

〔註2〕章培恒、駱玉明：《中國文學史》，復旦大學出版社，1996年版，中卷第319頁。

〔註3〕例如吳小如：「『西崑體』平議」，載《文學評論》1990年第5期，第76～78頁；秦寰明：「西崑體的盛衰與宋初詩風的演進」，載《南京師大學報（社會科學版）》1989年第1期，第58～63頁；方智範：「楊億及西崑體再認識」，載《華東師範大學學報（哲學社會科學版）》2000年第32卷第6期，第3～17頁。

〔註4〕例如楊曉輝：「西崑體的形成及其對宋代詩風的開創意義」，載《吳中學刊（社會科學版）》1995年第1期，第27～30、85頁；馮偉：《北宋初期科舉文化與西崑體》，湘潭大學碩士學位論文，2005年。

　　楊億當然注意到古文潮流，儘管他沒有用這個術語。例如，他注意到「明聖人之道」的願望恰恰符合皇帝「恢三代之制」的意願，而且他並不輕視 10 世紀 90 年代那些朝廷學者，他們作為「文章盟主」，努力使文成為載道之物。但是對他自己來講，他作為文學之士和古文者的角色，「緣情體物」和「吟詠情性」是更重要的。從他的角度來講，這樣的作品並不與古相悖，而且為了提升當時粗鄙的狀況，「雕篆之文」（carving and engraving）是沒有過錯的。楊億只不過沒有勸人們應將提高古道作為文學寫作的目的，或是應對某些子書棄而不讀。他出的考題表明，他不相信對所有士人都應重視的東西可以簡單作答。〔註5〕

　　因此，包弼德並不認為楊億的駢儷文風是在文學意義上追求典雅與完美，而是因為「看重文學技巧的一部分作用就在於堅定學者為一個朝廷的利益而服務的責任感，這個朝廷畢竟致力於維護文官秩序這個更大的利益」〔註6〕，亦即楊億是在審美層面上表現其致力於整個文化秩序的建立和維護。這也與艾朗諾對宋代古文運動的起因的觀點是一致的。艾朗諾認為宋代古文運動並非起於對楊億等人代表的文學風格的反撥，而是因為科舉考試中使用駢文這一要求觸及眾多學子的生涯：要麼經年累月致力於一種他們牴觸的寫作樣式，要麼放棄他們渴望的進仕之路〔註7〕。所以在美國漢學家的視野中，對行文樣式的趣味和取向的核心仍在於對以宋代文治政策和科舉文化為核心的文化秩序的認識，並關乎寫作之於文人士大夫的意義這一根本問題。

　　包弼德認為宋代前期文治的氛圍主要由兩個背景構成：一在於統治者「以文廣取士人」、「興文教、抑武事」的政策取向和科舉考試方法，二是宋初學者對更寬廣的文化傳統表現出適時而折衷的興趣。多次科舉的試題表明了宋室的態度，如 980 年殿試的「文武孰為先」，3 年後的「文武並興」，以及「表明了朝廷的結論」的 1000 年的「觀乎人文以化成天下」。以宋太宗

〔註5〕〔美〕包弼德著，劉寧譯：《斯文：唐宋思想的轉型》，江蘇人民出版社，2001年版，第 168～169 頁。

〔註6〕〔美〕包弼德著，劉寧譯：《斯文：唐宋思想的轉型》，江蘇人民出版社，2001年版，第 169 頁。

〔註7〕Ronald Egan, *The Literary Works of Ou-yang Hsiu*, New York: Cambridge University Press, 1984, pp.13-14.

為例，其「大體上還是扮演了獎掖文化傳統和文官價值觀（civil values）的角色」，其彙集圖書的行動還將書法與繪畫也包括進來，體現出的行動準則是「凡是文的東西就可以搜集」〔註8〕。其重文崇儒、獎掖學者、編纂叢書等行動使其在包弼德眼中獲得了「幫助保存了斯文」、「自己也是一位學者」的定性。宋代前期科舉考試詩、賦、論、策的方法提出了對文學寫作的要求，使得無論文化思想傳統（包弼德認為這是科舉所能達到的最好方面）還是寫作的審美層面（雖然在實踐中常表現為應舉者主要用心於詩歌聲律這樣的低標準）都成為上層的文治文化的重要部分。學者對文化傳統的興趣表現為對一種以學者為中心的文學文化的構想，如徐鉉在本人富於文采的同時又警惕文學藻飾、綜合文的文化規範功能與抒情功能的折衷，以及田錫和張詠在寫作中不止於雕琢字句與表達自我、還將寫作上升至文化與道德統一這一層面的觀念。在這樣的文化背景中，寫作之於文人士大夫和文化秩序的意義最終可上升至不止於載道工具、而標誌「個人將過去的文化百家歸一的能力」〔註9〕這種較為寬廣的文化書寫層面。

　　艾朗諾的闡釋也同樣從寫作的意義這一點出發，他強調時文與古文的爭論的出發點並不僅僅在於寫作的樣式與風格問題，更在於寫作的功能與使用，而這一爭論的核心又在於文章的文質之分及其作為一種文化載體的重要性。古文擁護者對時文的批評集中於使寫作者重視文采形式勝過內容，他們的目的不在於用一種文體取代另一種，而在於扭轉文與質的優先級——歐陽修就認為在內容優先的準則下使用時文風格也無大礙〔註10〕。因此艾朗諾認為回應和反撥時文的古文運動的主要性質並非文學運動和美學運動，時文與古文之爭的核心也在於科舉作答和公文這樣的正式文章的寫作原則，而並不對私人和非正式寫作也提出同樣嚴格的要求和論爭——這反映在艾朗諾對作為古文運動領袖的歐陽修的研究之中。然而在一個自構建之始就已包含了審美性的文化秩序和文人文化當中，無論是作為被回應者的時文和西崑體詩歌，還是在作為回應與反撥者的古文和詩歌革新中所產生

〔註 8〕〔美〕包弼德著，劉寧譯：《斯文：唐宋思想的轉型》，江蘇人民出版社，2001年版，第 158～159 頁。

〔註 9〕〔美〕包弼德著，劉寧譯：《斯文：唐宋思想的轉型》，江蘇人民出版社，2001年版，第 167 頁。

〔註10〕 Ronald Egan, *The Literary Works of Ou-yang Hsiu*, New York: Cambridge University Press, 1984, p.15.

的、作為宋代文人美學核心之一的「平淡」趣味，都表明了即使從文化運動這一角度考慮，「文」這一概念在不同層面的審美性也同樣處在文化秩序和這場文化論爭的重要位置。

包弼德和艾朗諾等人採用這種自文化秩序視角展開的自上而下的觀察（當然這種觀察是符合歷史維度的），意味著他們對文人趣味所具有的與政教權力結合的性質的體認，從中體現了一種趣味與文化權力之間的關係。作為一個前現代的社會，宋代的文人趣味必然還是屬於總體上較為上層的存在，是更上位的文化權力的承受者和向下施展的中介，承接皇室權力引導下的文化趣味指向；另一方面，文人士大夫自身也通過科舉進入文官秩序，獲得一定的政治資源、文化資源和相應的文化權力與文化影響（如楊億的西崑體詩歌為眾人仿傚以及歐陽修在古文運動中的文壇盟主地位），可以藉此推行自身在文化價值和趣味取向上的觀點——無論對於楊億等時文和西崑體詩歌的高層實行者，還是對此進行回應和反撥的古文運動擁護者而言。而兩方觀點的差異可以視作具體取向的差異，對於文化與道德統一的最高指向並無根本分歧。對於主要通過寫作體現其文化屬性和施展其文化影響的宋代文人士大夫而言，文體與文風的選擇意味著政教體系下文官政治、道統與文統觀念對審美文化、趣味取向及相應的社會文化生活的干預和滲透，審美趣味在這種正式寫作中的體現亦是一種對人的行為倫理和行為方式的規約。而另一方面，艾朗諾強調時文與古文之爭指向的是科舉應試、公文等直接關乎社會政治體系運作的正式寫作，非正式寫作中的趣味取向多多少少可以不受古文理論和道學的嚴格規約，意味著文人士大夫可以在非正式的空間內尋求一定的選擇餘地，可以展開更具私人情趣和個人審美的趣味追求，這也在艾朗諾對歐陽修寫作的個人性語調特點的闡述中得以顯示。這種劃分既為美國漢學家對宋代文人趣味的不同層次和多種審美追求的觀察提供了一種窗口，同時也是對文人文化和文人趣味的複雜性的一種體認，即：總體的文化身份認知與個人心性伸張間的複雜張力。

無論是包弼德以在歷史書寫中一般首先被認定為文學家的文人士大夫作為探尋宋代思想史的材料，還是艾朗諾「古文運動主要並非文學與美學運動」〔註11〕的說法，以及從社會歷史和秩序運作角度入手的觀察方法，其實

〔註11〕 Ronald Egan, *The Literary Works of Ou-yang Hsiu*, New York: Cambridge University Press, 1984, p. 49.

質並非繞開宋代文人寫作的文學性與美學性，而都是在美學層面上將一般意義上被單獨隔離出來的「文學藝術」與其產生條件和人的經驗運作之間的關係予以重新恢復，是對杜威美學在這一層面上的觀點的呼應。連續性和完整的經驗是杜威實用主義美學的核心理念之一。「恢復作為藝術品的經驗的精緻與強烈的形式，與普遍承認的構成經驗的日常事件、活動，以及苦難之間的連續性」〔註12〕是一大重要任務，對於寫作成為日常普遍經驗和生存狀態的文人士大夫而言，這種連續性更是一種非常現實的存在，從而為包弼德和艾朗諾的觀察視角在美學層面提供了較為有力的支撐——雖然包弼德不認同杜威的很多具體學術觀點，但在對宋代文人士大夫的研究中，包弼德的方法論卻意外地能夠得到杜威美學觀點的支撐，這種殊途同歸也就意味著在美學層面方法論上的一種內在一致性，這種一致性屬於美國實用主義美學。

　　這種連續性經驗的視角也就使得「主要並非文學與美學運動」的古文運動又不可避免地必須是一種美學運動——對於文官秩序下的文人士大夫而言，其寫作就是杜威視域下的再現對象與行動符號，並「在擁有所經驗到的對象時直接呈現自身」，是「直接經驗所固有的」〔註13〕。這也就解釋了美國漢學家的宋代文學家研究為何普遍非常重視與生平和社會活動經歷相結合的觀察方法。也正由於寫作是這樣一種普遍性經驗，在宋代中前期的語境下，對於寫作與德行的統一這一最高指向在宋代文人士大夫當中並無異議，那麼寫作方式的選擇在相當程度上也成為了一種趣味問題，對寫作的價值判斷、審美取向和審美趣味不可避免地與樹立趣味標準的問題發生關聯。

　　美國漢學中對宋代文人士大夫寫作的這類闡述視角，同樣也能在桑塔亞那的美學話語中得到支持。桑塔亞那從他的角度給出了一種趣味由個人性到在社會範圍內獲得一定程度普遍性甚至權威性的發生原理。在他看來，趣味標準的基本事實在於「具體個人癖好」這一基礎，其可信性最初源自「因為個人的真誠篤信而顯得有幾分道理」〔註14〕，在保持這種個人癖好性的同時，趣味的運作又會努力使這些對價值判斷和審美取向的個人主觀

〔註12〕〔美〕約翰・杜威著，高建平譯：《藝術即經驗》，商務印書館，2010年版，第4頁。

〔註13〕〔美〕約翰・杜威著，高建平譯：《藝術即經驗》，商務印書館，2010年版，第83頁。

〔註14〕〔美〕喬治・桑塔亞那著，張旭春譯：《藝術中的理性》，北京大學出版社，2014年版，第173頁。

傾向理性化。這種個人標準的社會化必須通過與他人的交流而獲得，通過與他人的取向和判斷在「同樣合理」這一先決條件下進行的比較，進一步確認自身的趣味標準的合理合法，通過比較中的反思將具體而個人的趣味取向與作為整體的理性生活協調起來，使情趣得到純化和昇華。雖然桑塔亞那十分強調趣味標準的自然天成和自在自為，但由於「合理」使得個人性的趣味標準取得了得到呼應和擴大的基礎，「凡是我們身上展示出的真誠理性，必將在他人心中引起同樣真誠的理性共鳴」〔註15〕，於是趣味的認可度越廣泛，其權威性和普遍性就越發強烈。但光有這種通過「合理」而獲得的內在明晰性遠遠不夠，試圖獲得社會化影響的趣味標準還必須具備外在的適應性作為其生發的物質基礎和環境，故趣味的標準與社會事業密不可分──既對社會大眾進行教育與評判，又「必須代表它所統領的社會大眾的利益」，從而「成為一種具有一定可行性的、公正的法律」〔註16〕，既是社會性趣味標準的目的也是其自身存續的必需，適應這種要求的恢弘視野、普遍意義和感染力即為良好趣味的品質。無論從時文、西崑體還是宋代古文的生發過程來看，起於個人、擴大於追隨者、同於「寫作與德行統一」這一最高取向、異於具體寫作樣式的價值判斷，這樣的觀察和闡述視角隱現暗合著桑塔亞那的趣味發生論。

在這樣的趣味發生視角下，採用何種樣式、風格、審美取向來取代時文和西崑體詩歌就成為一個多選題，亦即通過不同的個人經驗選擇不同的替代者，再在文人群體內通過進一步追隨與被追隨、選擇與被選擇來爭取影響力的方法，在多個選項中最終選出最具「普遍性」和主流影響的特質（這也解釋了所謂「文壇盟主」的產生）。艾朗諾對歐陽修詩歌創作的觀察和闡述即體現了這一理解思路。在詩歌風格的選擇上，一個基本的出發點是確定的，即對時文和在詩歌領域與時文相應的西崑體的反撥：「他（歐陽修）相信由西崑體代表的詩藝是壞的，甚至在德行層面是錯誤的，它將人的精力引入輕佻瑣碎的表達中。」〔註17〕歐陽修並非對西崑體詩歌「一棍子打死」，對於西崑體

〔註15〕〔美〕喬治‧桑塔亞那著，張旭春譯：《藝術中的理性》，北京大學出版社，2014年版，第175頁。

〔註16〕〔美〕喬治‧桑塔亞那著，張旭春譯：《藝術中的理性》，北京大學出版社，2014年版，第182頁。

〔註17〕Ronald Egan, *The Literary Works of Ou-yang Hsiu*, New York: Cambridge University Press, 1984, p.78.

最高水平的代表詩人楊億、錢惟演，歐陽修還是秉持較為公允的態度，對其學問與一些出色的詩句表示稱讚；他對西崑體整體性的反對，更主要的是出自西崑體的更年輕的模仿者，這些模仿者使西崑體詩藝更顯輕巧矯飾。此時歐陽修給出的批評也是十分嚴厲的，拒斥著他們對典故和修飾的嗜好，同時指出西崑體的流行實際上阻斷了唐代偉大詩人作品（尤其是古文運動引以為標杆的盛唐詩人詩作）的傳播。這反映的是歐陽修以及整個古文運動群體對晚唐、五代直至宋初的詩歌風氣和「文字遊戲」趣味的不滿。然而歐陽修在自己詩歌創作中的回應和作為回應的選擇，並非簡單地由後世用來描述宋詩主要美學特色的「平淡」「老成」等詞語構成，而是展現出了意外的多樣性，以至於難以簡單概括：

> （其詩歌）主題廣泛，情感豐富，他的語言風格太過多樣，以至於無法用任何單一的描繪性術語集合來概括其特徵。批評家同樣也無法用風格發展編年史的方法描述歐陽修的詩歌，無法將藝術上的發展與成熟作為分析他的基本原則。對歐陽修全部留存詩作的閱讀顯示，在其人生的任意已知時段，他都以幾種不同的風格寫作。編年史是我們討論歐陽修詩作時（他的兩次被貶尤其重要）必須記住的，然而它無法成為安置他的多種詩歌風格的軸線。〔註18〕

作為一代文壇盟主的歐陽修正身處宋詩開始形成自身獨有的美學品格的關鍵階段，其在詩歌領域的這種多樣性表現與後來最終形成「平淡」、「老成」等對宋詩美學的典型認知這一結果之間的對比，充分說明宋詩的代表性美學品質和宋代文人士大夫在寫作領域的典型趣味的形成並非簡單的用一種趣味替代另一種趣味的單行線，而是在多樣的選項中不斷經過層層選擇後最終得到文人士大夫群體較為普遍的認同，方可就此確立標誌性的審美趣味。在具有編年史的基本意識同時，放棄以單線的編年史梳理寫作風格的發展歷程，這種分析角度的選擇正體現了屬於美國美學的桑塔亞那式的趣味運作模式。

〔註18〕 Ronald Egan, *The Literary Works of Ou-yang Hsiu*, New York: Cambridge University Press, 1984, p.78.

第二節　不平淡的「平淡」

　　通過多項的趣味選擇最終獲取能得到普遍認同的替代性趣味，首先意味著要具有多樣的選項。根據艾朗諾的概括，古文運動中提出的用於替代時文和西崑體的富麗趣味的選項主要有三。首先是最極端的做法，即從總體上貶低和詆毀（denigrate）詩歌，尋求避免詩歌的寫作。denigrate 一詞已經表明了艾朗諾認為反美學態度殊不可取，但也認識到驅動這種整體貶低、迴避詩歌和文學性文章寫作的態度在美學上的內在理由，即它含蓄地表明了詩文寫作具有以詩性（poetic）方式運用語言的自然傾向，所以才以貶斥美學性的方式（相應貶低詩歌的重要性）追求增強寫作的指示性和明晰性。這種純道學的態度自然沒有成為宋代文人趣味的主流（而且顯然也有悖於當時上層提倡時文和西崑體等的最初動機——文化學識和教養），其支持者如柳開、石介、穆修也因沒有留下什麼值得一提的詩作而大大削弱了其在宋代美學領域的地位，因為作為美學概念的趣味在宋代文人身上並沒有以反美學的方式構成。但這種思想還是在古文運動的作者中留下了一定的痕跡，甚至在歐陽修「更加嚴肅與自持的時候（more serious and self-conscious moments）」〔註 19〕還有所反映，比如他並不急於令他人視其為詩人，敏於承認梅堯臣之詩歌較自己為優的同時也更注重自己在文章寫作領域的位置，將梅堯臣比之為孟郊的讚揚同時也意味著在古文領域自比為韓愈。歐陽修留存約 800 首詩作使他在這一領域遠勝柳開、石介等古文前輩，但較之同時代詩人如梅堯臣（約 2800 首）和蘇軾（約 2400 首）卻相差甚多，且詩成為歐陽修多樣的文學遺產中最不引人注目的部分，艾朗諾認為應歸咎於此。當然，歐陽修持有此態度是在其「更加嚴肅與自持」之時，這一形容也暗示了在艾朗諾的觀念中道學具有相當強的反美學性質，他認為在宋代文士身上的審美性追求和趣味是在與「大道」的張力乃至「掙扎」中展開的。這種認知傾向不但反映在艾朗諾的其他著作中，在其他美國漢學家的視野中也多有體現，如傅君勱在《漂泊江湖：南宋詩歌與文學史問題》（*Drifting among Rivers and Lakes：Southern Song Dynasty Poetry and the Problem of Literary History*）一書中以「道學取代美學」作為朱熹部分的主題，乃至班宗華將道家思想而非新儒家思想作為宋代繪畫美學的主體，都反映了類似的認知。

〔註 19〕Ronald Egan, *The Literary Works of Ou-yang Hsiu*, New York: Cambridge University Press, 1984, p.81.

　　第二種在詩歌上取代西崑體的選項較前者溫和且具妥協性，即寫作說教性（didactic）的詩文，特別是針對社會不公的題材，其取法對象是杜甫和白居易。王禹偁即強調此觀點，同時也體現在梅堯臣的相當一批詩作及他「不書兒女書，不作風月詩」的觀點中，並拓展了宋詩在這一類題材中的廣度和視野。但最終構成了宋代文人乃至後世文人趣味的主體之一的，卻是以梅堯臣在此之外的詩歌所代表的第三選項——「平淡」的美學趣味，並且這一趣味是由梅堯臣、歐陽修、蘇軾等具有大影響的文士接力拓展，層層豐富，最終成為宋代文人乃至後世文人趣味中的代表性美學取向。在這一趣味下詩人可以大範圍地拓展題材，不限於說教或不必須加上說教的意圖，而在外在形式上又要求避免華麗炫耀，保持語言樸實扼要和言之有物，從而與時文和西崑體的富麗拉開距離，切合古文運動的原則，同時又保證審美性。因此艾朗諾認為這一取向最具妥協性，從而能獲得在視野、意義、感染力、認可度上的最佳平衡。

　　不過就外在風貌而言，要達成這種最大的妥協還並非只有「平淡」這一種選擇。艾朗諾指出歐陽修還提供了學習韓愈之「奇」這一分支路線，以作為西崑體的替代選項，並且由此構成了歐陽修的詩歌在平淡與新奇之間的兩極性表現。歐陽修的創作有時以他歸於梅堯臣的方式和風格進行，即尋求「平淡」的路線；有時則以歸於蘇舜欽的方式與風格展開，即追求「新奇」的路線。然而艾朗諾強調歐陽修對梅、蘇二人的讚賞並非試圖表明自己的詩作中這兩種風格的合法性，而是因為他們二人的創作與自己詩作中的相應風格具有類同關係，也就是說梅、蘇二人詩作的存在為歐陽修提供了以客觀存在的他人作品來描述自己的詩歌所具品質的機會〔註20〕。這種闡釋所隱含的對趣味運作模式的認知依然是桑塔亞那式的觀念，即通過與他人的趣味交流獲得個人審美標準和趣味的社會化，同時又對桑塔亞那提出的趣味如何跨出個人範疇的過程有所擴展，即這種與他人的趣味交流並非僅僅通過與他人的取向和判斷在「同樣合理」這一先決條件下進行的比較而確認自身的趣味標準的合理合法，還可以在於通過借他人這一相對自身而言的「客觀」性存在而獲得表達自身的途徑。通過蘇舜欽作品這一已然客觀存在於文壇之「奇」，歐陽修亦可順理成章地以對其予以認同的方式，展開自己在學習韓愈之奇特風格、

〔註20〕Ronald Egan, *The Literary Works of Ou-yang Hsiu*, New York: Cambridge University Press, 1984, p.104.

探索取代西崑體的另一選項的嘗試，即便這些嘗試表現為幻想性的主題和炫目誇張的語言，以致於看似違背了歐陽修自己的古文美學理想——因為學習韓愈的根本還是在於對韓愈作為古代價值的捍衛者（以及歐陽修自身作為類似角色）的認同。這依然是基於對「合理的」他人的認同而獲得合理合法性的桑塔亞那模式。

但是在對韓愈風格的選項進行嘗試後歐陽修又收回了自己的腳步，無論在語言還是在題材方面都並未在這一路線上走到像韓愈那麼遠的地步。當王安石與徐無黨向他尋求關於詩文寫作的建議時，他也建議不模仿韓愈的風格，而是追求更加自然的寫作方式〔註 21〕。因為對學習韓愈詩歌美學風格的嘗試的動機終究在於尋找替代西崑體的選項，服從於歐陽修對風格的美學觀念。艾朗諾認為歐陽修作為宋代古文運動的領袖（正如韓愈在他的時代作為古文運動領袖的地位），其風格觀和相應的趣味本質上還是呼應了宋代新儒學的觀念，即將內在德性的養成作為好的寫作的先決條件，風格的培養不應當引向對風格本身的過多注意，而應該以一種透明的方式清晰地展現意義〔註 22〕。於是當發現對韓愈路線的嘗試終究不能提供符合其美學理想的東西時，歐陽修還是轉回了以「平淡」趣味為主體的美學道路。當然這種對奇語的嘗試對於「平淡」本身也具有另外的意義，即提供了必要的變化性，使「平淡」不致於落入寡淡無味的境地。

通過文士之間的不斷選擇，「平淡」的美學趣味最終確立為替代時文和西崑體的主要選項。這一宋代美學代表性取向的確立之功首推梅堯臣，並經由歐陽修和蘇軾之手進一步鞏固其地位，這是國內文學界與美國漢學界的一致觀點。齊皎瀚對梅堯臣進行了專題研究，即其專著《梅堯臣與早期宋代詩歌的發展》（ *Mei Yao-ch'en and the Development of Early Sung Poetry* ）。

與為之樹立「反對宋代早期詩人、創立自己的全新風格」這樣的「革命性人物」形象的做法不同，齊皎瀚首先強調的是梅堯臣（乃至歐陽修等）與之前的詩人和文學文化傳統的關係——迥異於所謂「革命者」，他們向某些過去的詩人尋求新鮮的靈感，而且梅堯臣對傳統的依靠並非特例，而是整個中國古代詩歌的特點。所以在精確界定哪些過去的詩人具有尤其重要的影響

〔註 21〕 Ronald Egan, *The Literary Works of Ou-yang Hsiu*, New York: Cambridge University Press, 1984, pp.20-21.
〔註 22〕 Ronald Egan, *The Literary Works of Ou-yang Hsiu*, New York: Cambridge University Press, 1984, p.23.

之前，是不可能理解任何一位中國詩人的〔註 23〕。「平淡」這一美學品格和美學趣味也同樣如此，經歷了自先代傳統中擷取並通過意義置換和擴展獲得新的美學意義的過程。這一過程的最初步驟是對過去傳統和詩學發展脈絡的界定。這種界定並非以一種單一的、選定的、自我理想中的審美趣味作為對過去和現在的衡量標準，而是對過去的發展歷程和創作成果抱有寬泛（catholic）的趣味；以一種美學理想為主線的詩學發展歷程構建，仍首先以寬泛性為基礎。

　　齊皎瀚通過眾多詩行論證了，梅堯臣和歐陽修心目中「正確」（correct）的詩學傳統構建正是一種寬泛性趣味的表現：主線為始自《詩經》和《離騷》，發展於阮籍和陶潛，踐行於李白和杜甫、及中唐時期以韓愈為首的一批偉大詩人，但在晚唐、五代及宋初遭到扭曲。然而即便他們對宋代早期詩歌持否定態度，他們仍認識到這些詩歌具有自身的價值，所以不會予以一概排斥——梅、歐陽二人的目的在於通過正統和與正統共存的一系列不同風格中選取元素來重振詩學實踐，而其中一些元素正是保留在宋初詩歌之中。這種寬泛性趣味不但使他們能夠避開極端性的觀點，也使他們的詩作不能被簡單歸類，而是包含了眾多不同的表達模式〔註 24〕。這也就意味著即使將「平淡」作為其美學綱領，對「平淡」的詮釋也包含著豐富的內容。以寬泛性為基礎的趣味歷程觀隱含著對趣味的選擇提煉與趣味中所包含的豐富性的美學意識。這種寬泛性也意味著「平淡」絕不代表「質勝文」甚至「言之無文」，並不意味著以梅堯臣為代表的這種典型宋代文士趣味對形式美不作追求，而是表明對表達的豐富性的追求是實現「平淡」中豐富蘊藉的言外之意的先決條件。齊皎瀚同樣借梅堯臣的言論表達了自身對於「平淡」趣味的這種認識〔註 25〕。

　　標舉「平淡」的第二個步驟，是在先代詩人中選擇一個足以代表、并方便藉以言說自身美學理念和趣味的符號。美國漢學家也傾向於將這種審美言說方式上的趣味視為宋代乃至後世文人趣味的內容之一，比如高居翰對

〔註 23〕 Jonathan Chaves, *Mei Yao-ch'en and the Development of Early Sung Poetry*, New York and London: Columbia University Press, 1976, p.69.

〔註 24〕 Jonathan Chaves, *Mei Yao-ch'en and the Development of Early Sung Poetry*, New York and London: Columbia University Press, 1976, pp.106-107.

〔註 25〕 Jonathan Chaves, *Mei Yao-ch'en and the Development of Early Sung Poetry*, New York and London: Columbia University Press, 1976, pp.111-112.

董其昌「復古」的評判，其美學模式中即隱含著對指向過去的舊有符號進行扭曲、變形、組合，從而產生新的意義的人為符號秩序。梅堯臣選擇陶淵明作為代表「平淡」的符號，對陶淵明的興趣也是宋人論及「平淡」時的多見特色，如見於梅堯臣 1045 年的詩作《答中道小疾見寄》：「詩本道情性，不須大厥聲。方聞理平淡，昏曉在淵明。」〔註 26〕梅堯臣以「平淡之辭」指其學生江休復的詩作，而梅的另一學生韓維則指江的許多詩作展現的是陶淵明的路子，其中也足以看出梅氏一門的觀念中陶淵明與「平淡」的關係。於是齊皎瀚順理成章地提出，最明顯的問題在於，梅堯臣在「平淡」這一概念的強調中體現了多少屬於他個人的獨創性，從而引向了「平淡」的提出過程中的第三個步驟，即概念與符號中的意義置換與擴展。

　　對於「平淡」這一概念的淵源發展，齊皎瀚所使用的材料與國內學界的常見論述並無大的不同，最重要的幾個基本節點都是先將「淡」的概念追溯至先秦道家經典，如《老子》第 35 章的「道之出口，淡乎其無味」，《莊子·天道》中的「夫虛靜恬淡寂漠無為者，萬物之本也」，至鍾嶸《詩品》批評玄言詩所用的「淡乎寡味」，再至司空圖《二十四詩品》中的「沖淡」。所不同的是齊皎瀚尤為注意「平淡」在意義擴展和轉變中從非文學領域進入文學領域、以及在意義置換中褒貶色彩因之改變的特點。齊皎瀚注意到，在他所引用的材料裏面，老子以淡描述道顯然不會是貶義，《莊子·應帝王》的「遊心於淡，合氣與漠，順物自然」亦然。此外，在三國和六朝時期也有文獻提到「淡」或「平淡」，如三國魏學者劉劭的《人物志》：

　　　　凡人之質量，中和最貴矣。中和之質，必平淡無味；故能調成

　　五材，變化應節。是故觀人察質，必先察其平淡，而後求其聰明。

　　〔註 27〕

　　齊皎瀚認為此處「平淡」應作「完美的平衡或和諧」（in perfect balance or harmony）解，同樣也是積極含義。這種人物品評話語直至梅堯臣的時代仍有出現〔註 28〕。阮籍《樂論》也提到了「平淡」：

　　　　乾坤易簡，故雅樂不煩。道德平淡，故無聲無味。不煩則陰陽

〔註 26〕　參見：〔宋〕梅堯臣著，朱東潤校注：《梅堯臣集編年校注》，上海古籍出版社，1980 年版，第 293 頁。

〔註 27〕　參見：〔魏〕劉劭著，梁滿倉注譯：《人物志》，中華書局，2009 年版，第 11 頁。

〔註 28〕　Jonathan Chaves, *Mei Yao-ch'en and the Development of Early Sung Poetry*, New York and London: Columbia University Press, 1976, p. 118.

自通，無味則百物自樂。〔註29〕

　　齊皎瀚認為此處應是強調音樂的純淨、微妙與樸實〔註30〕。幾個例子中的「淡」或「平淡」都是審美性話語，審美對象從宇宙觀、人品觀到音樂觀，雖都在非文學領域但均為褒義。然而當「淡」或「平淡」首次作為文學性話語出現在鍾嶸《詩品》中時卻是以貶義色彩出現的，指向的是對玄言詩的批評：「永嘉時，貴黃、老，稍尚虛談。於時篇什，理過其辭，淡乎寡味。」〔註31〕「憲章潘岳，文體相暉，彪炳可玩。始變中原平淡之體，故稱中興第一。」〔註32〕齊皎瀚認為此處的「平淡」顯然是貶語，近乎清淡無趣（insipid），但在之後的發展中卻由貶變褒為一種美學追求的代表；他將這種轉變現象類比於歐洲繪畫史中的「印象派」（impressionism）和「野獸派」（fauvism），初作諷語，後來卻成為一種正式流派名稱〔註33〕。

　　在「平淡」的發展史中的這種褒貶色彩轉變現象，直接影響到美國漢學家對「平淡」內涵的理解和判斷，尤其當它被作為宋代文人美學中的代表性趣味、乃至成為之後中國文人趣味的整體性美學符號之一之時。這在對「平淡」的翻譯上即可略窺一二：齊皎瀚將其直譯為「even and bland」，這個譯法也在傅君勱等人的著作中使用，是一種較為常見的譯法；然而如此翻譯在褒貶色彩上更接近鍾嶸的「淡乎寡味」。在繪畫領域，高居翰對於文人畫美學的「平淡」即持有微詞，認為其限制了繪畫的藝術技巧、藝術表現力乃至藝術水準。他對「平淡」的理解就近乎「淡乎寡味」的批評。齊皎瀚也不得不在論述「平淡」的一開始就立刻表明使用「even and bland」僅為暫用，是因為缺乏更好的翻譯。他用梅堯臣《林和靖先生詩集序》對林逋的讚語來進一步說明「平淡」的內涵：

　　　　其順物玩情，為之詩則平淡邃美，讀之令人忘百事也。其辭至

〔註29〕文化部藝術研究院音樂研究所編：《中國古代樂論選輯》，人民音樂出版社，1987 年版，第 107 頁。

〔註30〕Jonathan Chaves, *Mei Yao-ch'en and the Development of Early Sung Poetry*, New York and London: Columbia University Press, 1976, p.119.

〔註31〕〔梁〕鍾嶸《詩品序》，見〔梁〕鍾嶸著，曹旭集注：《詩品集注》，上海古籍出版社，1994 年版，第 24 頁。

〔註32〕〔梁〕鍾嶸《詩品中·晉弘農太守郭璞詩》，見〔梁〕鍾嶸著，曹旭集注：《詩品集注》，上海古籍出版社，1994 年版，第 247 頁。

〔註33〕Jonathan Chaves, *Mei Yao-ch'en and the Development of Early Sung Poetry*, New York and London: Columbia University Press, 1976, p.116.

乎靜正，不主乎刺譏，然後知趣尚博遠，寄適於詩爾。〔註34〕

齊皎瀚的英譯為：

> When he was in harmony with things, enjoy his feelings, he would write poems which were even and bland, profound and beautiful. Reading them made one forget the hundred affairs. The words achieved the ultimate in calm and correctness, and did not stress satire and protest. Thus I realized that his taste was comprehensive and far-reaching, and that he was simply expressing his happiness through poetry. 〔註35〕

這段翻譯表明「even and bland」的本義已被架空，僅作為一種在英文中表示「平淡」的能指，其他部分的對應翻譯才表明了齊皎瀚對「平淡」的真正理解：「平淡」的實質建立在與外物的和諧（harmony）關係上，其真正含義在於文辭形式上的「calm and correctness」和意蘊上的「profound and beautiful」；且將「趣尚博遠」中的「趣」譯為 taste，則明確地在理論術語層面表示「平淡」是一種深遠的美學趣味。通過對這一段的引用和翻譯，齊皎瀚才重新將「平淡」拉回褒義色彩的軌道上。梅堯臣《答中道小疾見寄》所言「詩本道情性，不須大厥聲。方聞理平淡，昏曉在淵明」，齊皎瀚認為其中表述了「平淡」在詩歌中的根本性原理，即以詩人真實的與個人性（personal）的情感為基礎，以不誇飾的語言進行表達；以「平淡」的趣味反對和替代西崑體的根本原因，在於西崑體建立於人造的、虛偽的情感之上，並在表達技巧上表現為過度和放縱〔註36〕。

艾朗諾對「平淡」的解釋同樣以其非裝飾性（unadorned）為基準，對譯「平淡」一詞時使用的詞彙包括「樸素的」（plain）、「被抑制的」（subdued）和「原始的」（pristine）。顯然和齊皎瀚一樣意識到了褒貶色彩可能在翻譯過程中發生變化，艾朗諾特意指出「平淡」的意義具有不止於字面的擴散性〔註37〕，

〔註34〕〔宋〕梅堯臣《宛陵先生文集》，卷60。見舒大剛主編，四川大學古籍研究所編纂：《宋集珍本叢刊》，線裝書局，2004年版，第四冊，第139～140頁。

〔註35〕Jonathan Chaves, *Mei Yao-ch'en and the Development of Early Sung Poetry*, New York and London: Columbia University Press, 1976, p.114.

〔註36〕Jonathan Chaves, *Mei Yao-ch'en and the Development of Early Sung Poetry*, New York and London: Columbia University Press, 1976, p.124.

〔註37〕Ronald Egan, *The Literary Works of Ou-yang Hsiu*, New York: Cambridge University Press, 1984, p.82.

意即這種審美追求並不被名稱限制住了含義，更重要的是與看似無奇的外表相對立、卻又與這種表象統於一體的豐富意蘊和價值表達。

對「平淡」趣味的詮釋建立於一定的美學視角，有其美學依據。艾朗諾和齊皎瀚等人對「平淡」的梳理和詮釋帶有自然主義、實用主義美學的意味，「平淡」中所包含的「文質彬彬」取向也是美國自然主義、實用主義美學所認同的價值，因此更易為持有這類美學觀點的人所接受。桑塔亞那認為「純粹的表象價值不足道」，表象與現實的脫節造成與事物具體語境疏離的突兀和實質性內容的缺失，使得表象層面完全化作一種形式的遊戲，「只是經驗之流中某個封閉的片段，或是一場因忽視現實需求而最終造成自我迷失的夢幻」，無法美化生活和歷史的現實，而只能催生為不著邊際的理想和為滿足感官之樂而呈現空幻理想的廉價材料〔註38〕。此時的技藝和「純藝術」因為缺乏社會根基而變為一種純粹的技藝炫耀。美國漢學界對梅堯臣、歐陽修等宋代文士用「平淡」取代以駢文為主要表現形式的「時文」和重富麗、重用典的西崑體詩歌的內在美學動力的闡釋，即建立在與這種自然主義、實用主義美學的相通之上。

以這種自然主義和實用主義美學作為詮釋的內在動力，還使得美國漢學家對「平淡」的內容具有獨特的視角和觀察重點。國內對此的研究多從思想基礎、詩歌發生論和文字風貌的角度進行，比較典型的觀點包括：以宋儒性命修養之學為根基，結合野逸之趣與尚理精神，追求超越外在表象的豐富意味，暗含苦澀頓挫、充滿張力的現實政治生活與士人心態，並形成與這些相應的獨特外在形式規定性和審美形態規定性〔註39〕；而齊皎瀚和艾朗諾等美國漢學家的關注重點是從經驗和自我表達、自我體現角度出發的，他們尤其關注「平淡」趣味中包含的個人經驗、日常生活經驗和小範圍語境下的現實性表現，比如重視梅堯臣的「平淡」在個人性、日常、細小經驗方面的表現，以及歐陽修在詩文中體現的個人性語調。與國內的研究相比，他們的這種視

〔註38〕〔美〕喬治‧桑塔亞那著，張旭春譯：《藝術中的理性》，北京大學出版社，2014 年版，第 192～193 頁。

〔註39〕典型的相關論述可參見韓經太：「論宋人平淡詩觀的特殊指向與內蘊」，載《學術月刊》1990 年第 7 期，52～58 頁；程傑：「宋詩『平淡』美的理論和實踐」，載《南京師大學報（社會科學版）》1995 年第 4 期，72～77 頁；田耕宇：「由浪漫到平實——從文人關注視野與生活情趣的轉變看宋代文學的理性精神」，載《西南民族大學學報（人文社科版）》2005 年第 26 卷第 11 期，79～85 頁。

點突出體現了桑塔亞那美學中關注理性和經驗之自然呈現的視角，以及杜威對「一個完整經驗」的表述，具有明顯的美國自然主義和實用主義美學特徵。亦即，美國自然主義和實用主義美學的趣味觀和中國宋代文人趣味在這個方面找到了最明顯的交集。

齊皎瀚認為，從詩歌發生論和相應的文學表徵的角度看，梅堯臣對詩歌語言的選擇基於其作為一個基於儒家信念的詩人身份，以及身處於一個以復興正統的文學文化傳統為目標的文學文化運動之中這樣的文化環境；依據相應的美學趣味，他感到他需要一種足以在詩韻中表現其理念的風格——亦即一種離散性的語言形式，拓展散文化的語言在詩歌中的運用，以更好地適應對實際的事件和事物的近距離觀察和相應的精確、細節性的描繪〔註40〕。這種發生論也進一步推進了對「平淡」中顯得並不十分清晰的內涵的詮釋，即「平淡」既包括一種不誇飾、自然而然的文辭風格，有時也指晚唐詩歌中所包含的一種以寧靜和私密性為特徵的語調（齊皎瀚認為這種含義可見於梅堯臣在對林逋的評價中使用「平淡」的說法）。這兩種內容的共同指向是迴避西崑派詩人所標舉的誇張而不自然的「詩性」寫作，令「平淡」成為一種現實性詩歌的代稱：其主要靈感來自真實世界的經驗，而非傳統意象與典故的遺存，梅堯臣自己在其最好的作品中也以帶有自己的個人語調的現實性詩人的面目出現〔註41〕。這是實用主義美學色彩十分明顯的一種詮釋和表述方式。

齊皎瀚將梅堯臣的詩歌按照題材分為五組：日常生活、個人情感、社會評論、道德含義的詠物詩、對古玩和藝術品的賞評——這種題材歸類和排列在充分表現梅堯臣詩作題材的鮮明生活性特點之同時，也在從一般意義上並不明顯帶有審美色彩的、「非藝術」的生活性層面逐漸過渡到一般意義上的「藝術」領域，具有構建「非藝術」層面與藝術性內容的連續性、從而反映生活審美化的完整性的意味。其中提煉的審美方式，也體現了帶有自然主義和實用主義美學色彩的觀點和趣味：齊皎瀚認為宋代詩人的一個典型特徵是更加貼近他們所觀察的對象、靈感的來源和詠歎的材料，以拉近詩人與主題的審美距離（aesthetic distance），而不是傳統意義上的「距離產生美」。這在梅堯臣身上表現為其詩作頻繁以日常普通生活的事件和場景為

〔註40〕Jonathan Chaves, *Mei Yao-ch'en and the Development of Early Sung Poetry*, New York and London: Columbia University Press, 1976, p.128.
〔註41〕Jonathan Chaves, *Mei Yao-ch'en and the Development of Early Sung Poetry*, New York and London: Columbia University Press, 1976, pp.133-134.

題，且不作任何方式的美化，不使之在傳統意義上變得「詩性」。進入詩歌之中的經驗有兩大特點，其一是經驗主體的範圍——多限於個體性的經驗，經驗主體僅為每個個體自身而不會擴展。在對梅堯臣《送師厚歸南陽會天大風遂宿高陽山寺明日同至姜店》一詩的評述中，齊皎瀚指出其中包含的經驗特點是：

> 梅堯臣將自身限定於僅對自己在旅程中的經驗的考慮，沒有任何社會性評論。對山、樹、廟宇內外、風暴對僕從和馬匹的影響的精彩描寫，僅為他們自身而呈現。特別動人的是詩中當看到鬼子母（佛教中保護兒童的護法神）的塑像時，梅堯臣想到了自己的孩子，感到一陣思鄉之痛。詩人最為私密的個人情感被編織入在一系列令人敬畏的崇高之中予以揭開的敘述，正如北宋的偉大畫家以某種方式為行走於巨大風景中的微小身影注入人性。〔註42〕

其二是經驗的性質，多為對細微之處的細節性經驗而非宏大敘事。齊皎瀚以《同謝師厚宿胥氏書齋聞鼠其患之》和《稚子獲雀雛》等詩為例，認為梅堯臣在其中表現出的特點是將自身置於對細微之事物的經驗中，並將這種經驗轉化為對日常生活的裝飾；《貸米於如晦》更體現出將對貧窮的生活體驗轉化為精彩律詩的日常生活審美，並體現出在這種「平淡」中用典的技巧。以這些個人性經驗和細小經驗為基礎的這類詩作，其文學風貌通常概括為「面對實際生活的現實，盡其所能作單純的描寫，偶而引用一個合適的文學典故或引出道德寓意」〔註43〕。在這種現實性中沒有任何事物被理想化，在抒發個人情感時也表現為非凡的坦誠直率，幾無理想化或人造的浪漫激情。即便是以道德含義為主題、以動物為載體的詠物擬人詩，梅堯臣也始終保持著對生物外貌和生活習性的觀察力，並表現出對這些在傳統詩歌觀念中瑣屑（因瑣屑而反而不尋常）乃至「低等」的題材的興趣。這種現實性和描寫性的取向在其關於藝術品的詩作中達到了頂峰，並呼應了在梅堯臣這一代文人中以寫實主義為首要標準的繪畫審美〔註44〕。

〔註42〕Jonathan Chaves, *Mei Yao-ch'en and the Development of Early Sung Poetry*, New York and London: Columbia University Press, 1976, pp.138-139.

〔註43〕Jonathan Chaves, *Mei Yao-ch'en and the Development of Early Sung Poetry*, New York and London: Columbia University Press, 1976, p.134.

〔註44〕Jonathan Chaves, *Mei Yao-ch'en and the Development of Early Sung Poetry*, New York and London: Columbia University Press, 1976, pp.199-204.

　　對歐陽修的「平淡」趣味的考察，主要表現於對其貫穿於不同寫作和不同文類中的個人性語調的挖掘。而賦予個人性經驗、個人趣味以不遜於社會性「普遍趣味標準」的重要地位，也是美國自然主義和實用主義美學觀念的重要組成部分之一。從自然主義和實用主義美學的視角出發，個人性語調的美學基礎在於經驗的個體性，以及基於豐富而相對微觀的日常生活和審美生活而產生、由個體與個體間的差異所組成的多樣性；它形成於對環境、材料的反應之中，並作為一種表現性的動作和過程進行呈現。

　　對個人性語調的美學定位，可以從杜威關於「表現的動作」的審美表現理論中找到端倪。杜威的審美形成與審美表達建立於審美經驗從在日常生活和藝術生活中都廣泛存在的「一個經驗」到審美完滿的過程，而「一個經驗」的形成與表達的過程是一種雙重改變：在這個過程中與「一個經驗」的表達相對應的「一個活動」轉變為一種表現行動，作為經驗來源的環境中的事物轉變為表現的手段和媒介，故「一個經驗」的審美形成與審美表達是活的生物與環境的相互作用的建構結果。就寫作這種審美活動而言，個人性語調即是相應的建構結果之一。杜威將引發經驗的外因及對此的反應分為刺激（impulse）與衝動（impulsion）兩種，前者是特殊而專門化的，並屬於一種完整適應機制的一部分；後者是一種整體的對環境的適應，並且是有機體內外因素結合、由內向外的運動，杜威認為這種衝動是完整經驗的開始，並建立於一種屬於有機體整體的、通過與環境的積極關係與相互作用來滿足的需求之上，是生命要繼續就必須擁有之物——在高級層次上，「作家的筆」就是這種「文明生活不可或缺」的需求之一。情感的表現與這種「衝動」型的運動有著密切的關係，也同樣具有建立於主體與環境相互作用的需求之上的、內外因素結合的整體性，作為情感表現形式和表現動作的組成部分之一的個人性語調也就被置於這一視野之中。

　　杜威認為，表現所需要的條件除了內在並由內向外運動的「衝動」，還必須有外在的阻力：「自我沒有來自周圍的抵抗，也不能意識到自身；它將沒有感受也沒有興趣，沒有害怕也沒有希望，沒有失望也沒有興奮……喚起思想的抵抗，產生了好奇與熱切的關注，並且，當它被克服和利用之時，就導致興奮。」〔註45〕這是一種「張力激起能量」的認識，自我需要在與外界的相

〔註45〕〔美〕約翰·杜威著，高建平譯：《藝術即經驗》，商務印書館，2010年版，第69頁。

互作用中，借助自我與外在的張力將自身「壓出」（express），對過去及當下的各種經驗材料和張力進行結合與再創造、并轉化為一種可以因應新情況的有思想性的行動，從而令當下的衝動獲得表現的形式和可靠性。在這種雙向的互動和轉變中，環境中的事物變為手段和媒介（就寫作而言可以認為是寫作的事由、環境和文字材料），與「一個經驗」對應的「一個活動」轉化為表現的行動，這個行動中的表現的動作根據與媒介的內在聯繫使用材料，並總是使用建立在「習慣性」、「原始」、「本土」意義上的「自然」的材料，並成為種種特殊感情的自然發洩——這就為對個人性語調在實用主義美學視界下的美學詮釋建立了路徑。

由於自我的表現是在內外互動中被「壓出」（express）的，情感的表現（expression）也就是在內在衝動與作為外在阻力的物體的相互作用中構成的。因此杜威認為並不存在一種已經事先在內部存在或完成、只有吐露之後才對外在材料施加影響、由外在材料進行「記錄」的情感，「情感是由情境所暗示的、情境發展的不確定狀態，以及其中自我為情感所感動是至關重要的」〔註46〕。也就是說，情感的表現過程即其在「自我與客觀狀況相互滲透」中的個性化的產生過程，而不是用理性和符號的語言對既存之「情感」的描繪和傳達。藝術是在表現性動作中形成，表現的外在形式，是表現性動作的發展之中由情感尋找合適的材料並將之吸向自身、從而賦予的一種秩序，在這種秩序下造成「運動的連續性」和「在多樣性效果中的單一性」〔註47〕。容易想見，個人性語調正是寫作中具備這些特性的一種表現性動作，又是一種可以貫穿各種寫作形式和寫作材料的秩序性表現，也就相當易於在這樣的美學視野中受到注意：「恰當的措辭，正確的地點中的正確的位置，比例的敏銳性，在確定部分的同時又構成整體的準確的語氣、色彩、濃淡的決定，這些都是由情感來完成的。」〔註48〕於是杜威在此完成了用表現性動作實現創作中主客體統一和情感與形式統一的過程，並在其中實現審美性——即情感與表現性動作的對象結合時就是審美的。通過這一途徑對審美性的實現，

〔註46〕〔美〕約翰・杜威著，高建平譯：《藝術即經驗》，商務印書館，2010 年版，第 77 頁。

〔註47〕〔美〕約翰・杜威著，高建平譯：《藝術即經驗》，商務印書館，2010 年版，第 80 頁。

〔註48〕〔美〕約翰・杜威著，高建平譯：《藝術即經驗》，商務印書館，2010 年版，第 81 頁。

造成和引入了偏好性的價值判斷和主觀愛好：

> 　　表現是混雜的情感的澄清；我們的愛好在通過藝術之鏡中反映
> 出來時認識到自身，正如它們在被美化時認識到自身一樣。這時，
> 獨特的審美情感就產生了。它不是一種從一開始就獨立存在的感情
> 形式。它是由表現性的材料所引發的，並且，由於它是由該材料所
> 激發，並依附於該材料，因此它由變化了的自然情感所構成。自然
> 的對象，例如風景，引發了它。但是，這些自然的對象這麼做的原
> 因，是由於當關涉到經驗時，它們經歷了一種類似於畫家或詩人造
> 成的從直接的景象到與表現所見價值相關的動作的變化。〔註49〕

　　杜威實際上由此構建了與自我表現性動作密切相關的審美趣味形成機制。個人性語調這樣的自我表現動作也就可以依循這樣的路徑完成在審美趣味領域的對象化。此外，桑塔亞那又從自然主義的角度為這種個人性提供了合法性，即在人的天性中必然存在的審美、愛美的根本性與普遍性傾向，用以滿足和協調自身的天性，因此只要其感受和偏好建立於自己的天性和深思熟慮的比較與反思的基礎上，其審美趣味就有充分的立足基礎和合法性，有理由得到肯定。這也就意味著需要對個人性的介入過程及這種介入的表現進行更深層次的挖掘。就對歐陽修的個人性語調進行探索的內在動力而言，這可以構成和作為一種基於自然主義和實用主義美學的解釋。

　　在實用主義美學的視界下，隨著審美經驗範圍的擴大，作為以文字形式體現審美經驗的「文學」的範圍也應當得到相應擴展，在中國古代文學的語境下這也是相應和必需的舉措。在歐陽修的散文寫作的問題上，艾朗諾即提出不能把「文學」概念定義得太過狹窄，不應視功能性寫作為缺乏文學興趣和文學趣味的單純文字工具，且「純文學」觀念與中國的傳統也相距甚遠：「很清楚的是在歐陽修的時代，正如貫穿了中國歷史大部分時期（的觀念），我們可能打上『功能性』標籤的散文寫作大部分以文學的標準寫成和受到評判。」〔註50〕艾朗諾還特別舉出墓誌銘這一文類為例：墓誌銘的內容是為墓主的後裔提供墓主的宗譜家系、職業生涯、性格人品方面的信息，這種「程式化」和「無甚想像性」的寫作，對於歐陽修這樣的文人士大夫來說顯然屬

〔註49〕〔美〕約翰·杜威著，高建平譯：《藝術即經驗》，商務印書館，2010年版，第89頁。

〔註50〕Ronald Egan, *The Literary Works of Ou-yang Hsiu*, New York: Cambridge University Press, 1984, p. 29.

於「日常」的功能性寫作範疇，因此很容易被「純文學」觀念排除於文學審美之外。但對於歐陽修和他的同代人來說，墓誌銘是最重要的散文寫作形式之一，也是歐陽修自己編訂的文集中的重要組成部分，甚至可以從他的墓誌銘寫作中提煉出一套關於其結構和風格的完整理論。這種對於以文學標準進行功能性寫作的中國傳統的認識，使得艾朗諾需要以與實用主義美學相契合的方式拓展文學審美經驗的來源，將在「純美學」「純文學」觀念中並無一席之地的日常性功能性寫作納入審美考察的範疇，不但實現了中國傳統與西方實用美學的對話，也提供了在日常性、功能性、看似「缺乏想像力」的「平淡」寫作中發現個人性語調、並將之作為「平淡」趣味的一部分的審美路徑。

艾朗諾將歐陽修的散文寫作分為三類：非正式寫作、墓誌銘、公文寫作，其中非正式寫作又包括書、序、送序、記四類。這四類在帶有強烈的日常性的同時也都帶有程度不同的功能性，以純文學的標準來看對它們進行文學考察都有不同程度的「准入標準」的問題，但歐陽修卻在日常性和功能性中表現出了高度個人性甚至抒情性（lyrical）的語調，其作為評論家與倫理家的部分遠離，作為詩人的部分顯現。艾朗諾認為這具有一種開創性，因為在此之前無人像歐陽修那樣經常在散文中（甚至是在本用於對某物或某事件的客觀記述的「記」之中）運用主觀表達和注入個人情感。在歐陽修所撰寫的序言中亦然，較之堆砌對序言所介紹的作品的程式化讚美，他更傾向於對作者進行非常個人化的評論，甚至對他與作者的友誼進行回憶——艾朗諾舉出《釋秘演詩集序》為例，佐證這種關注人格和回憶友誼遠甚於對詩集本身進行讚美的趣向，這實際上暗合併挖掘出了以日常生活經驗而非純藝術性的審美經驗作為審美過程的起源、並將個人置於審美過程的互動之中進行展現的美學視角。這一視角同樣體現於對《送楊寘序》的分析：

> 予嘗有幽憂之疾，退而閒居，不能治也。既而學琴於友人孫道滋，受宮聲數引，久而樂之，不知其疾之在體也。夫疾，生乎憂者也。藥之毒者，能攻其疾之聚，不若聲之至者，能和其心之所不平。心而平，不和者和，則疾之忘也宜哉。
>
> 夫琴之為技小矣，及其至也，大者為宮，細者為羽，操弦驟作，忽然變之，急者淒然以促，緩者舒然以和，如崩崖裂石、高山出泉，而風雨夜至也。如怨夫寡婦之歎息，雌雄雍雍之相鳴也。其憂深思

遠，則舜與文王、孔子之遺音也；悲愁感憤，則伯奇孤子、屈原忠臣之所歎也。喜怒哀樂，動人必深。而純古淡泊，與夫堯舜三代之言語、孔子之文章、《易》之憂患、《詩》之怨刺無以異。其能聽之以耳，應之以手，取其和者，道其堙鬱，寫其幽思，則感人之際，亦有至者焉。

　　予友楊君，好學有文，累以進士舉，不得志。及從蔭調，為尉於劍浦，區區在東南數千里外・是其心固有不平者。且少又多疾，而南方少醫藥。風俗飲食異宜。以多疾之體，有不平之心，居異宜之俗，其能鬱鬱以久乎？然欲平其心以養其疾，於琴亦將有得焉。

　　故予作《琴說》以贈其行，且邀道滋酌酒，進琴以為別。〔註51〕

艾朗諾認為，描寫古琴音樂的華采段落給歐陽修的描繪本領以實踐機會，而這種個人感受強烈的描寫又被置於要傳達給楊寘的一些非常個人性的言論的框架之內。首尾段亦極具個人性語調，具有溫暖和幽默嬉戲（playful）的特質，從個人經驗入手，甚至直到最後才讓人讀出本文與楊寘有何關聯〔註52〕。較之韓愈的道德說教，艾朗諾的注意力明顯更傾向於歐陽修以更為個人化和日常化的經驗構築其語調的趣向。在歐陽修手中「送序」尚且如此，「記」這一原本就以描寫為主要特色的文體更被認為是最為明顯地體現了歐陽修對於進行個人化和主觀化表達的膽量：他較之先代作者更加傾向於關注自己的生活，而且不是應求應請，是自發自為的、對微觀性質的個人生活經驗的關注，這些生活經驗起於「他的各不相同的工作室，他的三張古琴，他挖的魚塘，以及他在滁州找到的怪石」〔註53〕，並關注這些私人生活經驗對他個人生涯而言所具有的顯著意義，甚至在為他人之事物所寫的記中往往也會注入自身物質生活或精神生活中某些相關經驗，從而在他人之事物中也依舊保持著自己的個人性語調。艾朗諾舉出《三琴記》為例表證這種對微觀個人經驗的意義注入過程，在這個例子中歐陽修的關注點著落於琴上的一個微小部件——琴徽（標記音位用，原文作「暉」）：

〔註51〕艾朗諾原書直接使用英譯文，未附中文原文。原文可參見〔宋〕歐陽修著，李逸安點校：《歐陽修全集》，中華書局，2001年版，第628～630頁。

〔註52〕Ronald Egan, *The Literary Works of Ou-yang Hsiu*, New York: Cambridge University Press, 1984, p.35.

〔註53〕Ronald Egan, *The Literary Works of Ou-yang Hsiu*, New York: Cambridge University Press, 1984, p.36.

　　吾家三琴，其一傳為張越琴，其一傳為樓則琴，其一傳為雷
氏琴，其製作皆精而有法，然皆不知是否，要在其聲如何，不問
其古今何人作也。琴面皆有橫紋如蛇腹，世之識琴者以此為古琴，
蓋其漆過百年始有斷文，用以為驗爾。其一金暉，其一石暉，其
一玉暉。金暉者，張越琴也；石暉者，樓則琴也；玉暉者，雷氏
琴也。金暉，其聲暢而遠；石暉，其聲清實而緩；玉暉，其聲和
而有餘。今人有其一已足寶，而餘兼有之。然惟石暉者老人之所
宜也。世人多用金玉蚌瑟暉，此數物者，夜置之燭下，炫耀有光，
老人目昏，視暉難準。惟石無光，置之燭下，黑白分明，故為老
者之所宜也。〔註54〕

　　艾朗諾認為歐陽修在其語調中為琴徽這一微小部件注入了特別的意義：
金銀琴徽代表雄心與成功，石製琴徽則代表質樸自然。然而這種象徵意義並
不是通過拔高至宏觀的道德層面而獲得價值，而是仍然著落於對他個人生活
的意義：晚上置於燭光下不會反光炫目，因此適宜他這樣的老眼昏花者彈奏
使用，並在這種生活細節中透出「在他的老齡已不再追求財富與成功（他確
實擔心這樣的事物會有礙於他的洞察力），並滿足於安靜自然的生活」〔註55〕
這樣的平淡意義。

　　齊皎瀚認為，宋詩的趣味選擇和主要寫作目的，並非從建立某一時代之
文化的角度對唐代所代表的一個文化巔峰進行回應，而是主要著眼於經驗和
如何對經驗進行準確表達〔註56〕。再看艾朗諾對歐陽修寫作美學的認識：基
於個人日常生活和微觀經驗、並將意義體現在個人生活之中的個人性語調，
以及以這樣的經驗和表達為重要內容的平淡美學趣味——顯然二人在「以經
驗的美學觀念為宋代寫作研究之立論核心」這一點上是有共識的。就感情色
彩而言，歐陽修的這種趣味被認為是以樂觀乃至「轉苦為樂」為主要取向。
表現在歐陽修的寫作中，即在平靜中透出「對快樂的頑強堅持，溫和的自

〔註54〕原文可參見〔宋〕歐陽修著，李逸安點校：《歐陽修全集》，中華書局，2001
　　　年版，第 943～944 頁。

〔註55〕Ronald Egan, *The literary Works of Ou-yang Hsiu*, New York: Cambridge
　　　University Press, 1984, p.36.

〔註56〕Jonathan Chaves, ""Not the Way of Poetry": The Poetics of Experience in the Sung
　　　Dynasty ", In *Chinese Literature: Essays, Articles, Reviews（CLEAR）*，Vol. 4, No.
　　　2（Jul., 1982），p.199.

嘲，對深刻或嚴肅思考的迴避」，其中的快樂得自「對某種情境的積極方面的強調和消極方面的輕描淡寫」〔註57〕——其著名的「醉翁」形象中包含的自我放縱含義即一種極致的表現。這種概括很難說全面，但從關注個人、日常、微觀審美經驗的實用美學視角出發，這確實點出了「平淡」趣味乃至與之相關的「閒適」等審美取向的一種明顯特徵，歐陽修的表現也的確給出了對這種文人美學的一個典型定義。艾朗諾認為這種追求樂觀、轉苦為樂的趣味與當時的新儒學思想原則有關，即眾多新儒學思想家所強調的自我德性修養，可能在這種修養獲得成功時達致一種不受外物影響的內在完美；得此啟發的人，因其內在修養使他能超越世俗之滯而快樂〔註58〕。這樣的觀念使得歐陽修及其後的宋代文人與韓愈的「不平則鳴」等理念產生了明顯區別，並影響了後世文人寫作趣味的基本形態。

「平淡」是宋代詩文（乃至從詩文擴展至整個文人審美領域）最為重要、最為典型的審美追求之一，是最為典型的宋代文人士大夫審美趣味，這幾乎是涉足宋代文學乃至宋代美學的中外學者的共識。關於它的另一項默認共識、也是展開研究的前提，是宋人之「平淡」並未形成明確的理論體系，沒有結構性的理論話語，而是以隻言片語的形式分散在浩如煙海的詩文創作和詩話筆記之中，這在歷史留下的文本面前不言自明。因此，尋求對平淡趣味的理解和闡釋，便無可避免地成為一個將歷史文本與自身選擇的某種理路相結合、不斷再建構的過程。比如就國內學者而言，可以看到最傳統的文本感悟方式——根據詩文的外在風貌而發、匯總提煉而成的感悟式理解；可以看到追溯至新儒學的修養之學、儒釋道三家的結合，按照思想領域——審美心理——風格追求的層次而構建的詮釋鏈條；也可以看到運用社會史角度、以「士人心態」為核心線索追尋而得的內在內在動力。美國漢學家對宋代文人「平淡」趣味的涉足、理解和研究，也毫不例外地處於這樣一種再建構的詮釋過程中，並通過對個體與日常經驗、經驗的連續性和自我表達機制的關注，將具有美國自然主義和實用主義美學特色的獨特視角與方法注入其中。這種來自跨文化語境的再建構極具參考互證之價值。

〔註57〕 Ronald Egan, *The Literary Works of Ou-yang Hsiu*, New York: Cambridge University Press, 1984, p.86.
〔註58〕 Ronald Egan, *The Literary Works of Ou-yang Hsiu*, New York: Cambridge University Press, 1984, p.95.

第三節　以「機智」解「理趣」

　　除了「平淡」以外，「理趣」是宋代文人寫作、尤其是宋詩中受到重點關注的另一大代表性趣味。國內學者對其的通常研究方法，與「平淡」類似，也是以文本分析和再建構為主，通過探析其具體內涵、構成、表現形式、創作規律，發掘並證明其在「純粹」的審美上也擁有的豐富價值，從而力證其存在合理性與文學史地位，以與「宋人主理」、「以文字為詩、以議論為詩、以才學為詩」之類的傳統否定性評論相抗。〔註59〕

　　而在美國漢學家的論述中，對於「理趣」，並沒有像把「平淡」譯為「even and bland」那樣使用直譯或作為「暫時性指稱」的直譯，沒有像這種翻譯方式背後所反映的那樣、走一種從文本碎片中進行再建構並賦予意義的過程（並既為這種過程的必要性取得與國內學者的某些方法論共識，又在方法論中注入自身特色）。對於「理趣」，他們則是直接使用了西方自身已有的一個詩學與美學概念——wit（中文一般譯為「機智」），來作為「理趣」的對應物，並以此作為考察這一趣味中價值取向的起點。這種從術語開始的不同，即顯現了與對「平淡」不同的理解和詮釋方式，當然這種不同的方式依然是帶有西方和美國特色的。以「機智」解「理趣」的考察，最終明確指向了「將智性活動納入審美」這一價值，形成了一種通過追求智性活動帶來審美滿足和較高審美品格的趣味解釋，並尋求了在這一價值上的中西共通。

　　「機智」在西方詩學（尤其英國詩學）中是一個淵源較深、且與趣味關係密切的理念。早在霍布斯的《利維坦》中，就能找到相關的觀念，首先這與對理性和智慧的追求緊密關聯，即所謂「智慧之德」；其二它的外在表現為思維的敏捷性和指向的穩定性：「自然的智慧（wit）主要之點有二：第一是構想敏捷，也就是一種思想和另一種思想緊相連接；第二是對準既定目標方向穩定。與此相反，構想緩慢就形成一種心理缺點，一般稱之為遲鈍或愚笨，有時則用其他意指運動遲緩或難於推動的詞來表示。」〔註60〕且這種遲速之別產生於人的不同激情，並與不同的愛好與厭惡相關，產生因人而異的

〔註59〕典型相關研究可參見顧之京：「宋詩理趣漫論」，載《河北大學學報》1990年第3期，42～48頁；朱靖華：「略說宋詩議論化理趣化」，載《中國人民大學學報》1994年第6期，81～85頁；謝琰：「諷物、觀理與宋詩的『理趣』」，載《文學評論叢刊》2012年第14卷第1期，130～137頁。

〔註60〕〔英〕霍布斯著，黎思復、黎廷弼譯：《利維坦》，商務印書館，1986年版，第50頁。

不同看法，因此機智與以主觀審美判斷和審美主觀傾向性為主要內容的趣味就產生了關聯。這種關聯以判斷力為基準——想像如果「不輔以判斷，不能譽之為德」；而判斷與明辨「無需借助於想像，本身就值得推崇」〔註61〕。如果具有良好的想像和相關的明辨判斷能力，並穩定地將思想應用於某個目標，就可以表現為「能很容易地掌握許多比喻材料，使他不但會由於在議論中提出大量例證，並用新穎而恰當的隱喻加以美化使人喜聞樂見，同時還會由於心裁獨出、罕與倫比而令人傾倒」〔註62〕；反之，如果脫離理智的判斷明辨和穩定的目標指向，就會變為一種耽於幻想的狂態。培根、洛克對機智的問題也有過相關論述。

　　17 至 18 世紀的英國文學家艾迪生（Joseph Addison，1672～1717）也談到過機智的問題。他強調機智不能僅僅是說理與判斷，還必須有足夠吸引人的外在表現形式：「觀念之間的任何類似並非我們所說的機智，除非它給讀者帶來愉快和驚異。」〔註63〕愉快和驚異是機智的基礎性表現，其中又以驚異的效果尤為重要；為了實現驚異，需要拉開觀念與觀念、觀念與意象之間的距離，不能令相似性、關聯性過於明顯；但又必須保持相似性和關聯性的穩定與適合，否則只是流於言詞表面的虛假機智。其後英國詩人亞歷山大・蒲柏（Alexander Pope，1699～1744）更將自然的概念引入機智說之中，將其作為機智的基礎之一：「Nature to all things fixed the limit fit, / And wisely curbed proud man's wit.」〔註64〕他認為自然與判斷都是機智的基礎，但二者時常衝突，解決的方法是發現自然中所固有的法則並以此為依據，從而實現二者的調和。與這一時期英國美學中較為發達的趣味理論相呼應，英國詩學也強調作品品鑒中的鑒賞力、審美力、判斷力，從而將機智演化為趣味的一種。

〔註61〕〔英〕霍布斯著，黎思復、黎廷弼譯：《利維坦》，商務印書館，1986 年版，第 50 頁。

〔註62〕〔英〕霍布斯著，黎思復、黎廷弼譯：《利維坦》，商務印書館，1986 年版，第 51 頁。

〔註63〕Joseph Addison, "〔Wit: True, False, Mixed〕,（The Spectator, No. 62.）", In M. H. Abrams（eds.）, *The Norton Anthology of English Literature*, 4th edition, New York: W. W. Norton & Company, 1979, Vol.1, p.2176.

〔註64〕Alexander Pope, "An Essay on Criticism", In M. H. Abrams（eds.）, *The Norton Anthology of English Literature*, 4th edition, New York: W. W. Norton & Company, 1979, Vol.1, p. 2195.

在美國美學中也有對機智的論述，如機智作為桑塔亞那的表現理論的一部分而存在。在桑塔亞納的論述中，滑稽、荒誕、機智同樣擁有令人驚異、吸引注意、刺激情緒的新穎效果，但由於滑稽和荒誕多為「常識太有限」情況下偏於混亂的「胡言亂語」，而機智建立於理性和思想的基礎，帶給人們思想上擴張的自由，因此機智與另兩者「雖然都以平凡的常識為背景，同樣可以表現新穎的思想，機智卻不荒唐，又能夠像滑稽可笑的事物那樣刺激我們的注意力而不致讓人們的理性不知所措」〔註65〕，是一種更為純粹與深刻的樂趣，可以作為比滑稽和荒誕更為高級、且可取代荒誕的美學概念而存在。就機智的純粹性而言，他的機智概念同樣建立於基於事物相似性的迅速聯想之上，要求機智中的借喻具備有效與真實的相似性，同時又出乎意料，也就是一種「意外的正確」。機智的深刻性一方面表現為深入事物內部、挖掘處於隱蔽狀態但在道理上又顯而易見的情態與關係，從而增加整個事物的新穎感和明晰性；另一方面表現為通過相似性聯想（哪怕是一種看似不協調的類比）打破既有的分類，重新改造事物範疇，從而獲得更加深刻的認識並由此獲取快感。機智產生的主要心理作用是魅力、才華、靈感方面的表現效果，同時還具有轉化感知與情感的功能，通過發現新的類比而破壞和擺脫原有的認知慣性，使人在精神上獲得更高自由。桑塔亞那認為：「表現性價值產生的最純粹的情形是：兩相本身都平淡無奇，令人感到愉悅的是把它們聯繫起來的活動。」〔註66〕這就為「平淡」材料與機智表現的結合、機智的類比運作中對「言外之意」的表達提供了一個立足點。

回到宋代詩歌的問題之中，將「理趣」與「機智」對應，首先需要釐清的就是作為「趣」之依託的「理」為何物（因為「機智」中同樣有說理），以及其與詩歌的關係。美國漢學家對「理」的翻譯有兩種：「principle」和「pattern」，前者多見於宋代思想史領域的研究，如「理學」和「義理」中的「理」；後者則見於文學領域，尤其以蘇軾對「理」的定義為核心，並延伸到對後來江西詩派的詩學中「理」的解讀。後一種運用的典型如傅君勱，他

〔註65〕〔美〕喬治・桑塔亞那著，楊向榮譯：《美感》，人民出版社，2013年版，第187頁。

〔註66〕〔美〕喬治・桑塔亞那著，楊向榮譯：《美感》，人民出版社，2013年版，第148頁。

將「理」譯為 inherent pattern，有時也簡稱為 pattern。包弼德在《斯文：唐宋思想的轉型》中則同時使用了這兩種翻譯，從中亦可見「理」這一概念的複雜性。對於這種複雜性、「理」的長久發展歷史及其在思想上由唐向宋之變中的複雜語境，傅君勱是有清楚認識的，因此他採用了實用主義的態度縮小範圍，聚焦於其在詩學實踐中的表現，並將其凝聚為一個詩歌中內在一致性和連貫性的問題，即「如何將一首詩結構為一個內在一致的整體，以及何種意義可以歸於這一審美個體之上」〔註67〕。在這個問題上，「理」在宋代美學中的功能表現為「將主體性（subjectivity）吸收入更寬廣的潛在經驗模式之中」〔註68〕，其懸於意識與世界之間，用於解決主體性、意義及二者的表現等一系列問題，並建立於學識的基礎之上。傅君勱還特別強調這種翻譯為 pattern 的「理」和翻譯為 principle 的「理」（亦即「理學」之「理」）是不同的。在這樣的理解和詮釋方式中，作為 pattern 的「理」不同於二元論哲學中有別於現實世界或現象世界的另一重存在，而更接近於對事物如何運作的一種注重過程和經驗、并與事物緊密結合的美學性把握方式。他引用蘇軾《與謝民師推官書》對此進行詮釋：

> 所示書教及詩賦雜文，觀之熟矣。大略如行雲流水，初無定質，但常行於所當行，常止於所不可不止，文理自然，姿態橫生。孔子曰：「言之不文，行而不遠。」又曰：「辭達而已矣。」夫言止於達意，即疑若不文，是大不然。求物之妙，如係風捕景，能使是物了然於心者，蓋千萬人而不一遇也。而況能使了然於口與手者乎？是之謂辭達。辭至於能達，則文不可勝用矣。〔註69〕

傅君勱認為這些書信中所表達的觀念是：首先尋求對「理」，亦即事物的內在模式的認知，然後尋求合適的方法將這種「理」顯現於寫作文本之中。「理」既是意圖到文本的轉換過程中所體現的具有連貫性的特質，也是這種轉換的模式與邏輯〔註70〕，也就是說它既是所要表達的東西，也是表

〔註67〕 Michael A. Fuller, *The Road to East Slope: The Development of Su Shi's Poetic Voice*, Stanford: Stanford University Press, 1990, p.2.

〔註68〕 Michael A. Fuller, *The Road to East Slope: The Development of Su Shi's Poetic Voice*, Stanford: Stanford University Press, 1990, p.3.

〔註69〕 原文參見：〔宋〕蘇軾著，孔凡禮點校：《蘇軾文集》，中華書局，1986 年版，第 1418 頁。傅君勱誤將篇名記作《答謝民師》。

〔註70〕 Michael A. Fuller, *The Road to East Slope: The Development of Su Shi's Poetic Voice*, Stanford: Stanford University Press, 1990, pp.81-82.

達的過程（即所謂「狀理」），還是表達過程的特點與運作方式（即「文理」）。也正因此，傅君勱認為在這種文學和審美語境下的「理」應當是「pattern」而不能是「principle」，因為通常在西方 principle 與顯現 principle 的現象細節是絕對相異、絕對分割的，而「理」並不一定需要這種抽象特質，它可以是具體而個別的。被體驗和被認識的事物處於一個網狀的複雜關係與轉換過程中，理解該事物中的「理」就牽涉到將事物從這種層層遞進、層層轉換的複雜性中移置到關注的中心的過程，而「理」就是對表面簡單性與內在多樣性的相互嵌套的描述。參照霍布斯的觀點，這種在思想的相互連接中表現出良好想像、同時還有穩定的目標方向而不迷失的明辨判斷能力，顯然是一種「智慧」或「機智」（wit）。這也就挖掘和構建出了「理趣」之「理」與西方之「機智」在運作方式上的可比性與關聯性，為將針對「機智」的詮釋方法引入對「理趣」的觀察提供了可能。與西方的機智理論中借助類比和借喻、將思想引向令人喜聞樂見的外在表達的過程相比較，對「理」在寫作中位置的這種詮釋與機智理論也頗有相通，是一種說得通的思路，從而為借助「機智」詮釋「理趣」、並進一步在表現形式的領域進行審美趣味的觀察與詮釋埋下了伏筆。

對於宋詩「理趣」的研究通常以蘇軾為中心，但宋代詩人中首先被用以「wit」一詞的是蘇舜欽（1008～1048），傅君勱稱其古體詩「將機智（wit）與人格化的想像（an anthropomorphizing imagination）引入對標準主題的處理」〔註71〕，並將其《城南歸值大風雪》作為例子：

一夜大雪風喧豗，未明跨馬城南回。
四方迷惑共一色，揮鞭欲進還徘徊。
舊時崖谷不復見，縱有直道令人猜。
低頭搶朔風，兩眼不敢開。
時時偷看問南北，但見白羽之箭紛紛來。
既以脂粉傅我面，又以珠玉綴我頤。
天公似憐我貌古，巧意裝點使莫偕。
欲令學此兒女態，免使埋沒隨灰埃。
據鞍照水失舊惡，容質潔白如嬰孩。

〔註71〕 Michael A. Fuller, *The Road to East Slope: The Development of Su Shi's Poetic Voice*, Stanford: Stanford University Press, 1990, p.25.

雖然外飾得暫好，自覺面目如刀裁。

又不知胸中肝膽掛鐵石，安能柔軟隨良媒？

世人飾詐我尚笑，今乃復見天公乖。

應時降雪故大好，慎勿改易吾形骸！〔註72〕

傅君勘認為其中的機智體現為「以一種閒聊般的溫厚敘述裝傻」〔註73〕，以一種令人愉快、富於幻想和幽默的品質修飾大雪沾面的窘境，而這些是西方觀念中的「機智」所具備的典型品質。這就在相當程度上解釋了美國漢學家何以用「機智」對應宋詩的理趣和諧趣。同時，「閒聊般的」（chatty）也透出了對宋詩語調特點的認識，並且成為在美國漢學視角下觀察和分析宋詩理趣的一個重要方面。正由於蘇舜欽在這方面的特點中也顯出了重思想甚於重用辭的直露傾向，傅君勘認為蘇舜欽提出了宋詩所要處理的一個核心問題，即如何在以傳統詩歌面目進行的修辭性文字遊戲（wordplay）中處理好歷史、直覺、思想（「理」）和審美性言辭的關係，並最終生成一種不同的詩歌形式和文學趣味。

使用「機智」概念觀察宋代文人對這一問題的處理，使得被觀察的詩歌觀念與表現包括了理趣，但又不僅限於一般意義上以偏向較為嚴肅的哲理為基礎的理趣，所有表現內心思考的說理性質言語都被納入其中。由於機智的概念與幽默、驚奇等的關係，「機智」的範圍又不完全對等於「理趣」，而是把和智性活動相關的所有「情趣」、「妙趣」、「諧趣」等都納入其中，這使得作為「理趣」對應物的「機智」，在美國漢學家研究中的實際涵蓋範圍是大於狹義的「理趣」本身的，而且令宋代文士趣味中諧趣性、漫談性乃至看似「不嚴肅」的一面也成為美國漢學家考察宋詩趣味的一項重要內容。這從傅君勘對蘇舜欽詩歌機智的描述中使用「閒聊般的」、「裝傻」（play the fool）和「文字遊戲」這樣的用語可以看出。在詩歌形式上，具有「遊戲性」的次韻唱和等也受到重要關注，其在內容上則多聚焦於細小的日常生活經驗和體現經驗的過程，以及將詩歌本身作為審美化日常生活的一部分，體現出生活審美化的美學觀念。與國內常見的對理趣的研究方法相比，美國漢學家在研究視角上展現了自己的獨特之處，而這種獨特之處的根源在於

〔註72〕原詩可參見：〔宋〕蘇舜欽著，沈文倬校點：《蘇舜欽集》，上海古籍出版社，1981年版，第18～19頁。

〔註73〕Michael A. Fuller, *The Road to East Slope: The Development of Su Shi's Poetic Voice*, Stanford: Stanford University Press, 1990, p. 26.

使用「機智」這一概念來對應「理趣」乃至由智性活動衍生的「情趣」、「諧趣」、「妙趣」。

　　由於蘇軾的重要地位和他對詩歌的遊戲性表現的偏好，在這一問題上他依舊是受到關注的核心人物。但艾朗諾認為蘇軾的戲謔機智之詩是包含了嚴肅意義的，且其意義遠遠超越了呈現這種遊戲性的特定詩歌類別。這種解讀首先體現於以「次韻」形式展開的詩歌唱和、以及以詩歌唱和為表現的審美化生活來往上。他認為唱和具有友好的競賽性質，在這种競賽中詩人各自的機智與獨創性同時借助詩歌形式與對生活經驗的表現模式得到呈現。艾朗諾以因黃庭堅寄茶葉予蘇軾、并附詩一首而起的一段唱和為例，來表明這種詮釋。黃庭堅所附詩為《雙井茶送子瞻》：

> 人間風日不到處，天上玉堂森寶書。
> 想見東坡舊居士，揮毫百斛瀉明珠。
> 我家江南摘雲腴，落磑霏霏雪不如。
> 為君喚起黃州夢，獨載扁舟向五湖。〔註74〕

蘇軾則以《黃魯直以詩餽雙井茶次韻為謝》表達謝意：

> 江夏無雙種奇茗，汝陰六一誇新書。
> 磨成不敢付僮僕，自看雪湯生璣珠。
> 列仙之儒瘠不腴，只有病渴同相如。
> 明年我欲東南去，畫舫何妨宿太湖。〔註75〕

　　這兩首詩尚處於較為平淡的以詩來往的文人日常生活範疇，而當黃庭堅再回詩為因眼疾而未能拜訪蘇軾而致歉時，蘇軾得到了通過歷史人物的比較展現幽默、以幽默效果展現其機智的機會（《次韻黃魯直赤目》）：

> 誦詩得非子夏學，紬史正作丘明書。
> 天公戲人亦薄相，略遣幻翳生明珠。
> 賴君年來屏鮮腴，百千燈光同一如。
> 書成自寫蠅頭表，端就君王覓鏡湖。〔註76〕

〔註74〕原詩見：〔宋〕黃庭堅著，〔宋〕任淵、〔宋〕史容、〔宋〕史季溫注，黃寶華
　　　　點校：《山谷詩集注》，上海古籍出版社，2003年版，第137～138頁。
〔註75〕原詩見：〔宋〕蘇軾著，〔清〕王文誥輯注，孔凡禮點校：《蘇軾詩集》，上海
　　　　古籍出版社，1982年版，第1482頁。
〔註76〕原詩見：〔宋〕蘇軾著，〔清〕王文誥輯注，孔凡禮點校：《蘇軾詩集》，上海
　　　　古籍出版社，1982年版，第1457頁。艾朗諾認為王文誥將《次韻黃魯直赤

　　與類似處境的古人進行類比所產生的幽默驚奇效果，已然屬於「機智」的範疇，而黃庭堅則以挖苦的口吻回覆（《子瞻以子夏丘明見戲聊復戲答》）：

　　　化工見彈太早計，端為失明能著書。

　　　邇來似天會事發，淚睫見光能隕珠。〔註77〕

　　除了以機智回應機智，艾朗諾認為黃庭堅是在挖苦地暗示，對最近的一些政治事件（指變法）的「眼盲」，勝過會引起太多悲傷的直面現實〔註78〕，如此解讀也合乎機智範疇內所包含的類比思維。在通過遊戲性的機智隱藏政治批評的政治意義和體現文人交往的社會與生活意義的同時，「機智」／「理趣」這組概念也體現於其「不甚嚴肅」、乃至於漫談（discursiveness）性質的審美外在表現。

　　柯霖更加強調對這種「不嚴肅」乃至遊戲性趣味的發現和關注，甚至將其視為北宋中期文人自我養成（self-cultivation）的一部分。他認為無論是中國還是西方研究者對北宋詩歌風格的認識都過於偏重理性、漫談、平淡等概括，本質上還未能走出嚴羽《滄浪詩話》的「半真實」論斷，而忽視了比「韻律化的哲思」更具文學性的方面，亦即作為「遊戲」的詩歌趣味中所包含的特性：機智、幽默、獨創性的結構化和漫畫式的說理（caricatured reasoning）〔註79〕。不難看出，這一觀點較之艾朗諾和傅君勱走得更遠，也更傾向於從西方機智理論和機智趣味的視角去發掘宋代文人趣味中具有類似表現和更富娛樂性的層面。

　　較之嚴肅乃至具有明顯政治性的詩歌，柯霖認為詩歌遊戲更能反映北宋詩人的審美和文化追求。即便放在古文運動的背景下考慮，這些詩歌遊戲也通過機智的方法化用和轉換先代詩文模式，從而創造了具有原創性的新藝術，並推動了古文風格復興在散文和詩歌寫作中的實現。同時由於詩歌遊戲通常在閒適的宴飲之中進行，參與者又是有教養的文人士大夫，使

　　　　　目》放在《黃魯直以詩饋雙井茶次韻為謝》之前次序有誤。

〔註77〕原詩見：〔宋〕黃庭堅著，〔宋〕任淵、〔宋〕史容、〔宋〕史季溫注，黃寶華點校：《山谷詩集注》，上海古籍出版社，2003 年版，第 139 頁。

〔註78〕Ronald Egan, *Word, Image, and Deed in the Life of Su Shi*, Cambridge and London: Harvard University Press, 1994, p.173.

〔註79〕Colin S. C. Hawes, *The Social Circulation of Poetry in the Mid-Northern Song: Emotional Energy and Literati Self-Cultivation*, Albany: State University of New York Press, 2005, p.31.

得這種活動和這種趣味具備社會性，是一種文明而有趣的競賽〔註80〕。通過分析分韻、次韻、聯句等幾種詩歌遊戲形式和歐陽修、梅堯臣、蘇軾等人的相關詩作，柯霖認為這種遊戲也是與嚴肅的審美和文化思考相關聯的——大部分詩歌以古詩形式寫成，閒談性強，言辭平實，較少對仗，也不對自然景觀做精細描寫，這對應了古文運動中的審美趣味和追求；產生於其中的詩歌所具有的自發性（spontaneous）和競賽性使得它們較之那些嚴密、情感充沛、技法精嚴的詩作更具機智幽默和好辯的特點；由於韻腳選擇的隨機性，用詞和用韻之間沒有語義上的必然關聯，於是詩中的過渡轉換和並置具有不協調（incongruous）乃至「拙」（awkward）的特點。以上這些特點對北宋文人如何理解古詩文風格具有重要意義，也就意味著詩歌文字遊戲成了在愉快消遣中推動古文風格的機靈辦法〔註81〕。於是機智、幽默、遊戲性又回到了嚴肅的思想和審美基礎之上。這依舊符合西方理論中機智所必須具備的堅實思想品質——有思想但未必是僅僅詩韻化的哲思。

　　也有美國學者並不傾向於這種偏向幽默和遊戲性的詮釋視角，如施吉瑞（J. D. Schmidt）從禪宗思想對宋代文人所具有的影響出發，認為需要得到更多關注的不僅僅是幽默在宋代詩歌中的重要性，更是宋代幽默趣味與智性（intellectuality）之間的關係，如此方能揭示理趣／機智（wit）在宋代文學文化中處於中心地位的重要性。這種機智不僅僅貫穿於幽默性的表現中，也顯現於黃庭堅、江西詩派及追隨者的典故運用之中，還是聯繫從蘇軾到黃庭堅的詩學發展的一條線索——不僅僅是上佳的幽默感，在用字（diction）和比喻性修辭（figure of speech）方面，蘇軾和黃庭堅對表現他們的聰明機靈的努力在相當程度上是共通的；其基本效果也在於引起讀者的驚奇，並使讀者因他們的原創性和聰明而感到愉悅。因此，機智並不僅僅體現於豐富的幽默感，而更體現於其詩學創作的所有層面，最為基礎的語彙層面也毫不例外〔註82〕。對於之後的南宋詩人楊萬里和范成大在機智方

〔註80〕Colin S. C. Hawes, *The Social Circulation of Poetry in the Mid-Northern Song: Emotional Energy and Literati Self-Cultivation*, Albany: State University of New York Press, 2005, pp.32-33.

〔註81〕Colin S. C. Hawes, *The Social Circulation of Poetry in the Mid-Northern Song: Emotional Energy and Literati Self-Cultivation*, Albany: State University of New York Press, 2005, p.38.

〔註82〕J. D. Schmidt, *Stone Lake: The Poetry of Fan Chengda*, Cambridge: Cambridge University Press, 1992, pp.41-42.

面的表現，他也是通過這個視角、放在蘇——黃——江西詩派的延長線上進行觀察。如此一來，施吉瑞不但在一定程度上呼應了國內學界傾向於通過作品文本分析發現理趣表現方式的研究方法，也融入了對語言結構（特別是隱喻和轉喻）和相應智性表現進行強調的語言學性質視角。施吉瑞注意到楊萬里詩中常出現的「泡沫」類意象和相應的對短暫之美、幻象之美的興趣，認為這是受到禪宗「真」與「幻」等概念的影響，並以此將禪悟式的智性活動帶入詩歌之中，並獲得相應的理趣體驗〔註83〕。他對范成大早期詩作《江上》的分析也是一個典型：

　　　　天色無情淡，江聲不斷流。古人愁不盡，留與後人愁。〔註84〕

　　施吉瑞認為這首詩的機智不僅僅在於理念上，也在於語彙中。在理念上，范成大對旅人之愁的傳統主題進行了機智的回應，用對這個傳統主題的機智抱怨緩解了愁緒。這樣的理念毫無疑問是在「理趣」範疇之中，但同時體現的也是「機智」。在語言層面，三、四句中的兩個「愁」，前者作為動詞位於「詩眼」位置，後者作為名詞置於韻腳，在技巧上形成了聰明的比對；「無情淡」也是活用「淡」字的妙語，同時包含了其指顏色與指感情淡漠的雙重含義，在句中既描寫天色又表示大自然的「缺乏感情」〔註85〕。可見，施吉瑞對理趣／機智的關注重點已然放在了通過語言使用而表現的智性層面上。依據這一視角，他將機智的語言表現歸納為四種：用字、比喻性修辭、情感誤置（pathetic fallacy）、對藝術與自然關係的處理。用字的機智在於必須考慮聰明地運用語言，比如黃庭堅的鍊字和「詩眼」理論即被視為這種聰明運用語言的表現。修辭主要指黃庭堅和江西詩學在運用比喻時對「奇」（施吉瑞譯為 unusual）和生鮮效果的追求。情感誤置指的是將自然界現象或無生命事物擬人化，比如范成大《江上》詩中的「無情淡」，雖並非宋代詩人首創，但在蘇軾手中得到有效運用，其後在南宋詩人中的持續使用程度超過前代任何詩人。而情感誤置的廣泛運用帶來第四種表現：通過修飾性的語言運用，自然與藝術之間的界限變得模糊，二者距離被縮短，主體的內在和外在經驗趨向於融為一體。就此觀之，施吉瑞將黃庭堅——江

〔註83〕 J. D. Schmidt, "Ch'an, Illusion, and Sudden Enlightenment in the Poetry of Yang Wan-li", In *T'oung Pao*, Second Series, Vol. 60, Livr. 4 / 5（1974）, pp.256-266.

〔註84〕 原詩見：〔宋〕范成大：《范石湖集》，上海古籍出版社，1981 年版，第 27 頁。

〔註85〕 J. D. Schmidt, *Stone Lake: The Poetry of Fan Chengda*, Cambridge: Cambridge University Press, 1992, pp.42-43.

西詩派——范成大的詩學觀念脈絡整體納入了機智（wit）的範疇，亦即機智在他眼中已經不單單是「理趣」這樣的包含哲理的詩性表達，也不限於西方傳統「機智」觀念中建立於思想連接和類比基礎上的驚奇與幽默效果，而是演變為通過文學創作及其趣味導向表達的、對人的智力和智識活動的整體表現。智性或「理」作為「將主體性（subjectivity）吸收入更寬廣的潛在經驗模式之中」的美學詮釋，在此得到了最大程度的體現。

第四節　文化生產的視角：江西詩派的構建與宋詞的地位變化

　　在對宋代文人的審美追求的詮釋上，除了相對純粹的美學視角，傅君勱和艾朗諾等人還嘗試從社會學與美學相結合的視野中展開觀察。艾朗諾嘗試運用階層、市場、性別三種要素，並體現在對北宋中後期語境下宋詞的地位變化的分析中；傅君勱更是明確地將皮埃爾・布迪厄（Pierre Bourdieu）的文化生產場域（cultural production field）理論引入宋代文學研究，並將江西詩派的構建視為宋代文化生產的一種典型案例。將這樣一種現代視角和理論引入中國古代文學和傳統文化的研究之中，意味著新的有趣問題的浮現。

一、文化生產的基本理論

　　布迪厄的文化生產理論基於其社會批判理論，而其社會批判理論的框架主要以三個概念作為核心而構成：「習性」（habitus）、「資本」（capital）和「場域」（field）。

（一）習　性

　　「習性」的產生基於能動的「行動者」概念，這種行動者不會機械被動地遵循某種他們不理解的法則行動，而是在日常生活實踐中不斷具體地生成習性與法則。在由社會文化結構、性情和行為的交互作用共同構成的日常生活實踐中，行動者意識深處積澱了其所身處的社會集團的價值觀和社會文化規則等因素，並反映在思維、認知、行動、表達及其中所包含的文化特色中；這種反映在大體方向上是下意識而持久的，但又會依據複雜多變的日常生活實踐和境遇使得具體行動不斷變化、而非依據某種嚴格的邏輯形式展開——換言之表現為一種直覺性的、含混的「實踐邏輯」，從而構成

了「習性」。而一個人的審美趣味正是習性的直接表徵，其主觀傾向性意味著它同樣遵循這種直覺性而含混的「實踐邏輯」，與習性保持一致。

（二）資　本

在布迪厄的理論中，資本並不僅僅是經濟意義上的，還包括非物質形式的社會資本和文化資本，因此他的「資本」概念指的是一種權力形式，其量與構成決定了行動者的社會位置，再通過社會位置決定行動者的習性，從而界定了行動者在社會空間中具有何種行動的可能性，並提供了階層劃分的依據。在這些資本中，文化資本（cultural capital）又是最為重要的概念，它可以以身心狀態、文化產品、文化體制等形態呈現，並通過文化活動、教育、修養等形式進行積累和具體表現。它還要求參與者以身體力行、親力親為的方式投入具體的文化資本積累活動，並經過具體化的程序才能將投入的時間與精力轉化為自身具有的文化資本，且消耗的時間精力相當之大。

（三）場　域

「場域」是一種不同位置間的網絡狀關係框架或構造，其中的位置由對文化資本的佔有和根據文化資本決定的潛在境遇而決定，而由這些位置之間相互作用產生的力量、整個框架構成的體制的合力，又會反饋到位置的佔據者或關係網絡中的行動者身上。任何人都必然身處某種特定場域之中，也必須進入某一場域。同一個文化場域，一方面一般意味著具有相似資本、歷史積累和行為邏輯的行動者的聚合，具有性質上的穩定性；另一方面由於文化資本分配的不平衡，場域的位置空間結構也會不斷有所變化，就必然有爭取界定權力的鬥爭產生，這就從社會學角度解釋了各種文化運動的生成原因。

在這個習性—資本—場域框架下，審美趣味作為習性的直接表徵，同時又在文化生產的場域中以文化活動和文化產品的輸出作為表現審美趣味、構建場域中各個位置關係的方式，並受到文化資本的構成的決定作用。此時審美趣味就成為了所處場域類型以及場域內位置的反映——換言之，除了具有審美上的功能，趣味在很大程度上還是階層的標誌。

布迪厄認為，要在審美的領域最直觀地表現一個人在某場域中的身份和位置以及自身的習性，正是體現在選擇和認同屬於某種場域中某個位置的生活方式、美學特質等方面；而在這些選擇和認同中正是趣味起到關鍵作用，通過趣味的選擇來表明各種關係和距離，這種作用的方式是：

　　　　趣味是對分配的實踐性控制，該分配使人們感受到或憑直覺
　　　知道什麼可能（或不可能）發生、并因此適合於一個在社會空間
　　　中佔據某一特定位置的個體。它發揮作用的方式是作為一種社會
　　　導向和「對某人的位置的感知」，引導在社會空間中佔有特定位置
　　　的人走向適合其性質〔註86〕的社會地位，走向適合於該位置的佔
　　　有者的實踐或商品。給定被選擇的實踐或事物在社會空間中的分
　　　布，以及其他行動者對商品和群體之間的相應性所具有的實際知
　　　識，它便暗示了對所選擇實踐或事物之社會意義和價值的實際預
　　　期。〔註87〕

　　各個社會等級、階層都有著相應的為社會所認可的藝術種類和等級，更
細的劃分可以對應到各種文類、流派和時期等，這其中所包含和預設的趣味
也就成為了某一階層的標誌，這些趣味藉由某一階層成員自己的生活方式、
消費行為、審美表達等表現出其對某一階層的歸屬感和認同感。這樣審美趣
味又成為了確定社會、某個場域中的位置的工具，場域內位置的變動、場域
與成員間的相互作用以趣味的變化和相應的審美潮流運動等為表徵，尤其藉
此體現出區分性的作用：

　　　　審美處置是與預設了客體性保證和距離的世界與他人之間的
　　　一種遙遠的、自我保證的關係的一個維度……如同每一種趣味，它
　　　起到組織與分隔的作用。作為與某一特定階級存在狀況相聯繫的條
　　　件作用的產物，它在將所有產生於相同條件的人們與其他人區分開
　　　來的同時又將這些人組織起來。既然趣味是一個人所擁有的一切
　　　（人與物）的基礎，以及構建自身與他者的關係的基礎，人們在藉
　　　此對自己進行分類的同時也被他人分類，它便以一種本質的方式進
　　　行這種區分。〔註88〕

　　趣味的這種作用使其在人類社會不可或缺的文化場域中成為並產生於文
化的需要，而它又是習得（acquired）性的，在文化場域內以教育和修養為基

〔註86〕此處英譯為 property，有「性質」和「財產」雙重含義，或為以雙關方式提示
　　　　資本決定成員和所處位置性質的關係。
〔註87〕Pierre Bourdieu, *Distinction: A Social Critique of the Judgment of Taste*,
　　　　Cambridge and London: Harvard University Press, 1984, pp.466-467.
〔註88〕Pierre Bourdieu, *Distinction: A Social Critique of the Judgment of Taste*,
　　　　Cambridge and London: Harvard University Press, 1984, p.56.

礎。所有的文化實踐和在審美領域（如各種文學、藝術乃至審美化的生活方式等）的愛好，都和教育水平及修養密切相關，而教育水平與修養又更進一步與其社會出身和所屬階層有聯繫。這就將趣味的社會文化根源定位於不同的出身、階層與不同的教育修養程度，從而產生各種不同的文化實踐和對不同文化實踐的不同程度的認可。文化實踐與文化認同建立在對整套文化符號系統的解讀和運用上，相應的文化教育提供了相應的文化能力，也只有具備了相應的文化能力，才能從自身所處場域的各種文化符號、文化產品中抽取出意義以及與場域內的其他成員建立聯繫、確定相對的位置。

二、江西詩派：文化生產理論在宋詩場域內的運用

由於宋代文人士大夫階層在宋代國家、社會體系中的顯著位置和重要作用，以及這一階層對包括審美領域在內的宋代文化的全面影響力，傅君勱以江西詩派作為一個入手的典型，將文人群體和宋詩作為一個文化生產場域，嘗試將布迪厄的文化生產理論運用於解讀和詮釋這個場域的運作機制及其審美表現。雖然布迪厄的這套理論體系建立於西方現代資本主義社會的基礎之上，但傅君勱嘗試了儘量剝離其中的特定時代背景意涵，而運用其最具有普遍適應性的理論框架。

從黃庭堅到江西詩派的詩歌、詩話和詩學理論被列為一種文化生產場域，是因為這些文本揭示了更大的文化轉變中所包含的文學價值和審美價值的變化，而文人士大夫相對而言在普遍層面上的文化精英身份也為其生產一種文化提供了更大的影響力範圍，加之在江西詩派「構建」譜系的過程中呈現出的一系列通過詩歌風格和理念而構成聯繫的成員位置，也易於聯繫到布迪厄所提供的「場域」框架。從更廣的層面上講，寫作者需要努力發出聲音並能被聽眾「聽到」，也構成了文化生產和文化產品產出的根本動力。這些都為運用布迪厄的文化場域理論提供了基礎性條件。

在寫作如何作為場域內位置與成員相聯繫的行動方式的問題上，傅君勱認為文人需要通過寫作來獲取相應的聲名，這些名譽可以表現在文學才能、道德品質、政治洞察力等方面，並幫助與已經擁有權力和影響力的文人精英建立聯繫。就仕途而言，這種名聲顯然對獲取官職和政治位置頗有助益；即便不謀求仕進，文名與著作的流傳也可以幫助其獲得在文人學術、文化體系內進行講學、開館授徒的機會和資源，從而施展其文化影響力。為了

獲得進入這一流程的能力（如最重要的通過科舉考試），在教育和培養方面，家庭需要建立自己的圖書館，而宋代印刷術的發展又為家庭圖書館的建立和以此為基礎的文化傳播、文化教育提供了可能性〔註89〕。通過這種分析，傅君勱構建了在宋代的文化生產語境下社會資本與文化資本的生成、獲取和流轉過程，並同樣把布迪厄視為相應審美趣味產生基礎的教育和修養作為這種文化生產的重要環節。他認為上面提到的這些文化力量的要素所構成的「智識場」（intellectual field）與布迪厄眼中的十七世紀末的西方有相似之處：

> 從西方智識和藝術生活的歷史中，我們可以看到智識場（以及其中的知識分子（intellectual），有別於學者（scholar）之類）是如何在歷史社會的一種特別形態中逐漸產生的。隨著人類活動領域的愈加分化，一種由特定類型合法性所統治的、名副其實的智識秩序（intellectual order）開始將自身定義在與政治、經濟、宗教力量相對的位置，亦即所有在某種本身並不發出智識話語的權力或權威性的名義下、在文化事務中宣稱具有合法性權利的權威性。〔註90〕

「在某種本身並不發出智識話語的權力或權威性的名義下」即意味著雖然智識秩序中的文化權力有別於政治、經濟等權力，體現人類活動領域的分化，但它們之間又有著千絲萬縷的聯繫。而趣味問題、階層的產生與轉變、文學與文化表徵的變化也就被置於這種錯綜複雜的關聯性社會背景之下。就傅君勱以宋代社會所構建的模型而言，即以文學和文化性寫作的各種行為方式和審美表徵為「習性」，以文人教育、修養和相應的社會活動為「資本」，以處於仕途或講學等不同位置的文人為成員，從而與布迪厄的理論框架中的核心要素一一對應，構成一個複雜的文化生產場域。該場域中的文化產品——亦即寫作作品的流動與傳播，同樣反映著布迪厄的一個關鍵性假設：「文化產

〔註89〕 Michael A. Fuller, *Drifting among Rivers and Lakes: Southern Song Dynasty Poetry and the Problem of Literary History*, Cambridge and London: Harvard University Press, 2013, p.126. 艾朗諾也同樣注意到了書本流通和家庭圖書館在宋代的作用，參見 Ronald Egan, "On the Circulation of Books during the Eleventh and Twelfth Centuries", In *Chinese Literature: Essays, Articles, Reviews*, Vol. 30（Dec., 2008），pp.9-17.

〔註90〕 Pierre Bourdieu, "Intellectual Field and Creative Project", In M. F. D. Young（eds.），*Knowledge and Control: New Directions for the Sociology of Education*, London: Collier-Macmillan, 1971, p.162.

品（藝術、文學作品等）沒有絕對的價值，但通過與系統中其他產品的關係獲得價值與個體身份。」〔註91〕傅君勘以此解釋一個詩派中的作品如何通過社會性或美學性的聯繫、尤其是通過作為生產者的行動者們在文化系統中的創造、流傳、使用而「聚合」起來，並反映共同趣味。另一方面，作為一個以共同習性的聚合而進行區分的系統，在場域內對位置的定義和定位既反映了人們進行這種定義和定位的歷史，在這一過程中插入新的變化與可能性也往往意味著導致整個場域的轉型，並反映到權力和權威性爭奪的層面，顯示強烈的內部張力。布迪厄對此的解釋是：

> 在文學或藝術的可能性的空間中的變化，是構築位置空間的權力關係變化的結果。當一個新的文學或藝術群體使其存在在文學或藝術生產的場域內被感知到，整個問題從產生的一開始（換言之出現區別之時）就發生轉換，修正和取代可能性選項的領域；例如，之前處於統治地位的生產，可能被推擠到過時的境地，也可能成為經典。〔註92〕

傅君勘將此運用於他對南宋初年（亦即江西詩派被作為一個文化生產場域構建而成的時期）社會與文化資本重組的概括。兩宋之交的變局使得南宋初年的文人們得以用含蓄的方式挑戰國家原有的文化論斷，社會及文化精英的地方化使得他們開始尋求重新定義社會活動模式和僅僅與國家保持鬆散聯繫的社會資本形式，道學地位上升；北宋中後期文化巨擘們（「元祐黨人」）的文化遺產，通過其傳人們在臨安、在高宗朝廷發出的聲音重新進入了文化資本之中。傅君勘認為，在這種社會狀況和文化權威都處於動盪不安狀態的情況下，布迪厄的理論有助於釐清這個時期文化生產的動力——即在對文化權威話語的爭奪中，通過相互分化區別，構建和定義一個彰顯文人自身位置的文化生產場域。從社會文化運行機制的角度來看，將布迪厄的文化生產場域理論撇除僅適於現代西方資本主義社會背景的部分、而保留其最具普遍適應性的骨架（例如對「資本」的定義更近於「資源」而非「資本」的原義），運用到宋代的文學文化研究中，在「場域」和「資本」兩個層面的運行邏輯

〔註91〕Michael A. Fuller, *Drifting among Rivers and Lakes: Southern Song Dynasty Poetry and the Problem of Literary History*, Cambridge and London: Harvard University Press, 2013, p.127.
〔註92〕Pierre Bourdieu, *The Field of Cultural Production*, New York: Columbia University Press, 1993, p.32.

還是貫通的。傅君勱將由黃庭堅奠定的兩個問題作為這個場域的運作機制的核心：一是內在性（inwardness），二是重建自我與文本傳統的關係。傅君勱認為這兩者定義了江西詩派及同時期寫作者的位置系統，以及文人行為習性與文化資本的關聯。具體而言，內在的直覺如何在詩歌的語言中表現世界的秩序、文本傳統和自我德性的結構，如何對這些表現內容進行指涉，如何在自我、文本與世界的各種複雜中關聯獲得創造性，乃至終極問題「為何而寫詩」，對這一系列問題的回答構成了江西詩派的場域和場域內成員的位置系統。

在此基礎之上，作為一個文化生產場域進行研究的關鍵在於「習性」和作為「習性」重要表徵的趣味，即江西詩派作為一個文化生產場域，其對前述一系列問題如何進行處理、以及由此而來的文化產出和文化產品中體現了何種屬於文人的趣味，其趣味中又如何反映文人的位置和文化資本構成。如何在這方面言之成理決定了使用文化生產場域視角的可行性。由於宋代文人的文化資本建立在由印刷術提供物質條件的圖書、著作的收集與傳播，以及更進一步以此為基礎的相應文化教育和文化修養之上，那麼書本及其承載的對前人之知識與文化的傳承便理當呈現於文人的習性與趣味之中，在文化生產場域的框架下這便成為一種自然而然的推演。就江西詩派這一場域而言，傅君勱首先聚焦於提出《江西詩社宗派圖》的呂本中，通過對其給曾幾書信中文論的引用和再詮釋，將他的觀念概括為一個「從書中學」的系統，以佐證這種推論。這個系統首先否定單純作為遊戲（和相應審美）的文學，要求有所憑依：

> 或勵精潛思，不便下筆，或遇事因感，時時舉揚，工夫一也。
> 古之作者正如是耳。惟不可鑿空強作出於牽強，如小兒就學，俯就
> 課程耳。〔註93〕

有所憑依既包括「寫什麼」的要求，也包括「如何寫」的依據，而這種依據來自學習前代的偉大詩人，或是楚辭、杜甫、黃庭堅作品中直接可學的法度，或是蘇軾、李白作品中無法直接運用但可以開拓思維之處，有助於潛在的修養提升。傅君勱對此的解讀是，這意味著寫作者所需要找到的東西已經存在於寬廣的寫作傳統之中〔註94〕，也可歸於「從書中學」，因為在物質載體

〔註93〕〔宋〕呂本中《與曾吉甫論詩第一帖》，見〔宋〕胡仔《苕溪漁隱叢話》前集，人民文學出版社，1962 年版，第 332 頁。
〔註94〕Michael A. Fuller, *Drifting among Rivers and Lakes: Southern Song Dynasty*

層面上這些文本傳統具現於書本之中。接下來就是如何從文本傳統當中找到自己的道路的問題，要點一在於受禪宗影響的「悟入」，二在於與道學相關的「養氣」，而從傅君勱的引用來看，「養氣」是與「讀書」密切相關的，並具體表現為通過讀詩開闊眼界：

> 詩卷熟讀，深慰寂寞。蒙問加勤，尤見樂善之切，不獨為詩賀也。其間大概皆好，然以本中觀之，治擇工夫已勝，而波瀾尚未闊，欲波瀾之闊去，須於規摹令大，涵養吾氣而後可。規摹既大，波瀾自闊，少加治擇，功已倍於古矣。試取東坡黃州已後詩，如《種松》、《醫眼》之類，及杜子美歌行及長韻近體詩看，便可見。若未如此，而事治擇，恐易就而難遠也。退之云：「氣，水也，言，浮物也，水大則物之浮者大小畢浮，氣之與言猶是也，氣盛則言之長短與聲之高下皆宜。」如此，則知所以為文矣。〔註95〕

然而有趣的是讀書之後還須超出書以外，不能固定於寫作的語言工具之上，這也是呂本中身為身為江西詩派概念的提出者卻對當時江西詩人所作的批評：

> 曹子建《七哀詩》之類，宏大深遠，非復作詩者所能及，此蓋未始有意於言語之間也。近世江西之學者，雖左規右矩，不遺餘力，而往往不知出此，故百尺竿頭，不能更進一步，亦失山谷之旨也。〔註96〕

雖然以此為最終目的，但以書作為物質載體的文化傳統在作為文人的文化資本——「學識」（scholarship）而體現時，仍然因為作為寫作意義的文本來源而具有不可動搖的地位。在文人的文化生產場域內，這種「學識」在詩中的表現就是聚焦於詞句的「歷史」和典故，並作為打開意義之門的鑰匙，並由此形成一種詩歌寫作的文人習性和審美趣味。這種趣味不僅表現於詩歌寫作，也表現於詩論觀點。傅君勱將蔡絛作為一個典型開端而進行佐證：

> 杜少陵云：「作詩用事，要如禪家語『水中著鹽，飲水乃知鹽

Poetry and the Problem of Literary History, Cambridge and London: Harvard University Press, 2013, p.130.
〔註95〕〔宋〕呂本中《與曾吉甫論詩第二帖》，見〔宋〕胡仔《苕溪漁隱叢話》前集，人民文學出版社，1962 年版，第 333 頁。
〔註96〕〔宋〕呂本中《與曾吉甫論詩第二帖》，見〔宋〕胡仔《苕溪漁隱叢話》前集，人民文學出版社，1962 年版，第 333 頁。

味』。」此說詩家密藏也。如「五更鼓角聲悲壯，三峽星河影動搖」，
人徒見凌轢造化之氣，不知乃用事也。《禰衡傳》「撾漁陽摻，聲悲
壯。」漢武故事：「星辰動搖，東方朔謂民勞之應。」則善用事者，
如擊風捕影，豈有跡也。〔註97〕

　　傅君勱之所以舉出這個例子，是因為他認為倘若這是一種對典故的使
用，那麼詩句和「出處」兩端著實沒有關聯性，這樣對用典的論證難以成立。
蔡條乃至不少與他同時代的詩話、詩論作者會持有這種詩學觀，其本質原因
在於將創造意義的來源從現象世界變為了與文本傳統關聯的詩歌技藝，將過
去偉人們創造的文化資本不斷提取和循環使用〔註98〕──亦即在否定了詩
人從直觀的經驗世界中獲取意象的選擇的同時，轉化為一種以隨意性考據為
特徵的「學識」表現。傅君勱以吳曾《能改齋漫錄》和張表臣《珊瑚鉤詩話》
中的例子表明了他對這種「考據」的定性：其並不在意真實的相關性，唯一
目的在於有助於展現作者學識之豐富和詩學評斷的敏銳，並將表意的來源均
置入文本的世界之中。

　　至此，一條從文人的文化資本到文化生產行為和習性的完整鏈條構建完
成，並以一種追求學識的文人審美趣味作為文化生產場域中的典型習性，這
種追求學識的文人趣味的最典型表現是讀書和用典。在傅君勱手中，布迪厄
的文化生產場域理論也以宋代文人為對象完成了一次較為完整的應用嘗試，
這種研究樣式大大不同於國內江西詩派研究的常見形態。

三、宋詞地位變化中的文人場域視角

　　與傅君勱直截了當地點明其對布迪厄的理論的應用不同，艾朗諾並沒有
宣稱自己使用了什麼現代的理論或方法，而是以「以意逆志」性質的文本發
掘與詮釋為主，從而盡可能避免基於不同時空和歷史基礎的某種現代理論
（布迪厄的理論產生以 19 世紀中後期法國文學場為基礎）與另一時空的文
化問題對接時可能產生的適用性風險。不過在其《美的焦慮：北宋士大夫的
審美思想與追求》（*The Problem of Beauty: Aesthetic Thought and Pursuits in
Northern Song Dynasty China*）中，他對多個審美領域中新的審美思想與趣味

〔註97〕吳文治主編《宋詩話全編》，江蘇古籍出版社，1998 年版，第 2493～2494 頁。
〔註98〕Michael A. Fuller, *Drifting among Rivers and Lakes: Southern Song Dynasty
Poetry and the Problem of Literary History*, Cambridge and London: Harvard
University Press, 2013, p.136.

如何產生、如何在與原有文化傳統的張力中逐漸融入文人文化場域和確定自身位置之過程的觀察論述，仍然隱現著文化生產場域的視角，並且回答了傅君勱在直接使用布迪厄的理論時並未充分解釋的問題：即在場域內某種趣味、習性和相應行為者的位置進行定義和定位的歷史性過程中，新的變化與可能性的介入及其位置變化如何影響整個場域、甚至導致整個場域的轉型，即「當一個新的文學或藝術群體使其存在在文學或藝術生產的場域內被感知到，整個問題從產生的一開始（換言之出現區別之時）就發生轉換，修正和取代可能性選項的領域。」〔註99〕

在整個文學場的歷史過程中，一個時期的場大致對應著一個時期的主導趣味，主導趣味的更替決定了文學場某一歷史時刻的狀況，整個歷史過程是由趣味的批判繼承組成的環環相接的歷史性鏈條，而新的審美理想與趣味的進入所引發的張力成為了文學場變化的動力：

> 在一個既定時刻，在市場上推出一個新生產者、一種新產品和一個新品味系統，意味著把一整套處於合法狀態且分成等級的生產者、產品和趣味系統打發到過去。生產場藉以將自身時間化的運動也促進了趣味的時間性的確定。〔註100〕

從這個意義上說，艾朗諾所關注和論述的宋詞在宋代文人寫作中的地位變化（乃至《美的焦慮》一書中論述的其他審美領域的問題），也正是文化生產場域中位置重組與更替的視角的一種體現。艾朗諾使用的是社會階層、市場、性別三個維度，與布迪厄理論的習性、資本、場域並不一一對應，在含義上也根據宋代文人場域的時空特點進行了相應的改造而不是其現代意義的直接套用，但體現的仍是一種可以歸納為文化生產場域變化與重組的視角。

艾朗諾提出「社會階層」一詞是與全書結語中對秦觀《逆旅集序》的解讀相對應的。《逆旅集》是秦觀的一部小說（傳聞軼事）集，其序言本身主旨在於努力提升小說文體地位。這種提升文體地位的努力與提升詞之地位的努力（在艾朗諾的論述中其開端可定為歐陽炯《花間集序》）可以說在美學觀念上相互呼應，因為《逆旅集序》中關於知識和經驗的觀點乃至「反傳統」的思想呼應著宋代文化生產場域和宋代美學場域內的張力，以至於「這

〔註99〕 Pierre Bourdieu, *The Field of Cultural Production*, New York: Columbia University Press, 1993, p.32.

〔註100〕 〔法〕皮埃爾‧布迪厄著，劉暉譯：《藝術的法則：文學場的生成和結構》，中央編譯出版社，2001年版，第196頁。

篇序甚至可以看作是士人文化新風尚的一個有力宣言，伴隨著這一風尚，北宋士大夫在思想和表達上都開創出了新的天地」〔註 101〕。在他的解讀中，《逆旅集序》的根本觀點是打破社會固有的知識、學問、等級正統觀念，並藉以社會階層不同為理由的自我辯護來拒絕原有的美學趣味等級（比如該做什麼和不該做什麼、雅俗觀念等），從而完成對有關知識和經驗的行為、以及這種行為在文人場域乃至整個宋代文化場域內位置的重新定義。而在宋詞地位問題上，文人們所作出的努力雖然沒有秦觀這篇《逆旅集序》那麼激進，但其美學本質並無不同，仍然在於借助進入場域內的新事物對整個場域施加影響，進行場域和場域結構的重新定義。艾朗諾所勾勒的「這一時期人們對宋詞認識的變化線索，以及詞論的這種發展如何影響了社會對詞的進一步接受」的脈絡，以及文人最終「將宋詞變為了一種特別適合對唯美世界進行詩性解讀的文體」、「因其在表達感性和體察物美上的優勢，宋詞成為了宋代文化『精雅』和格調的象徵」〔註 102〕的結果，這種為宋詞爭取文學和文化地位、并最終將其趣味確定為宋代文人文化生產場域一部分的歷史進程，就是文化生產場域內相互調適和重定位的過程。對《逆旅集序》等各類文集序言的研究，反映了艾朗諾對宋代文集序言的一種認識：在宋代文人文化中，文集之序言是文人將其書寫合法化、并宣揚和辯護其趣味標準的主要載體之一。艾朗諾也因此選擇了這樣一條他認為可以反映、并由此進入宋代文人文化生產的路徑〔註 103〕。

從這一研究中，還可以看到艾朗諾與傅君勱對於社會階層這個維度的運用方式的不同。傅君勱的思路是階層——該階層的社會文化資本——相應習性的遞進鏈條，帶有布迪厄的理論所具有的決定論色彩。而艾朗諾則更接近於一種調和論或調適論，在他的論述中社會階層是作為可以引入和彰顯新事物和變化、進行各種自覺性、重定義和重定位的支撐與理由而存在；社會階層不但體現某種習性，也要求因應某種時空下審美追求的需要

〔註 101〕〔美〕艾朗諾著，杜斐然等譯：《美的焦慮：北宋士大夫的審美思想與追求》，上海古籍出版社，2013 年版，第 260 頁。

〔註 102〕〔美〕艾朗諾著，杜斐然等譯：《美的焦慮：北宋士大夫的審美思想與追求》，上海古籍出版社，2013 年版，第 181 頁。

〔註 103〕 Ronald Egan, "The Problem of the Repute of *Tz'u* During the Northern Sung", In Pauling Yu（eds.）, *Voices of The Song Lyric in China*, Oxford: University of California Press, 1994, Vol.1, p. 192.

而做出習性改變。通過與場域內周圍關係的相互調和、調適、妥協，文人為新事物、新趣味、新追求爭取盡可能高的地位，從而盡可能獲取該事物、趣味、追求的合法性，同時也就爭取了自身進行相應行為的合法性，因為新趣味的主體還是文人本身。

由於歷史時空和社會性質的不同，艾朗諾所使用的「市場」並不等同於一般意義上資本主義社會的歷史背景下、在社會學視野中以經濟地位為基礎的概念，但也確具有市場的行為屬性，因此這種「市場」更多的是指社會與審美的結合，即跨出文人場域的、對某種審美事物或趣味的社會性接受與傳播場域，而這種接受與傳播反過來也會影響對某一審美事物和審美趣味的定位，乃至引發其本身的變化，其中包含著一系列複雜的交互作用。從創作者和行為者（文人）的角度而言，伴隨著詞地位逐漸上升過程的是對這種文體的獨特性的認識，這兩者又關係到一種對詞文本的「完整性」的要求，因此晏幾道會自編詞集、為詞集自作序，加強自身對文本流傳的控制力，試圖保證作品的「精確」流傳，其他作者也逐漸傚仿這一做法，這意味著文化生產者已經對文化產品跨出文人場域之外的社會性傳播有所考慮，某種意義上是一種「市場」思維。而社會在與這一文學世界的關聯中也確以市場性的方式有所表現。艾朗諾認為這種市場性一方面表現為社會對文化產品的追捧，這種追捧又能反過來成為創作者編訂刊行詞集的動力。例如黃庭堅在為《小山集》所作序言中對世人熱烈追捧晏幾道詞作的評說：

> 彼富貴得意，室有倩盼慧女，而主人好文，必當市購千金，家求善本。曰：「獨不得與叔原同時耶！」〔註104〕

艾朗諾引用這段文字並對其作出的解讀是，其中既包含有社會富貴階層以財力為基礎（而非學術或精英性質的）對文化產品的追求，又反映本屬於不同場域的審美趣味在同一個主體上發生了合流——家有歌女、重視感官享受的「俗」階層也在追求出自文人之手的精雅趣味，而身為文人精英的黃庭堅評說此事時卻絲毫不覺有何不妥、僭越或冒犯，這意味著文人趣味已經跨出原有的場域和主體限制，借助城市各階層構築的「市場」之手形成一種社會性的審美影響力，而這種雅俗交融的社會審美接受與傳播形態也被文人自身所接受。此外，這種現象和文人對此的認識還反映出大眾趣味地位已經上

〔註104〕孫克強：《唐宋人詞話》，河南文藝出版社，1999 年版，第 222 頁，引黃庭堅《山谷集》卷一六《小山集序》。

升至可以成為某種價值評判標尺的程度，這也是「市場」化的社會審美和相應運用市場維度進行趣味考察的典型特徵。

以一個「前現代」歷史階段的社會文化作為考察對象，所使用的「性別」這個維度自然不會是現代意義上基於性別的審美權力分野。其在本質上仍是一個「習性」問題，即宋代文人在以言情為主旨、主要表達娛情之美的詞中如何從仿女性視角的代言體逐漸轉向基於自身（男性）視角和對自我形象的認知與體現。由於古代的社會特點，文人士大夫群體顯然基本由男性組成，因此此處的男性視角與其說是一種性別維度，不如說是對自身形象的體認和表達，而在這個過程中對文人形象的表達和自我塑造也跨出了有宋一代，而為其後相當長的歷史時期中文人形象和文人習性提供了基本定義。因此提升詞的地位的努力（如對言情合法性的辯護、詞風的改造等）從另一個角度看也是通過文人自身形象和自我表達的介入來改造詞、從而對文化生產場域的關係結構進行重組的過程；從研究方法角度來說，也正是通過對一個本身極具現代性的維度的重定義，才能這樣實現與古代場域盡可能順暢的對接。所以艾朗諾雖然並不宣稱使用什麼特定理論或研究方法，其研究的表現形式也頗近於傳統的「以意逆志」，但實質上還是有對方法和視野的審慎考慮。

艾朗諾對男性視角（亦即文人自身視角）在詞中的成形過程進行了基於文本解讀的勾勒。這個成形過程首先出自晏殊，通過對其《浣溪沙》（一曲新詞酒一杯）、《清平樂》（金風細細）的行文風格的觀察，發現其突出特點是「敘述者性別的模糊」〔註105〕，與花間詞中絕大部分詞作明確的女性言說視角大為不同。柳永詞作言情多明確直取男性敘述視角和大量使用俗元素，並取得了「市場」維度上的成功。蘇軾則在相當數量的詞作中採用了最為激進的「以詩為詞」做法，將詞發展為一種高度個人化的詩性表達，這種自我代入性質的視角在性別維度上也自然是充分男性化的。在對蘇軾的豪放詞風的反彈的背景下，最終通過晏幾道和周邦彥完成了一種妥協，確立了在宋詞中以男性口吻和視角言情的基本方式，並以技巧化和博雅的美學表現取得了與文人士大夫要求體面、不「俗」不「土」的趣味要求的對應與認同，從而為詞在文人場域中確立一個合乎文人地位、與文人習性相稱的位置。這一位置確立和由此帶來的整個文人文化生產場域的變動也奠定了

〔註105〕〔美〕艾朗諾著，杜斐然等譯：《美的焦慮：北宋士大夫的審美思想與追求》，上海古籍出版社，2013 年版，第 197 頁。

後世文人形象與文人習性定義的基礎，即「綿密婉轉的文風和對敏感事物的得體把握」，以及「偏愛自然之美與纖細風格的文學審美情趣」〔註106〕。

艾朗諾認為這種重定位的歷史過程的內在邏輯自然而然地導向了另外一個「美學與性別」的問題，即這種以男性表達視角為基礎的敏感多情的文人形象和文人習性，以及相應在表達形式上重視機巧的審美趣味（也是自此之後文人基本形象中典型的文人趣味），如何擺脫「陰柔」的指責、并獲得與體面道德相容的合法性。而宋代對這個問題的解決方式——如范溫用「巧而能壯」、巧並不必然有損真情真意表達的新觀點打破原有的陰柔與陽剛的二分法對立，蘇軾在為沈立《牡丹記》所作之序中以嚴肅如宋璟者亦作清豔之詩為例、提出外在美與體面道德的共存，乃至整個宋代社會的「右文偃武」取向——事實上是對中國傳統精英文化所尊崇之「文」的某種重定義——將「文」的重點從由儒家倫理定義的堅貞坦率、質樸端方等道德品質轉向與文化教育相結合的、具有審美敏感性的文人特質。這顯然影響了整個文人文化生產場域。自此艾朗諾又運用性別視角完成了對文化生產場域轉型的內在動力和轉型過程的一次探究。

〔註106〕 〔美〕艾朗諾著，杜斐然等譯：《美的焦慮：北宋士大夫的審美思想與追求》，上海古籍出版社，2013年版，第254～255頁。

第四章　詩畫結合中的文人畫語

　　對於宋代文人的繪畫審美趣味，美國漢學家的主流意見是概括為「詩意」、「詩畫結合」、「畫如好詩」，認為其最基本的特徵是將繪畫審美類比為詩性的審美、並在繪畫中追求詩的意境和相應的人格品評。也正是針對這種把「不屬於」繪畫本身的審美意識形態引入繪畫之中的做法，高居翰曾在其《氣勢撼人：17 世紀中國繪畫中的自然與風格》（*The Compelling Image: Nature and Style in Seventeenth-Century Chinese Painting*）的中文版序中對文人主導下的中國畫學傳統表示了不滿：

> 　　今日我們所賴以依循的論畫文字，全都出自中國文人之手，也因為如此，中國文人已長時期地主宰了繪畫討論的空間。他們已慣於從自己的著眼點出發，選擇對於文人藝術家有利的觀點；而如今——或已早該如此——已是我們對他們提出抗衡的時候了，並且也應該質疑他們眼中所謂的好畫家或好作品。〔註1〕

　　高居翰所反對的是貫穿於文人畫學傳統中的文字性文本與圖像之間的一種「詩畫不分」的關係，即基於文人立場的「文」或「辭」及其中包含的意識形態主導了對視覺圖像的話語權，不但作畫的主題指向詩文中的主題，「以畫求詩」、「以詩入畫」，畫學也建基於詩學，以傳統文人詩學的意識形態和「文本」作為圖像審美的判斷依據，「導致我們面對畫面的眼睛受到一種文獻闡釋的感知，而並非視覺本身」，「被閱讀的畫面也成為對歷史認知

〔註 1〕〔美〕高居翰著，李佩樺等譯：《氣勢撼人：17 世紀中國繪畫中的自然與風格》，生活·讀書·新知三聯書店，2009 年版，第 5 頁。

的再確認，而非直觀視覺的畫面」〔註2〕。這自然是堅持以視覺研究為中心、倡導以視覺方法對待視覺的高居翰所難以接受的。然而這種難以接受就高居翰而言也同樣是「慣於從自己的著眼點出發」並選擇了對自己有利的觀點，這種著眼點和視角選擇的差異根源於中西方在詩畫關係上的不同認知，並體現為在審美判斷傾向性和趣味選擇中對審美話語權的要求。

但是如果從「美學的秩序」這種文化思維、尤其是其中所包含的關聯思維和焦點—區域模式出發，詩畫結合的趣味對於文人士大夫來說幾乎是一種必然。以宋代而論，豐富的學問和「斯文」之傳統已經包含了繪畫領域，「與於斯文」的他們必然要繼續進入這個領域，同時他們也具有以更多的形式拓展精神世界的需求；以自我的完成與實現作為精神世界的焦點拓展精神領域，在非「本職」的領域中建立可以體現自身和為自身帶來滿足的話語，展開相應的物質和精神活動，則必然帶來對在新的領域如何體現自身文化身份的思考；以關聯性和類比思維為運作方式，建立了文人文化身份基本面的詩學世界的經驗與預設，也必然以審美經驗連續性的方式進入繪畫領域，從而形成以詩畫結合為基本特徵的審美特徵和文人趣味。在西方，詩畫之間存在著以文字為主要媒介的學者、文學家與以職業畫匠傳統為基礎的畫家之間在文化身份上的截然之分，而在中國文人傳統中通過層層擴展的焦點—區域模式，這並非不可跨越的鴻溝。如何處理對待跨學科、跨領域審美文化問題的不同基本方式，成為包括美國學者在內的西方漢學家在面對兩種不同文化傳統時所要解決的基本問題，並決定了如何來看待宋代文人在繪畫領域的觀念和趣味。

第一節　繪畫中的文人身份與場域

文人在繪畫行為、鑒賞中所表現的趣味，以及這些趣味中所包含的文人身份話語、文人文化場域和文化思維，與這些問題的遭遇和對他們的闡述在美國漢學家的中國藝術研究中並非一個全然陌生的話題，而是很早就有接觸。比如在二十世紀前期的美國漢學家對中國視覺藝術的研究中，福開森具有重要位置，他在藝術的上位層面就表達了一種非常具有文人特色的

〔註 2〕杭春曉：「高居翰『視覺研究』中的辭與圖——中國繪畫史研究方法之再檢討」，載《文藝研究》2014 年第 12 期，第 126 頁。

「文化決定論」。

　　作為來自美國的中國藝術收藏家和鑒定家，福開森不但活躍於當時中國的學界，還在紐約大都會博物館和克利夫蘭藝術館最初的中國藝術收藏的建立、故宮博物院初期的建立中都作出了重要貢獻。福開森漢語流利，與當時的官員、士紳、學者交遊廣泛，如劉坤一、張之洞等大員和端方、金城（拱北）、李育靈、傅增湘等名家，融入了當時的中國文人群體並得到承認，這也使他更加能夠理解中國文化、中國文人的審美視角、審美取向和審美趣味，並參用接近文人立場的視角來理解和闡述中國古代視覺藝術。在 1918 年於芝加哥藝術學院所做的 6 次關於中國藝術的演講中（演講內容次年結集出版為《中國藝術講演錄》（*Outlines of Chinese Art*）一書），福開森做出了一些對中國視覺藝術的概論，尤其是涉及書畫領域各個方面的看法，在很大程度上影響了之後美國漢學界對包括宋代在內的中國書畫研究的一些基本思路和框架。

　　由於與中國文化階層的廣泛交遊和融入，以及自身對中國文化和藝術的真切體認，使他自己的詮釋視角也在一定程度上文人化，從而也開啟了對包括宋代士大夫文人在內的中國文人趣味的理解。作為二十世紀前期的漢學家，福開森卻在漢學方法論的根本點上很早提出以中國文化自身的發展作為觀察和研究中國藝術的立足之處和中心，並提升到唯一重要的位置。這種觀念接近於數十年後在思想和歷史領域提出的「中國中心論」。福開森將文人所承載的文化作為藝術的上位層面和形成藝術的基礎：

　　　　在中國，藝術是文化的表達。希臘人所謂的 paideia，羅馬人所謂的 humanitas，中國人稱之為學或問，意思是通過精神和道德的修養而獲得的風度和品位上的提升。中國人從未低估技術的價值，但從不把手工的靈巧當做藝術的核心法則。「遵從文化」向來是藝術表達的第一要素，而文化是高貴的民族理想的產物。技術向來是藝匠之作的信用證，不過藝匠作品已經被拒於藝術的殿堂之外。只有那些與文化精神相一致，對文化精神有所貢獻的作品，才能在藝術殿堂佔有一席之地──不管那作品本身的美學價值如何。〔註3〕

〔註 3〕〔美〕福開森著，張郁乎譯：《中國藝術講演錄》，北京大學出版社，2015 年版，第 5 頁。

　　這段話位於導論之中，並非單指文人化最集中的書畫領域，甚至包括了青銅器、瓷器、玉器等工藝領域，將遵從文化作為藝術表達第一要素的準則推及整個中國藝術世界。對於藝術家的觀念，福開森更認為「中國人從未想過通過傳授某種高明的畫法，來培養畫家，他們向來認為在訓練一雙專業的手之前，先需用精神文化充實其靈魂」〔註4〕，將藝術作品的最成功之處定位在作品的美麗、優雅、高貴及其文化位置，而非技藝性。這是非常典型的中國文人化的審美趣向，以此對中國視覺藝術做出概括，說明福開森已經在很大程度上接受了中國文人化的審美取向和趣味，與肇始於宋代文士的詩、畫觀念中的文人化審美遙相呼應。

　　對這一決定中國藝術本質的文化根基的本源，福開森的定義也表現出了明顯的儒家意識形態，繼續呼應宋代文人士大夫的斯文傳統觀念。福開森認為這種文化根基首先是儀禮和精心地儀禮化的家庭生活，藝術的源頭是與儀禮相聯繫的卜筮。儀禮和天兆「體現了中國古代文化的基本精神，藝術首先從中發展起來。想像之物和審美之物的創造，亦有其存在的空間，但總是指向他們在儀禮或卜筮上的功能」〔註5〕；他甚至還將「六藝」之「藝」與「藝術」之「藝」相關聯，認為「六藝」中已有藝術精神的體現。這種解釋是文人化的，但同時也結合了西方藝術史觀念中比較常見的一種藝術發生論，可以認為他已經在試圖結合中西兩方的觀念。此外他也提到「藝術試圖掙脫包圍著它的文化生活的約束」這一表現個體性的問題。這份微妙的意識形態張力在宋代文人士大夫對文學、風景和物的審美中已有體現，書畫中也不例外，而如此提及預示著其後美國漢學家對此帶有西方特色的關注。

　　對於包括宋代在內的中國古代繪畫作品的內容觀察、美學取向和審美評判，福開森建立了幾個對後來美國漢學中美術史研究頗有影響的基本思路框架，他所提出和涉及的問題揭開了其後美國漢學中相關研究的一角。

　　一，文學是繪畫的基礎。福開森認為中國古代繪畫「鍾情於文學方面的修養，他們的畫家即是從文學裏培育出來的。能夠給一個畫家提供必要保障的，不是線描等技術的訓練，而是文學，詩歌，歷史，還有美文。他學會了

〔註4〕〔美〕福開森著，張郁乎譯：《中國藝術講演錄》，北京大學出版社，2015年版，第5頁。

〔註5〕〔美〕福開森著，張郁乎譯：《中國藝術講演錄》，北京大學出版社，2015年版，第9頁。

如何控制毛筆，這是一個畫家的基本工具；他也依據文獻掌握了微妙的色彩層次的名稱，因為他要由此學習如何用這些基本色調出自己的色彩。然而他最大的願望，是用本民族的歷史和傳統故事充實自己的心靈，用詩感動自己的靈魂，釋放想像。」〔註6〕以文學訓練培養文化修養，以文化修養作為藝術訓練和激發想像的基礎，這一觀點最強烈地體現了中國文人化的繪畫觀、特別是始自宋代的文人化繪畫觀的影響，並強烈地表明了文人的文化身份。雖然福開森在闡述這一觀點時誤將「畫中有詩，詩中有畫」〔註7〕一語的出處放在了宋徽宗以據詩歌作畫的方法考核畫院畫家之中，也簡單化地將「畫中有詩，詩中有畫」理解為根據根據詩句作畫，但這一思路在後來美國漢學家對宋代繪畫和畫論的研究中仍具有廣泛而深遠的影響，構成了美國漢學中對宋代文人化繪畫審美和趣味研究中的主線之一。

二，繪畫與書法的關聯性。福開森認為與中國繪畫唯一關聯的藝術形式是書法，筆法源自書法，線條出自筆法，筆法應合畫家心境並構成了區分不同繪畫風格的基礎。而以書法作為繪畫基礎正是宋代文人畫論中藉以突出文人身份的核心觀念之一。他從中國文字的象形特點出發，運用基本的符號起源觀念解釋書畫關係，將其視作「一物之兩體」，即在實物與口頭形式的記錄無法或未能保存下來時必須有觀念傳承與交流載體——圖畫與符號（文字），中國文字的象形特點使得兩者的結合成為自然；而由於中國書法家和畫家採用同樣的工具——筆、墨進行創作，使用同樣的工具需要同樣的訓練，又使二者結合的發展成為自明，以致「這兩類作品在畫家和書法家身後也往往被編在一起，統稱墨蹟（ink remains）」〔註8〕。在將中國書畫關聯性與在西方繪畫、雕塑和建築之間的關聯性的對比中，福開森提出「因為中國的繪畫與雕塑和建築無交集，所以它也就不遵循雕塑和建築的法則」，「無意於用浮雕般的人物形象和雕塑般的渾圓感喚起觀眾的情感」，「改變建築的空間和視角以為己用」，從而形成「比雕塑更自由、更大膽的藝術」

〔註6〕〔美〕福開森著，張郁乎譯：《中國藝術講演錄》，北京大學出版社，2015年版，第143頁。

〔註7〕出自蘇軾《書摩詰藍田煙雨圖》：「味摩詰之詩，詩中有畫。觀摩詰之畫，畫中有詩。」見〔宋〕蘇軾著，孔凡禮點校：《蘇軾文集》，中華書局，1986年版，第2209頁。

〔註8〕〔美〕福開森著，張郁乎譯：《中國藝術講演錄》，北京大學出版社，2015年版，第119頁。

〔註9〕，這同樣歸功於繪畫的書法性。

三，宋代的特殊地位。在福開森（以及其後一些美國漢學家）的觀念中，就畫史而言，南北宗概念的淵源，即在於宋代「強健有力」與「溫和優雅」兩種截然不同的筆法；在美學品格和趣味的評價上，與褒貶不一的明清時期畫派不同，宋代具有特殊的高峰位置，從下述一段評論中可見一斑：

> 就筆墨而言，明代沈周、文徵明、唐寅或清初四王、吳、惲，也許和宋代的大師一樣好，但是他們的圖像卻缺乏靈感和活力。王翬（1632～1720）對筆的控制可謂超神入化，但是他的畫卻淺薄無深趣。他的畫是文人畫，其風格、筆法、構圖也都是一流的，唯一缺乏的是那最不該少的東西——生命。他的作品滿是書齋的油燈味，無一絲戶外的芳香氣。〔註10〕

這一評價基準縈繞於其後美國漢學的中國繪畫研究之中。在對中國繪畫的哲學和美學品格的定位上，福開森的觀點也體現了宋學的特性。「也許中國藝術最重要的特徵——主要體現於繪畫——是那樣一種傾向：緊抓住萬物之常性。」〔註11〕這一觀點或可謂其後美國漢學在研究宋畫特點時常常在宋代理學、蜀學等中尋找哲學和美學根基的濫觴。對「擺脫了物慾的重負而醉心於沉思」、「人不過是造物的很小一部分，他是暫時的，易逝的，而天地之道是永恆的」〔註12〕這種洋溢在山水畫中的微妙道家精神的描述，不但成為班宗華等漢學家研究宋代繪畫的基本理解之一，也是美國漢學研究宋代文人繪畫觀時不可或缺的一部分。福開森與當時流行的視中國藝術為象徵主義產物的觀念保持距離，認為中國畫的微妙之處並不在於象徵主義產物，而是「基於人對於天地之力量的從屬地位」〔註13〕。這一特點或類似語句常被用在後來美國漢學對宋代文人化背景下的山水畫研究中，用於對宋代山水畫的特點

〔註9〕〔美〕福開森著，張郁乎譯：《中國藝術講演錄》，北京大學出版社，2015年版，第153頁。

〔註10〕〔美〕福開森著，張郁乎譯：《中國藝術講演錄》，北京大學出版社，2015年版，第185頁。

〔註11〕〔美〕福開森著，張郁乎譯：《中國藝術講演錄》，北京大學出版社，2015年版，第191頁。

〔註12〕〔美〕福開森著，張郁乎譯：《中國藝術講演錄》，北京大學出版社，2015年版，第160頁。

〔註13〕〔美〕福開森著，張郁乎譯：《中國藝術講演錄》，北京大學出版社，2015年版，第159頁。

概括之中，實質上從中暗示了理念（ideal）和現實主義（realism）的一種張力，在這份張力的兩端的搖擺，不僅見於宋代文人化背景下的繪畫，也見於在此領域的美國漢學家自身，體現東西方美學觀念的一種複雜而微妙的對話和碰撞。

四，對傳統脈絡和主題的增殖性再生的闡釋性觀點。福開森以闡釋性的視角理解中國繪畫中的摹仿和重複主題現象，將其視為對傳統脈絡的建立、追尋和維護，通過主題和藝術手法的繼承，在看似「重複」中注入產自歷代個體自身的獨特性，從而令「舊」主題得到新意的增殖和再生：

> 古代藝術遺跡的缺失，從未令中國的藝術批評家感到不安——早期實物會消亡，但是將那相同的藝術精神，代代傳承，是中國人的一種天賦。可以毫不誇張地說，商周時期盛行的那些藝術主題，也同樣激動著明清時期各類藝術家的心。中國人從來不擔心臨摹／複製，因為在他們看來，這從來不是一種依樣畫葫蘆的奴性行為。臨摹者並不惟謹惟細的地追隨臨摹對象，因此每一次臨摹都會體現出臨摹者的個性，即使他們都遵循忠於原作的那個總原則，結果也是如此。〔註14〕

福開森認為這是一種對民族意識的頌揚和對珍貴傳統的維護，在經過文化修養和文學修養的基礎訓練後，畫家以臨摹前代大師作品的方式留意和學習他們的用筆用色，在繼承的基礎上培養和依循自己的趣向，最終創作出體現自身獨特性的自己的作品。其立足的手段是記憶性復現和想像性重構，是自然實景、傳統主題（來自文學或前代作品）、個人生活、畫家想像的化合。因此即便相同的主題被一代代畫家重複使用，在處理同一個主題時總會在筆法上流露出各自的特性。也正因此，中國畫能在「有限的資源」中孕育發展出「如此多樣、幾乎是無窮無盡」的變化，並「在保持藝術精神的連續性方面，中國人做得比其他任何民族都好」〔註15〕。

福開森的主要身份是鑒藏家，這使他的視角和經驗主要建立於各種具體藝術作品的直接感知與鑒賞之上，並不會過多涉及與做出審美理論層面的表

〔註14〕〔美〕福開森著，張郁乎譯：《中國藝術講演錄》，北京大學出版社，2015年版，第18頁。

〔註15〕〔美〕福開森著，張郁乎譯：《中國藝術講演錄》，北京大學出版社，2015年版，第20頁。

述；以直接鑒藏經驗為主的感知方式和中國文人化的交遊圈子，又使其中的審美表述基本站在中國文人的傳統鑒賞話語之上，對於審美理論層面的問題和（即使有意摒除西方中心論也不可避免的）中西審美觀念的碰撞並沒有太多揭示——當然也並不是沒有痕跡，比如對書法和繪畫兩種藝術的取向，對於中國人以書法為藝術之尊的觀點只是「勉強接受」，同時仍然認為最完滿表達中國審美精神和想像力的還是繪畫，可以算作一種西方式的保留。儘管如此，福開森較為簡要的基本闡述事實上仍然提出了幾個對後來美國漢學中的中國畫研究產生了巨大影響的基本框架：繪畫的文學和詩學依託，繪畫的書法性和線條性，闡釋性的主題觀念；更深一層地進入，則已經開始涉及到繪畫主體的身份認知、社會語言背景下審美趣味話語的取向、表現在題材和畫面形式中的圖像運動模式及其代表的自我轉化等更深層次的審美趣味和審美判斷問題。這些基本框架和更深層次的問題，在對宋代這一具有顯著的文化史地位和意義的時期所產生和發展的文人化審美趣味下的繪畫研究中，同樣有著主幹性質的體現，可以說幾乎貫穿了美國漢學對這一領域中宋代文人趣味的詮釋。從這一系列方面來看，即使從美學意義上講，作為美國漢學中較早的中國藝術研究者和傳播者，福開森也可謂做出了巨大的先驅性貢獻。

在此之後，隨著專業學者的介入，美國漢學家對詩畫結合觀念與趣味背後所包含的社會文化因素所展開的探究具有了更高的學理性。對於中西方在詩畫結合與詩畫比較方面的對比，卜壽珊做了如下概括：

> 這兩種「姐妹藝術」的關係在西洋古典時期曾出現過，而到了意大利文藝復興時期又再度出現。彼時在西方曾形成「藝術文學理論」的基礎。在中國也同樣如此，二者相結合有助於提高繪畫的地位而使之成為一種高尚的藝術，同時也強調了畫家教育的重要。並且，因為古代沒有專門談繪畫理論性的著作，詩的理論也就成為藝評的典範。後來畫家和詩人所涉及的是有關神話、歷史和詩意的主題，而且繪畫可以被視為文學圖像化的形式。儘管東西方有這些類似的地方，我們仍須指出其重要的不同之處。有名的中國文人畫家都是高層社會中人物，因此在他們的藝術批評之中具有一股強烈的文學性的勢利（literary snobbery）意味。詩畫之間的不同處在西方一再被提出，在中國則不然，其原因可能是由於中國詩畫的關係太密切了，因二者所用的材料相同，都是筆墨、卷軸。不過東西方最

　　大的不同還是在於兩種文化對藝術與自然所持態度的不同。在西
洋，詩畫相提並論多半是在繪畫寫實主義盛行的時候，比如文藝復
興時期，繪畫忠實地描繪視覺世界，其精密處甚至可與科學技巧一
爭長短。此後詩人頗嫉妒這種寫實的能力。中國繪畫一向重詩境，
而不重科學。儘管中國藝術批評家對繪畫功能的評價曾有變遷，可
是對形似卻一直不予重視。他們認為畫和詩同是情與景的結合，是
藝術家視覺中主觀與客觀世界的契會。〔註16〕

　　這一概括基本涵蓋了對宋代文人繪畫觀研究的幾個基本著眼點。雖然卜
壽珊的著作通常在方法論上對中西比較採取極為謹慎的態度，盡可能基於中
國自身材料和語境展開詮釋，但也似乎不可避免地需要在根本觀念的層面上
對詩畫關係（或者更寬泛的文學與繪畫的關係）進行最基本的中西比較，並
依據這種相異性選擇了進入宋代文人畫學的視角。就位於文人畫史和文人畫
傳統之初的宋代而言，即便在美國漢學家眼中，詩畫結合、以詩入畫、以畫
求詩也正是宋代文人化語境下繪畫創作與鑒賞的主流趣味，甚至一般不被列
入文人畫譜系的宋初畫家李成（919～967），有時也被描述為「儒家學者和詩
畫家（poet-painter）」〔註17〕；不少人對在這一語境下進行宋代繪畫研究表示
接受，而不是依據以萊辛《拉奧孔》為典型、強調視覺獨立性的西方式畫學
觀念。不但他們對宋人繪畫觀的研究在這一趨向的主導下展開，就連高居翰
自己也將南宋的「詩意畫」作為重要研究內容之一，並將這一從南宋延伸到
晚明和日本的研究著作取名為《詩之旅》，從而證明了如果要正面進入文人化
的畫史和畫學，這種由文人意識形態到詩和詩學、再以詩學為基礎建立畫學
的鏈條中的「文」、「辭」即不可迴避。

　　在一些美國漢學家的觀念中，宋代文人「以畫求詩」、「以詩入畫」的審
美趣味首先基於其對作為文人士大夫的身份立場的自覺和表現，這在本質上
是審美趣味中隱含的一種審美話語權力關係。因此卜壽珊反對文人畫「非功
利性」的一般認知，點明了「強烈的文學性的勢利意味」。從社會詮釋的角度

〔註16〕Susan Bush, *The Chinese Literati on Painting: Su Shih（1037-1101）to Tung
　　　　Ch'i-ch'ang（1555-1636）*, Hong Kong: Hong Kong University Press, 2012,
　　　　pp.22-23.

〔註17〕Richard Barnhart, *Wintry Forests, Old Trees: Some Landscape Themes in Chinese
　　　　Painting*, New York: China House Gallery & China Institute in America, 1973,
　　　　p.15.

看，文人畫與文人畫評的觀念構成與文人群體的社會構成息息相關，文人藝術家、文人評論者和帶有文人趣味色彩的藝術贊助人、藝術需求者等基於對自身社會地位與社會身份的認知，意識到自身在名士群體中的角色和影響，從而形成對何為繪畫、繪畫價值何在、對繪畫持有審美上的何種主觀傾向性等一系列問題。價值標準產生和發展自特定的環境和社會群體，因此美國漢學家在觀察宋代文人畫時不約而同地將目光投向了宋代文人群體和文人化社會的構成。

宋代社會較之唐代最大的轉變即在於：由於科舉考試制度的進一步完備，寒士入仕之路大為拓寬，文人士大夫階層的特質也得以更新。「教育、對文學文化的掌握和在治理中華帝國的內政官僚體系中服務的適任性」〔註18〕，構成了這一階層與其他階層之間的區別。在公共生活和影響上，不但寒士階層在政治上大為壯大，還使得文人士大夫階層在整個社會的崇文氛圍下獲得了在社會審美領域近乎主導性的話語權（如11世紀文人領袖歐陽修在眾多審美領域產生的影響）；不但產生了不同於貴族性趣味的新的文人審美趣味，甚至還反過來影響皇家、貴族和接近內廷的高級官員的審美傾向。在以士人為主導的社會審美氛圍下，當高級官吏大多是享有名望的文人、詩人、作家，當各級官吏中都構成了具有顯著文人色彩的士人社會結構，整個社會的審美趣味導向則必然文人化，而構成這一趣味和格調的思想基礎勢必為文人之「文」，為其所秉持和承載的文化根基，提供基本審美材料的也來自作為文人立身之本的基礎表達形式——書寫。

在此基礎之上，韓文彬和班宗華還提出了另一個獨特的視角，作為文士們向繪畫領域拓展並建立屬於自身的話語的動力——在廣泛介入社會公共生活的另一面，文人士大夫階層還面臨著另一個重要難題，即如何處理好公共生活與私人生活的分界。比如，某些道德價值（如孝悌）或行為類型（如隱居），主要展開於相對私密性的家庭空間或居住環境，卻又是一種在公共空間中獲得公眾聲譽的方式；在行政活動和公共學術活動之外，家庭生活、交友、個人財產、休閒活動等也構成了社會生活中的一個私人領域，這個私人領域同樣具有自身合法性，並要求得到嚴肅考慮。這就使得文人士大夫需要這樣一種抒情表意工具：它能夠充分體現其階層屬性，又能在對

〔註18〕 Robert E. Harrist, Jr., *Painting and Private Life in Eleventh-Century China: Mountain Villa by Li Gonglin*, Princeton: Princeton University Press, 1998, p.4.

私人領域做出合適表現的同時，恰當處理好公私之交與公私之分。〔註19〕韓文彬認為，在北宋時期，智性生活與各種反映個人關涉和熱情的經驗領域相交匯，在這樣的時代背景、以及參與並表現私人領域的需求下，相應的工具顯然並非只有文字寫作和書法，繪畫勢必也將成為目標。

在這樣的社會文化結構和文人士大夫自身需求雙重驅動下，繪畫如何被置於文人化趣味的視野之中，其根本即在於喬迅（Jonathan Hay）所說的「作品中的哪一個部分使人得以與社會過程產生交集」〔註20〕這一藝術家作品社會史的根本問題。其中的「人」依據個人及其所處群體的歷史地位、身份認知與自我認知而成形，就宋代文人而言包含著其身為承載「道」與「文」之人的自覺性和由此而來的自我建構，並在表達上形成了對文人身份的自覺和相應的審美表達策略，最終著落於「文人畫」的創作和「文人化」的鑒賞之中，其中便包括蘇軾將文人畫視為一種特別藝術的定位，以及宋代文人畫整體上向詩文和書法靠攏、尋求共通美學依據的傾向。

從構成宋代文人畫中堅的人物來看，在審美趣味上採取詩書畫一體的態度也顯得非常自然。首先這批人基本屬於官職大小不等的士人階層，但又在文化藝術領域具有相當程度的影響力，如蘇軾、黃庭堅都是一流詩人兼書法名家，米芾、蔡襄亦屬文士階層，在當時即深有名望；名畫家文同、李公麟、王詵亦與蘇軾等人有往來，其中李公麟還被視為文人士大夫身份與職業畫家技巧能力相結合的典型，王詵還具有皇室姻親身份，於是整個文人群體審美影響力以高層文人為中心得到廣泛擴散，在文人身份的影響下詩文和書法的審美取向與繪畫的審美取向也必然走向一體化，使得繪畫不可避免受到詩文和書法的影響。這種由宋代文人的文化身份帶來的審美話語權，也使得美國漢學家在研究宋代繪畫及畫論時會特別留意到主體可能具有的文人士大夫身份，以及這一身份可能造成何種影響。例如卜壽珊對郭若虛《圖畫見聞志》和鄧椿《畫繼》的解讀，她認為宋代文人化繪畫審美至少始自郭，並特別提到了郭若虛是「北宋首都的一個小官員」，也就意味著雖然郭的社會地位並不算高，但他畢竟是在宋朝社會結構和文化結構中具有重大影響力的文人士

〔註19〕吳佩烔：「跨文化語境中的觀看與認知——美國漢學之李公麟研究中的觀念與方法」，載《文藝研究》2017年第1期，第132頁。

〔註20〕〔美〕喬迅著，邱士華等譯：《石濤：清初中國的繪畫與現代性》，生活·讀書·新知三聯書店，2010年版，第13頁。

大夫階層的一分子，屬於宋代文人話語整體的一部分。注意到這種社會基層屬性更加意味著在卜壽珊看來文人審美的影響力是一個整體社會現象，而非單純由蘇軾及蘇門文人等名人大家構成的一批小範圍文人群體以其較高的社會名望而產生的自上而下、範圍有限的審美文化風潮。對於郭若虛的這部著作，卜壽珊認為最重要的部分是關於繪畫的道德意義、各門類繪畫應達到的標準、「氣韻」的本質和適當的筆法的一系列討論。最引人注目的是卜壽珊將「氣韻」一詞譯為「spirit resonance」，直譯回中文則變為「靈魂共鳴」，這一譯法將郭若虛的氣韻觀概括為「反映人的品格和社會狀況的一種與生俱來的能力」〔註21〕，非常明顯地將郭的畫論歸入文人士大夫話語和文人化審美取向。鄧椿《畫繼》則受到郭對畫家的身份分類體系（貴族、僧人、文人士大夫）的深刻影響，不但在分類體系中延續了對文人士大夫畫家的關注，在繪畫話語中強調蘇軾將繪畫與文學結合、引詩述畫的文字，還可從其記載中窺見皇帝的藝術趣味與皇帝對畫院的管理中所折射的文人化影響。文人所處的「社會狀況」（social conditions）中折射的政治與社會際遇隱情，更成為姜斐德（Alfreda Murck）《宋代詩畫中的政治隱情》（*Poetry and Painting in Song China: The Subtle Art of Dissent*）中以以詩解畫為主要方法、以隱情解讀為主要內容的研究框架的立足點。

由於文字和繪畫在中國有物質材料上的共性，也使得美國漢學家注意從文字及文字所承載的歷史脈絡中尋找建構宋代文人繪畫的話語身份和審美立場的因素，亦即由文人意識形態到詩和詩學、再以詩學為基礎建立畫學的鏈條中的上層。文字對畫的作用在福開森1918年的演講中已有提及，他主要是從以文學提供題材的角度出發。卜壽珊則直言不諱文字性畫論對中國繪畫的作用。從畫評和畫史的書寫史來看，最早的關於繪畫的文字就是由文人士大夫留下的，唐代主要的藝術批評也出自能夠接觸到那些重要的藝術收藏、且若非精於繪畫便精於書法的學者型官員（scholar-official）之手。尤其是對於繪畫的描述和評論的詩文，雖然視界不及張彥遠《歷代名畫記》這樣的專著，卻因作者的名望而在後世得到更多引用〔註22〕。從這一點看，繪畫的審美話語和趣味走向仍主要由文人士大夫把持或深受其影

〔註21〕 Susan Bush, *Early Chinese Texts on Painting*, Hong Kong: Hong Kong University Press, 2012, p.91.
〔註22〕 Susan Bush, *Early Chinese Texts on Painting*, Hong Kong: Hong Kong University Press, 2012, p.191.

響，在崇文的社會傾向大大加強的宋代亦可謂順理成章。她認為不但正是文字性的論述保存了已失傳的早期畫作中留下的理念，中國文化中對文學和文獻學習的重視以及印刷術的發明也成為了藝術知識的來源和傳播途徑，關於繪畫的寫作成為了進一步的創作活動的推動力。也正是這些文辭的主導性作用，使得中國的藝術哲學迅速達到了一個複雜而精妙的高度，因此中國美學中的視覺藝術理論與基於文人身份的詩學話語密切相關。

這樣，無論出於對文人身份和社會作用的自我意識和定位，還是出於文人承載文化傳統的歷史性作用，美國漢學家視野下宋代文人對詩畫話語關係的處理都走向了卜壽珊所言的「文學性的勢利」：不但借助詩、書定位繪畫的美學原則成為自然，同時也會在將繪畫納入其表達方式之時進一步將其定義為自身文人身份的體現，並成為施展社會影響的手段之一。也正因此，蘇軾在界定文人畫時的用詞是「士夫畫」，最為看重的是作品表現的「士人氣」而非風格上的定義（雖然他和他的友人們確實表現出了新的繪畫風格）。亦即，風格對於文人畫家而言屬於修辭性而非界定性，文人畫和文人趣味的界定在於主體身份性的表現。這就與西方傳統上以風格作為審美趣味鑒定框架的美學方法形成截然的對比。也正出於宋代文人的身份意識，「文人自己意識到他們在詩書藝術上的革新者的使命」〔註23〕，不過這份使命感是出於文化之「文」，卜壽珊說「這種意識也可能源於蘇軾對文人畫的界定」很可能是搞反了邏輯上的先後。

換言之，在以卜壽珊為代表的美國漢學家視角下，宋代文人畫學話語中所傳達的文人身份話語造就了這樣的審美取向：迥異於西方詩畫關係中對藝術門類特殊地位和藝術主體獨立性的塑造，宋代文人審美趣味的主體性與宋代文人身份和社會位置的觀念相結合，在這一觀念下宋代文人不是作為某一單一藝術領域的藝術家、而是以整個文化領域的統一行動者的身份進入繪畫領域，其在該領域的存在與其他文化藝術領域一樣由筆下的文化痕跡所反映；這種不侷限於某種載體形式、甚至具有跨門類的貫通性質的文化痕跡，既反映了社會意識在個人層次上的互動，也展現了個人尋求自我完整和諧的力量。藝術作品作為文化痕跡的一種，其價值也與藝術之外的其他價值論述

〔註23〕Susan Bush, *The Chinese Literati on Painting: Su Shih（1037-1101）to Tung Ch'i-ch'ang（1555-1636）*, Hong Kong: Hong Kong University Press, 2012, p.6.

相關，對其的創作、鑒賞與論述隱含了雙重企圖：藝術品既體現了文人趣味下對作為文化對象的繪畫的自覺投入，也是某種超越載體形式的「普世性」的宣示。因此借助文人身份話語，詩學全面進入了畫學，詩畫結合又進一步反映了文人身份。在這樣的觀點下，蘇軾視畫人為詩人的典型詩畫結合公式無論對於當時的文化領域還是對於進入這一話語之中的美國漢學家而言，無論在理解上還是在接受上也就都順理成章。

第二節　從詩到畫：審美經驗的跨領域連續

包弼德所指出的以顏之推為典型代表、以綜合性為最主要特徵的文人士大夫學術觀，不但在北宋文士之中仍然具有相當的影響力，在後世文人中也依然作為一種定義文人文化的強烈特徵而存在。從這種綜合性的學術觀進入繪畫領域、并通過由此形成的中國傳統視角來看，詩畫結合、由詩學建立畫學是毋庸置疑的審美經驗拓展路徑，因為綜合的文人學術觀本質上意味著審美經驗的連續性——主體身份、生活經驗、文化經驗介入了審美經驗，審美經驗與這些要素通過關聯和類比思維緊密連續。

在被作為北宋文人典型的、以蘇軾為中心的文人集團中，蘇軾、黃庭堅等大文豪且不論，即使是主要以畫家身份被記載在歷史中的李公麟，也是一個學問廣博、多才多藝的典型北宋文人士大夫：

> 公麟少閱視，即悟古人用筆意。作真行書，有晉宋楷法風格。繪事尤絕，為世所寶。博學精識，用意至到。……乃集眾所善以為己有，更自立意專為一家，若不蹈襲前人，而實陰法其要。……故創意處如吳生，瀟灑處如王維。……仕宦居京師十年，不遊權貴門，得休沐，遇佳時，則載酒出城，拉同志二三人訪名園蔭林，坐石臨水，翛然終日。當時富貴人慾得其筆跡者，往往執禮願交，而公麟靳固不答。至名人勝士，則雖昧平生，相與追逐不厭。乘興落筆，了無難色。從仕三十年，未嘗一日忘山林，故所畫皆其胸中所蘊。官至朝奉郎致仕，卒於家。至今四方士大夫稱之不名，以字行。又自號龍眠居士。考公麟平生所長，其文章則有建安風格，書體則如晉宋間人，畫則追顧陸，至於辨鍾鼎古器，博聞強識，當世無與倫比。頃時段義得玉璽來上，眾未能辨，公麟先識之，士論莫不歎服。

以沉於下僚不能聞達，故止以畫稱。〔註24〕

　　《宣和畫譜》記述李公麟學識淵博，精於書法、繪畫、金石、古玩，也有文學才能，這些基本屬於當時文人士大夫的典型學問和技藝，強調著李公麟的文人身份特性、相應的審美背景和審美特點，體現了屬於中國傳統文人士大夫的典型品評方式。對他的繪畫名聲和成就的敘述，緊密關聯著體現其文人屬性的其他領域的經驗表現。對李公麟的審美取向的記載，強調的內容是既要對其承載的文化有所繼承，又要突破拘束、尋找體現自身主體身份和文化特性的道路，這也是當時北宋文人的文化潮流；同時，其藝術審美與生活作風審美也構成連續性，這一話語強調的是文人的非功利性和儒道結合的思想特徵。《宣和畫譜》最後歎其因為仕途不甚通達而只留下了繪畫之名，也體現了文人性的立場，即文人性與藝術性緊密連續，作為主體身份的文人性先於作為審美產出的繪畫藝術性。可以看出，在這種中國傳統審美話語中，李公麟的藝術造詣固然不會被忽視，但完全是在一個以李公麟的文人士大夫主體特性為核心的文人審美場域之中對其進行審美品評，這個場域強烈地呈現出主體的文人性對審美經驗的介入和二者的連續性。

　　福開森所闡述的中國繪畫中的文化決定論，本質上仍是這種文人審美場域的再度詮釋。對於福開森之後的美國漢學家而言，要在繪畫領域中考察這種以文人身份話語為基礎、建立在審美連續性和關聯性之上的文人審美場域，所面臨的問題可以歸結為兩大方面：其一，需要釐清是什麼樣的經驗、預設、觀念等由詩學等領域擴展並進入了繪畫審美，構築了繪畫中文人趣味的基礎；其二，作為文人審美趣味的集中體現和理論表達手段，由此產生的「文人畫」／「士人畫」等觀念和相應的術語系統，秉持著外來視角的美國漢學家們應當在強烈的中西美學差異之中如何對待。

　　福開森的觀點在表現出他對中國文人文化的接受的同時，也遙相呼應了同一時期美國美學中的一元論美學，這一美學理論以杜威為代表，強調恢複審美經驗的連續性，並進一步恢復和構築審美經驗的完整性。杜威將世界看成人的環境，人類自身與生活環境相結合，人成為了環境中的參與者，人的活動被視為人與環境中其他要素或力量的相互作用。因此人與環境、人與有機體、人與自然都處於相連續的狀態；在藝術領域中，藝術與非該藝術領域、甚至通常被視為「非藝術」的經驗（典型如日常生活經驗）也

〔註24〕〔宋〕《宣和畫譜》景元大德吳氏刻本，臺北國立故宮博物院1971年版，卷7。

具有連續性；人對藝術有介入性，藝術產品也與人的狀況不可分離，必定在實際生活經驗中對人產生作用。一元論實用美學被賦予的主要任務是：「恢復作為藝術品的經驗的精緻與強烈的形式，與普遍承認的構成經驗的日常事件、活動，以及苦難之間的連續性」〔註 25〕。如果選擇這種觀點，那麼中國的傳統詮釋和來自美國的一元論實用美學思想就可以在對審美經驗連續性的構建上取得某種共識，具體反映在宋代文人趣味問題上就是：以學識和修養為特徵的文學文化，以及對這種文化的書寫，被包括在宋代文人士大夫的日常生活經驗之中；以文字為載體的書寫、以及作為書寫手段和書寫的符號化外在表現的書法，對於文人士大夫而言是再經常不過的日常體驗，也不可避免地進入與這種日常相連貫、甚至是以這種日常為對象的審美之中。那麼文學、書法、學識、修養、文學文化等要素和這些領域中的趣味，通過以文人的自我實現為焦點的擴展模式進入繪畫審美，借助關聯和類比的思維形成詩學與畫學的連續性，成為文人繪畫趣味的基礎，就顯得理所當然。〔註 26〕

班宗華和韓文彬等人也正是在這個基礎上發展了福開森的觀點，研究在宋代文人視域下，原本由文字表達的審美經驗和趣味，如何在表達載體上發生轉變或置換，變為通過圖像表達；文人畫家和文人鑒賞者如何以此為基礎，進一步探尋視覺世界的可能性。韓文彬認為當需要在繪畫這個新領域中預設和處理人、世界和藝術對象的基本關係時，這個預設和處理方式就會來自文人的「本行」，文人最終還是會求諸詩學這一最能體現文人屬性的方式，以在新領域中繼續建立文人生活經驗與該領域的對象之間的關係。由此形成了一個詩畫共通的基礎性修辭預設：藝術形式和通過藝術形式承載的經驗，以傳記性方式反映個體境遇，並以藝術形式進一步對境遇做出回應和塑造個人形象。正因為如此，對於李公麟「吾為畫，如騷人賦詩，吟詠情性而已」〔註 27〕這一被視為文人抒情遣興趣味的經典言論，韓文彬認為其中隱藏的正是前述的預設；他認為雖然北宋文本中並未直白闡明過這一來自文人詩學的預設，現代研究者也幾乎未曾注意到，但這樣的信

〔註25〕〔美〕約翰·杜威著，高建平譯：《藝術即經驗》，商務印書館，2010 年版，第 4 頁。
〔註26〕吳佩烔：「跨文化語境中的觀看與認知——美國漢學之李公麟研究中的觀念與方法」，載《文藝研究》2017 年第 1 期，第 129 頁。
〔註27〕〔宋〕《宣和畫譜》景元大德吳氏刻本，臺北國立故宮博物院 1971 年版，卷 7。

條在詩人及其讀者中心照不宣。與詩人個人經驗、獨特人格、生活模式的連續充滿於詩歌之中：「即便這些詩人書寫對國家甚至宇宙的關懷，超越他們的個人生活和直觀環境，他們的沉思仍起源於本地的、私人的、最初是與朋友或家庭成員分享的經驗，並呼喚對這些經驗的注意。」〔註 28〕詩歌與部分生活經驗的一致性，構築了書寫與詮釋話語的基礎，並由此進一步建立了詩性的自我表現；參與這種話語的讀者也據此找到了途徑，以進入另一個人類的身份、人格和個人歷史。北宋文人畫理論與實踐顯然也以此為一大重要特徵，比如在有與職業畫家同等或相近的技術能力的前提下，李公麟與同時代職業畫家之間還表現出了明顯的區別，原因仍在於李氏的畫作牽涉了私人生活領域的事件、記憶與情感；基於這種牽涉而作帶來了其他領域的審美經驗的介入，並表現為「為藝術家的一小圈子朋友而作並只有他們能充分觸及」〔註 29〕這一常常為美國漢學家所提及的文人畫之私人趣味特徵。也正是因為這種私人特徵，其中注入的來自其他領域的趣味也具有了個人特色，比如羅樾（Max Loehr）認為李公麟既有別於職業畫家的傳統教條，也有別於同代文人畫家常有的反傳統「墨戲」風氣，而是將基於學識與人本主義的趣味注入其中：繪畫主題以人本主義為信條，以表現和喚起文化意識為中心，並選擇以一種擬古主義（archaism）的形式來表現；這一趣味凝聚了李氏所處年代的好古癖（antiquarianism）、進行鑒賞活動的風氣和相應的文化自覺〔註 30〕，也反映了他個人的學識和理念，從而具有了屬於他自身的個體主義特徵。

　　班宗華則是以發掘視象所含隱喻的思路來調和西方美學基於對象本身的視覺傳統和中國傳統的審美經驗連續性，著重於探尋繪畫中包含的對個人在社會文化秩序中的生存狀態的指涉，以及一種相關的張力甚至悖離——張力乃至悖離的一方是表面的公共意識形態和道德秩序，另一方是個體的生存經驗和生存狀態。這也就是孟久麗（Julia K. Murray）所說的由李公麟發展出的「可將個人因素注入到看似客觀的主題中的新方式」〔註 31〕。譬如班宗華詮

〔註 28〕 Robert E. Harrist, Jr., *Painting and Private Life in Eleventh-Century China: Mountain Villa by Li Gonglin*, Princeton: Princeton University Press, 1998, p.6.

〔註 29〕 Robert E. Harrist, Jr., *Painting and Private Life in Eleventh-Century China: Mountain Villa by Li Gonglin*, Princeton: Princeton University Press, 1998, p.21.

〔註 30〕 Max Loehr, "The Question of Individualism in Chinese Art", In *Journal of the History of Ideas*, Vol.22, No.2（Apr. - Jun., 1961），p.153.

〔註 31〕〔美〕孟久麗著，何前譯：《道德鏡鑒：中國敘述性圖畫與儒家意識形態》，

釋李公麟的《牧放圖》（附錄圖 1-4），在李氏對韋偃原作的「客觀」臨摹和對馬匹的相對自然主義風格表現背後，挖掘到了隱藏著的一種關於「控制」的隱喻：

> 擁有馬鞭和權力的人從混亂中創建了秩序，若非如此，馬匹就會跑到遠處的溪邊吃草，而不會在統一性和服從之中被放牧。在宦海浮沉和目睹朋友被下獄、放逐、早早退休、早逝之後，李公麟相當明白這種控制的結局，他也多次描繪了帝國系統中這一令人煩擾的方面，正如我們所將要看到的。

> 在此，為中國統治者從古至今所鍾愛的中央控制系統被表現在一種近乎音樂般迷人的形式中，由對形式開合運動中最細微的相互作用保持敏感性的藝術家編排成曲。我們一開始看到的緊密牧群被人和遠處升起的山丘包圍，像被框住一樣置於其內；隨著控制的逐漸鬆弛，我們看到一個更為寬廣的布置，隨著群山此起彼伏，與之相對，我們最初看到的控制中的那些阻礙性限制就顯得更加引人注目。〔註32〕

在對李公麟的名作《孝經圖》所進行的研究中，班宗華也使用了同樣的思路，以社會隱喻來詮釋李公麟的人物畫，認為其所一再表現的是這種情況下的一個個人類個體和他們的個人性：這些個體身處由統治系統織就的關係之網中，他們既支持著這一關係網絡，也同時受其之困。在李公麟的典型畫面結構中，被動作和所承擔責任義務凸顯和衡量的人物個體，與由大量人群相互關係所構成的整體秩序相對而有所表現，李公麟的個人體驗也藉此進入畫中。雖然《孝經圖》的主題看似對儒家教化意識形態的宣揚，但其背後是對李公麟個人的一些體驗、情感、觀察等的暗示——對皇帝拜母儀式的描繪（附錄圖 5），反映了李公麟對這一儀式的表演性和空洞性的認識；朝拜場面中隱含的是人們在皇權面前的恐懼感（附錄圖 6）；而李公麟自己的家庭生活經驗也融會在對低級官員家庭圖景的描繪中（附錄圖 7），等等〔註33〕。

班宗華、羅樾、韓文彬等處理的是什麼樣的經驗、預設、觀念等由詩學等領域擴展並進入了繪畫審美，構築了繪畫中文人趣味的基礎的問題。對於

生活·讀書·新知三聯書店，2014 年版，第 105 頁。

〔註32〕 Richard Barnhart, Robert E. Harrist, Jr. and Hui-liang J. Chu, *Li Kung-lin's Classic of Filial Piety*, New York: The Metropolitan Museum of Art, 1993, pp.16-17.

〔註33〕 *Ibid.*, pp.81-151.

直接從理論建構的角度面對「文人畫」／「士人畫」等觀念和相應術語系統的卜壽珊來說，她選擇接受「詩學——畫學」結合方式而不是高居翰式的視覺方法，其本質的美學動力並非來自現代美國美學中可以與中國文人傳統相容相通的部分，而是中西哲學和美學根基方面的差異。

卜壽珊注意到，從中國古代關於繪畫的論述中可以發現，中國傳統的審美關懷中並沒有相當於西方美學中的「美」的概念，這就直接拒斥了西方的純藝術（the fine arts）視角；與之相應，作為關於畫家畫作論述的基礎的是「中國自然哲學系統的一種詞彙反映」〔註34〕，是經由儒家和道家轉化過的陰陽、五行等理論中包含的宇宙論秩序和人類意識。這樣一種主要由文人承載傳續的哲學系統必然帶來主要基於文人立場、以文人觀念為主導或佔據重要地位的審美觀念。這就與西方美學從根基上拉開了根本性差異：當西方美學中以邏輯推理或實證方式探索審美快感的成因、主觀差異或客觀共同性時，中國文人化的「詩學——畫學」運作則在講究情理統一、跨過文藝門類界限的宏觀性直觀感悟和審美趣味中的生命規律。高居翰的視覺研究的美學基礎，一是西方傳統的靜觀美學，二是在此基礎上進一步發展、帶有新康德主義色彩、並於二十世紀中期在美國流行的蘇珊·朗格符號論美學，特別是其中使人超脫於周圍（現實）世界的「虛幻空間」（virtual space）理論。這樣的美學基礎在詩畫關係上必然導致高居翰產生將畫學與文人詩學進行切割的傾向，也就不會順其自然地去接受文人繪畫觀和其中的審美趣向，雖然這在宋代文人化的文化語境下無法迴避。

同福開森一樣，卜壽珊也追溯了中國傳統繪畫理論的文化哲學基礎，不同的是卜壽珊將重點放在了包括「氣」論在內的一系列哲學、美學概念嬗變上，這一追溯過程中從征引《易經》、《淮南子》、《史記》等文獻開始，直至關注朱熹的理學基本觀點。不難發現這個文本演變過程在中國歷史上是由文人主導的。之所以要進行這種追溯是因為，在中國的哲學性文本中出現和運用的審美術語，絕大多數在日常語言中便有使用和對應用法。但對於中國文化人而言，一個術語在非審美語境下的實用意義，與其在哲學性文本中的理論性意義，是很容易辨清其差異的；而對於所接觸和運用的術語，哲學家、理論家會給他們的基礎概念以邏輯上周延、但又具有彈性和包含性的意義，

〔註34〕Susan Bush, *Early Chinese Texts on Painting*, Hong Kong: Hong Kong University Press, 2012, p.2.

而需要面對各種實際情況的藝術史家們卻要求術語有精確而明晰的邏輯邊界、狹窄而非彈性的定義，這與構成術語的詞彙在日常性使用中的要求相一致〔註35〕——面對著中國藝術史的漢學家們是後者，中國傳統畫論話語體現的特性則是前者，於是不難看出畫論中的是文人式的話語演變過程。

這也正是卜壽珊的概念追溯過程及其對理解中國畫論所具有的意義所在，因為畫論術語同樣經歷了這種語境跨越和跨越不同語境後再度賦予含義的過程，其語境轉移的過程正是從文學和音樂轉移到繪畫並重新定義，這是由於中國的藝術哲學和美學在文學和音樂中的形成大大早於繪畫（這與福開森視為中國藝術文化根基的儀禮恰恰密切相關）。詩學與跟詩歌密切相關的音樂具有相似的批評基礎和理論語彙，導致繪畫審美批評的語彙從這些領域挪移而來，因此對繪畫審美的研究同樣要放在自《詩大序》到《文心雕龍》的脈絡之中。如同福開森認為「家庭日常生活也精心地儀禮化」參與了構建中國藝術的基礎過程，術語從日常領域進入文化領域再到藝術領域的不斷的意義轉換不但建立了繪畫與文化傳統的密切聯繫，也使畫學指向了代表著文人身份特性的詩學。也正是這些來自中國哲學和詩學的觀念使得繪畫高於和超越形式再現的觀念早早建立，而並非始自宋代的文人畫理論的發明。

出於宋代文人作為整個文化領域的統一的行動者的定位，文人的繪畫審美則自然被定位在文化行動的視覺外顯和文化個體定位的表徵，而不是純藝術層面的視覺符號。在對所謂「文人畫」的具體界定上，卜壽珊引用了滕固在《唐宋繪畫史》中列舉的三大特點，也是比較典型的傳統「文人畫」定義：「一、作畫的人是文人官吏而不是畫匠；二、作畫是文人業餘的遣興；三、風格上和院畫家有別。」〔註36〕這個界定中涉及文人畫定義的三個維度：藝術主體、藝術作品的內在動力和形式層面的表現。然而在對宋代「文人畫」及文人畫學的具體觀察中，美國漢學家對於宋代文人的繪畫創作和賞評的觀察雖基本不出這三個維度，但實際界定並不僅限於滕固的傳統定義之內，而是盡可能依據宋代文化語境做出屬於美國漢學的解釋，並在對這三個維度的解讀中體現了對宋代文人植根於文化行動性的審美趣味認知，其具體內容即在於繪畫諸維度的詩性表現，以及主導了詩學的意識形態進一步滲透至繪畫

〔註35〕Susan Bush, *Early Chinese Texts on Painting*, Hong Kong: Hong Kong University Press, 2012, p.5.

〔註36〕Susan Bush, *The Chinese Literati on Painting: Su Shih（1037-1101）to Tung Ch'i-ch'ang（1555-1636）*, Hong Kong: Hong Kong University Press, 2012, p.1.

的審美趣味導向之中。

以卜壽珊為例，在第一點即藝術主體定位的問題上，其關注重點確在於文人官吏（scholar-bureaucrats），這從她對繪畫和畫評作者的文人士大夫身份和文人屬性的陳述中可以看出。但從對文人繪畫的 scholar's painting 這一英文指稱來看，卜壽珊和其他美國漢學家實際論述所涉及的審美主體（包括創作與賞評）並不限於典型的士大夫文人，而在於所有可置於宋代文人化審美背景下、具有文人畫審美傾向的群體，基本上將帶有文化學術共性、或如字面意義為「學者型」的群體都包括了進來，因為只要帶有文化學術性背景的主體都可以納入宋代「學者」所涵蓋的視野。在宋代崇文社會的整體氛圍下，這種主體的階層分布相當廣泛，使得對宋代語境下所謂「文人畫」的考察並不侷限於「畫家」的專業性視野，在這個考察過程中對於藝術以外的領域的涉及也不會僅僅是對社會背景和人物傳記的點到即止式的簡單涉獵，而是置於整個宋代社會以「文」為主導的社會語境和社會性美學取向之中。亦即，宋代所謂「文人畫」的主體在宋代並不僅僅是某個較小的特定文人士大夫群體，而是升級為受到特定審美趣味影響下更大範圍的「文人化」——在這個取向下，在主體界定上一般排除出文人畫考察視角、甚至有時被作為文人畫對立面的職業性「院畫」、皇家繪畫和在宋代已經出現的商業繪畫都有可能牽涉進來（因為這些都可以受到並確實受到文人化審美風潮的影響），亦即只要具有文化學術的背景和受到文人士大夫文化導向影響的藝術主體（包括皇家貴族、職業畫家、士紳和具有這方面審美傾向性的市民等等），都可以介入宋代繪畫領域中的文人性審美，在不同程度上表現出文人審美的趣味特點。這也符合對當時文化學科界限不明顯、多才多藝的跨學科文化人士眾多（代表為蘇軾和蘇門文人，但絕不僅限於這一群體或這一類型）、文化學者階層分布廣泛的觀察。

第二點涉及的是美學理論的問題，主要包括繪畫的功能和與之相應的美學品性，這也與宋代文人趣味的問題直接相關。「遣興」有三方面環環相扣的含義，一是作畫動力不是職業性的要約；二是由於非職業性（業餘）使得作畫內容脫離職業領域和該領域中最為重要的技巧性再現內容（裝飾性目的下的狀物與敘事），而指向個人情感的抒發，使得作畫可以跨越形式上的間隔與技術性的壁壘而與詩文和書法擁有共通的趣味指向和美學品性；三是由於以抒懷為核心內容而導致審美上的傾向性判斷一定程度上脫離特

定藝術形式下的技術高低等形式性範疇而指向主體的品格。這也就是為何高居翰對文人畫的審美判斷法則做出「一幅畫的高下常取決於畫家本身的品格以及其創作的境況」〔註37〕和「一幅畫所象徵的含義及其所具現的內容是不甚相干的，甚至是全然無關的」〔註38〕這樣具有激進色彩的判斷。然而如此判斷的內在張力——無論是在宋代繪畫的文人審美取向內部、對文人畫觀點的傳統概括與宋代具體繪畫實踐之間、中國傳統畫學與美國漢學家的西方視角之間——都表現得頗為明顯。第三點「風格與院畫家有別」的定論形成則遲至晚明，也從另一側面反映，宋代文人趣味在繪畫領域的審美評價對象並不限於一般意義上的所謂「文人畫」，職業畫家的畫作也並不免於納入宋代文人士大夫獲取和實踐審美趣味的視野，宋代文人趣味具有後世「文人畫」概念中所不具備的包容性。

蘇軾將詩書畫並舉為藝術、并強調抒發情感和完成於休閒時間（非營利性）兩點，主要影響了文人畫「遣興」層面的定義。這種遣興的人格表現無論是「言志」還是「緣情」，在作為表達載體的作用上都勢必與詩平行看待；並且與詩文在作為文人傳統的雅集中的作用一樣，文人畫也被卜壽珊界定為朋友觥籌交錯之間完成的具有社交性和休閒性雙重性質的文化載體，其發展情形也頗有類於詩。這樣的定義同樣可見於孟久麗的觀點：「有教養的新人精英會將個人與有著適當主題的圖像聯繫起來，託物言志以名世或者在社交圈中受到更多的認可和尊重。」〔註39〕如此定位也催生了繪畫的寫意化風格，如蘇軾天賦一時猝發、一時感性自然流露的速寫化表達方式，以及李公麟具有類似素描性質、畫起來也很快的人物畫。從藝術品質上看，蘇軾開創的這種即興揮毫之風最終演化為代表文人自我的一種符號，這種文化符號不一定在純藝術的技法層面具有高水準的藝術品質，但絕不僅是「草稿」，「此種高雅的藝術需要特殊的鑒賞素養」，從而「讌飲即興之作便成了當時的畫家個性和時代風尚的寫照」〔註40〕。卜壽珊認為，在以人格象徵主導作品、作品是人

〔註37〕 James Cahill, *Wu Chen, A Chinese Landscapist and Bamboo Painter of the Fourteenth Century*, Dissertation of PhD, University of Michigan, 1958, p.13.

〔註38〕 James Cahill, *Wu Chen, A Chinese Landscapist and Bamboo Painter of the Fourteenth Century*, Dissertation of PhD, University of Michigan, 1958, p.13.

〔註39〕 〔美〕孟久麗著，何前譯：《道德鏡鑒：中國敘述性圖畫與儒家意識形態》，生活·讀書·新知三聯書店，2014年版，第3頁。

〔註40〕 〔美〕卜壽珊，姜一涵、張鴻翼譯：「北宋文人的繪畫觀」，載《國立編譯館館刊》1982年第11卷第2期，第147頁。

格留下的蹤跡的儒家觀點下，文人繪畫的符號性不但體現於抒情的當下，還轉化為一種可以超越時間的歷史性痕跡：「一幅名人作品加上友人題跋，後人可以由此復睹歷史的片段，並對此已逝的藝術家產生一種悼惜之情。」〔註41〕出於這樣的符號性定位，宋代文人繪畫的美學和鑒賞要求與體現文人人格和自我的詩文相齊平也就自然而然：瞭解風格，瞭解人格，進一步至瞭解藝術家。風格成為了符號的表層，對前人風格的選擇基於對前人人格和作風的認可——這是卜壽珊從蘇軾看重王維甚於吳道子的判斷上所概括出的內在邏輯。在這樣一個邏輯下，同樣是「傳神」一詞，對顧愷之使用該詞「暗示繪畫本身有一種魔術般的力量，只那一點就可能完全代表或突出對象的整體」的解讀就演變為蘇軾理念中的傳達人品〔註42〕。

因為「遣興」定義和人格表現論佔據了對文人畫和文人繪畫觀念的定位的主流，使得不少美國漢學家主要傾向於以道家思想的意識形態解讀繪畫中的抒情遣興之舉和其中的審美觀念（如班宗華），在需要詮釋人格表現觀念時再參以儒家人格觀的論說。這種做法可以上溯至福開森，他以道家宇宙論中人的位置的觀念來解釋人物畫在文人化的中國繪畫審美中的地位：

> 中國文化視人為萬物之一。他們看到，人終其一生，都在與他周圍強大的自然力量，進行著一場無望的戰鬥，最終屈服於可惡的疾病和死亡。他們看到，有些最高貴的精神寄託於屏弱、笨拙的軀體，從醜陋的外形裏散發出光輝。他們看到，感性之美洋溢在妓女和蕩婦漂亮的臉蛋上。於是再清楚不過了——正義之美才是最有價值的，只有當他們的描繪有助於令人愉悅的情感（emotion）而且與德性相一致時，人及其軀體才會成為高級的藝術主題。中國人不會把這視角的差異看作是道德家和藝術家之間的對抗，相反，他們堅信這完全是一個藝術價值的問題。在這裡，我們須清楚地認識到宏大宇宙的偉大光輝與人的次一等光彩之間的差別。〔註43〕

然而這種過於偏重道家觀念的詮釋方法顯然有所偏頗。孟久麗注意到，

〔註41〕 Susan Bush, *The Chinese Literati on Painting: Su Shih（1037-1101）to Tung Ch'i-ch'ang（1555-1636）*, Hong Kong: Hong Kong University Press, 2012, p.11.

〔註42〕 Susan Bush, *The Chinese Literati on Painting: Su Shih（1037-1101）to Tung Ch'i-ch'ang（1555-1636）*, Hong Kong: Hong Kong University Press, 2012, p.15.

〔註43〕 〔美〕福開森著，張郁乎譯：《中國藝術講演錄》，北京大學出版社，2015年版，第168頁。

既然繪畫通過與詩文的並舉擺脫了裝飾性、而和詩文一樣成為「言志」和「緣情」皆可的達意載體，那麼就不能忽略文學與繪畫結合所賦予繪畫的文學性的另一面——即繪畫可以和詩文一樣發揮儒家觀念中的諷喻功能和勸諫教化功能，有文化的士人精英也能通過介入這類以敘述為主要手段的繪畫的製造、創作、傳播、贊助、記錄來傳達和評價與儒家意識形態有關的價值取向和審美趣味。如果侷限於以道家觀念為主來詮釋宋代繪畫的審美意識形態，就有將材料侷限於文人創作的山水和花鳥主題、而忽略了在宋代繪畫中仍佔有重要論說位置的繪畫敘述性功能和對敘述性繪畫的觀念之嫌，從而也忽略了其中可能包含的更加強烈的儒家意識形態。繪畫敘述性功能和敘述性繪畫的觀念同樣也位於宋代文人繪畫審美的視野之內，鑒於宋代畫論的話語權仍以文人士大夫為主，因此在她「重構儒家敘述性圖畫的演變」的努力中也成功論證了這類圖畫「並沒有因為『文人審美』的興起而消失」〔註44〕，而是處於宋代文人的審美視野之內，並表現著宋代文人趣味的傾向性——雖然這種傾向性部分程度地體現了以人物畫為中心的敘述性圖畫在宋代文人趣味中的地位正在下降。

孟久麗認為雖然由於以蘇軾為代表的「更加主觀」的文人繪畫觀念因為「與尋求通過視覺媒介來表達自己的思想和情感的文人意趣相投」，導致了繪畫主題轉向山水自然，審美情趣轉向自我抒發〔註45〕，從而使宋代成為敘述性圖畫地位轉折的分水嶺，但不能說帶有儒家意識形態的敘述性繪畫就此被完全排斥於宋代文人趣味之外、乃至於令以人物畫為中心的敘述性圖畫被視作因應教育水平不高的觀者而作。她首先援引了南宋學者鄭樵的觀點表明詩畫互補以傳達思想的功能仍受關注：

> 圖，經也；書，緯也，一經一緯，相錯而成文。圖，植物也；書，動物也，一動一植，相須而成變化。見書不見圖，聞其聲不見其形；見圖不見書，見其人不聞其語。〔註46〕

〔註44〕〔美〕孟久麗著，何前譯：《道德鏡鑒：中國敘述性圖畫與儒家意識形態》，生活·讀書·新知三聯書店，2014年版，第8頁。

〔註45〕〔美〕孟久麗著，何前譯：《道德鏡鑒：中國敘述性圖畫與儒家意識形態》，生活·讀書·新知三聯書店，2014年版，第1頁。

〔註46〕〔美〕孟久麗著，何前譯：《道德鏡鑒：中國敘述性圖畫與儒家意識形態》，生活·讀書·新知三聯書店，2014年版，第5頁。原文見鄭樵《通志》卷72，志837頁，《國學基本叢書》，臺北：新興書局，1963年版。

　　孟久麗認為郭若虛的《圖畫見聞志》代表了宋代文人畫論的早期階段，而這部著作中仍保持著對人物畫的關注，但是在評價中體現了微妙的審美趣味變化趨勢。在其中的《論古今優劣》中，郭若虛認為：「若論佛道、人物、仕女、牛馬，則近不及古；若論山水、林石、花竹、禽魚，則古不及近。」〔註47〕在藝術成就上他讚賞從顧愷之到吳道子、戴嵩等一系列早先時代的人物畫大師，在繪畫功能上他欽佩古人以人物畫施行勸導教化。郭若虛的論述中折射了文人趣味對人物畫態度的關鍵轉變之處有兩點：一是他認為沒有任何新近的人物畫家值得與前代人物畫大師相提並論（「後之學者，終莫能到。故曰：近不及古。」〔註48〕），二是他的論述中提到有道德勸導之功的畫作都出自前代，卻對在他所處時代非常重要的《三朝訓鑒圖》未置一評，也沒有提及其他同時的宮廷內敘述性圖畫創作。孟久麗認為這種態度可能有兩種原因，且這兩種原因互不相斥：一是郭若虛認為表現教育性主題的圖畫不再有助於觀者道德的培養，二是他不願讓這種明顯帶有功利性目的的圖畫代表當時的圖畫藝術水平〔註49〕。

　　對於第一個原因，孟久麗認為這與文人繪畫觀念中的非功利性和自主性有關，繪畫作為自我表達媒介的觀念至少在理論上要求文人畫家的自主性，此時贊助人的要求和預期對創作自由的限制，以及敘述性繪畫更主張在實踐中經受住考驗的手法和風格、而不鼓勵自成一家或不同尋常，都與這種自主性要求相背離。雖然宋代已有委託作畫乃至商業作畫，但文人清名要求「交易雙方必須將所有委託作畫的證據或者畫家所得實際利益都小心地隱藏在禮尚往來的互惠贈禮和社交中，而不可開載布公地坦誠交易的條件」〔註50〕，而敘述性圖畫很容易明顯看出其實用功能。對於第二個原因，顯然在郭若虛眼裏更能代表當時圖畫藝術水平的是「古不及近」的「山水、林石、花竹、禽魚」。孟久麗的論證是：雖然郭若虛的「古不及近」的部分中仍反映了宋代文人保持著對前代人物畫大師高超技巧的敬意，但這些精確再現客觀對象

〔註47〕見《影印文淵閣四庫全書》，子部，藝術類，臺灣商務印書館，1986 年版，總
　　　　第 812 冊，第 518 頁。

〔註48〕見《影印文淵閣四庫全書》，子部，藝術類，臺灣商務印書館，1986 年版，總
　　　　第 812 冊，第 518 頁。

〔註49〕〔美〕孟久麗著，何前譯：《道德鏡鑒：中國敘述性圖畫與儒家意識形態》，
　　　　生活‧讀書‧新知三聯書店，2014 年版，第 102 頁。

〔註50〕〔美〕孟久麗著，何前譯：《道德鏡鑒：中國敘述性圖畫與儒家意識形態》，
　　　　生活‧讀書‧新知三聯書店，2014 年版，第 104 頁。

的技巧伴隨著敘述性圖畫而逐漸讓位於最能獲取蘇軾和他的同仁們的敬意的「表現了有學養的文人畫家的人品風貌和思想的圖畫」。因為前者無論畫得有多像，其主題「對於畫家來說基本都是外在的」，且不便於畫家將自己的思想與他所描繪的故事相結合，即使能夠結合，其創作自由和發揮餘地也會被對表現此主題的圖畫的常規預期所限制，還需要花費大量精力於服飾、交通工具、習俗等細節的考證和精確再現上〔註51〕。至於文人群體中仍以名家身份創作敘述性圖畫、且被《宣和畫譜》歸類為「人物」畫種的李公麟，其未因敘述性圖畫而被輕視、反而仍能受到當時和後世包括文人批評家在內的諸多讚譽，孟久麗和卜壽珊都認為其根本原因仍在於其文人身份和高尚人格的顯現，而很大程度上並不在於這些敘述性圖畫本身。這也從另一角度展現了宋代文人趣味在繪畫領域的轉移。

在形式層面上，宋代文人趣味中所傾向的轉化為自我符號的畫作不像郭熙的鴻篇巨製那樣需要強調凝神沉思、仔細構想和複雜技巧——然而有意思的是，美國漢學家卻很難不被那種宏大、嚴謹、複雜所帶來的「使人看了有心智上的滿足」的效果所吸引，其對宋畫的畫史定位上的重視和高度評價有相當一部分出於此，即便卜壽珊看似不經意的一句「他（蘇軾）大概也只擅長這種（簡單的）畫」的陳述也不免折射出這一傾向。即便有「遊戲說」這樣看似與文人畫寫意傳統相呼應的西方美學觀念，西方繪畫歷史上的畫匠傳統和複雜精細的摹仿觀念的潛在影響仍舊不言自明。另一方面，即使放在崇文審美的大背景下，宋代繪畫也並非只現於文人唱酬，文人接觸和鑒賞的繪畫並非只有文人畫，文人創作的繪畫也並非只有文人畫，需要在繪畫中表現和表達的並非只有人格風範這樣的精神性產物，作為藝術所不能迴避的構思與技巧等形式層面也絕非可以用某種精神性或理念性表達的產物取代。於是同時具備文人身份和職業畫家技巧水準、而畫名卻遠在文名之上的李公麟，作為職業畫家與文人畫家、文人意識與寫實再現性能力的交匯點，得到了美國漢學家的特殊關注和重視。此中折射的是他們並不止於對文人畫的遊戲遣興的美學動力和意勝形外這樣的傳統概括，而是在結合對文人士大夫身份的認知的同時，仍在再現性功能和技巧層面的審美評價上投入了相當程度的重視，從而體現了西方美學的前見在介入對

〔註51〕〔美〕孟久麗著，何前譯：《道德鏡鑒：中國敘述性圖畫與儒家意識形態》，生活·讀書·新知三聯書店，2014年版，第104頁。

中國傳統畫學的觀察和闡釋時的一種微妙而有趣的張力。

第三節　詩畫結合的圖像運動模式與觀看策略

　　面對詩畫相類、以詩入畫、畫中求詩這樣的文人趣味表現，美國漢學家通過文人身份話語來理解其中的思想、社會和文化基礎，通過發現和考察宋代文人士大夫如何將詩學預設擴展至畫學、令繪畫成為共通的預設下的表意工具、實現審美經驗在不同領域的連續性來理解詩意入畫的內在動力。如果說與生活和文化經驗的連結、對生活和文化經驗的反映以及主體性與個人性的介入這些美學思路所解決的詮釋問題更多屬於繪畫功能和意義的範疇，美國漢學家還必須回到繪畫本身，面對相應的圖像構成形式，提出並運用一套相應的觀看和考察模式，無論是採用西方傳統「靜觀」視角還是出自審美經驗連續和個體介入；在此基礎之上處理這種表達工具的功能、意義、形式之間的相互關係，並對這些形式和模式中表現出的文人趣味做出在跨文化視野之中的解讀。

　　對於這個問題的解決方案，高居翰先是提出一套由繪畫本體、意義、功能三方面構成的繪畫考察方法：對繪畫本體的考察基於材料、風格、主題等要素，相對簡單；繪畫的意義則需從最寬廣的角度嘗試各種理解；功能既包括孕育作品的情境與創作方法，也包括畫作所扮演的角色和起到的作用，這種角色和作用要放在其所處時代的某些社會狀況下進行考慮〔註 52〕。為了防止在背景信息不足的情況下將繪畫形式與其功能和意義關聯起來進行分析時出現僵化硬套某些理念的詮釋，後來他又轉而以「類型的聚合」（a cluster of genres）和「畫作產生於某一特定情境下」這種偶然（occasional）特性來解釋中國畫的構成，並以一種符號學（semiotic）的方法對聚合中所包含的類型與主題種類進行探究——亦即假設存在一套編碼（code）和符號體系，時人對這個體系不作明言但自知其意、心照不宣，特定的主題或組織特徵在這個體系中承載著在當時語境下所具有的特定意義；對畫作的考察與詮釋，需同時借助對象本身和任何可能的文本線索（如題跋等），從而對其意義進行發掘〔註 53〕。

〔註 52〕James Cahill, *Three Alternative Histories of Chinese Painting*, the Spencer Museum of Art & University of Kansas, 1988, pp.37-38.

〔註 53〕James Cahill, *Three Alternative Histories of Chinese Painting*, the Spencer

　　將這一觀念推到極致，就使高居翰將文人畫的內容概括為「一幅畫所象徵的含義及其所具現的內容是不甚相干的，甚至是全然無關的」。卜壽珊認為高居翰是基於一些「可疑的詮釋」而如此概括，且這種概括「無法適用於宋代文人的一般理論」〔註 54〕。然而從高居翰的美學前見——影響和構建高居翰的美學觀念基礎的蘇珊・朗格符號論美學、阿恩海姆的格式塔心理學美學來看，他的這一激進概括內隱藏的美學邏輯未必突兀。「不甚相干」甚至「全然無關」的根源在於畫作的符號化和以符號性手段構建人為的秩序、從而脫離現實表象的「俗常」本義，以及其中的能指與所指的脫鉤和重組。這一點帶有很深的符號論美學色彩。朗格將藝術符號的構建過程大致分為三步。首先是確認形式的原初地位——形式最早產生，且再現功能也產生於形式；第二步是令形式與現實中的實物、現實秩序中的俗常意義和功能脫鉤，使之意象化，令其離開現實而獲得「他性」（otherness），剔除「所有可能使其邏輯隱而不顯的無關因素」〔註 55〕，變為具備充分可塑性以荷載新意義的純粹表象；第三步是為其注入意蘊和人類情感，即注入新的意義。此時藝術形式已經成為一個與某種生命經驗形式相和諧一致的符號形式，包含更多的內容和意味。在繪畫之藝術形象的意象化和符號形式化上，高居翰與朗格的美學觀點具有相當程度的共通性。他在一定程度上呼應並修正了「理想山水而非特定實景」這一看待中國山水的常見的符號化傾向：

　　　　實際上山水畫可以說是根源於對特定地方實景的描繪的，而且是在經過了幾世紀以後，才在五代和宋代的大師手中，一變而為體現宇宙宏觀的主題。然而，即便是這些大師所作的畫，也不全然偏離山水的地理特性，相反地，他們是根據自己所在地域的特有地形，經營出各成一家的表現形式，後來，這些自成一家的表現形式成了區分不同地域派別的指標……到了元代……配合著繪畫上力求以更主觀的方式來表現的風氣，使得許多畫家受到鼓舞，發展出了本質上已抽象且理想化的山水類型。〔註 56〕

　　　　Museum of Art & University of Kansas, 1988, p.41.
〔註 54〕〔美〕卜壽珊，姜一涵、張鴻翼譯：「北宋文人的繪畫觀」，載《國立編譯館館刊》1982 年第 11 卷第 2 期，第 144 頁。
〔註 55〕〔美〕蘇珊・朗格著，劉大基、傅志強譯：《情感與形式》，中國社會科學出版社，1986 年版，第 71 頁。
〔註 56〕〔美〕高居翰著，李佩樺等譯：《氣勢撼人：17 世紀中國繪畫中的自然與風

　　亦即，在高居翰眼裏，宋代正處於繪畫符號化和符號體系的中間階段：形上的主題取代了表象符號本有的再現性意義，然而這套符號尚未切斷與現實地理和物理特性的關聯；一套已帶有風格區分、作為後世理念化基礎的繪畫符號體系正在形成並初具規模（直至元代得以完成）。宋代文人對繪畫的觀念和趣味，也就在於通過這樣一套符號體系提升繪畫作為一種抒情表意工具在文人文化中的地位，通過「以筆墨作為主觀表現的新模式，建立起一種新穎、精到的與往昔的對話」，他們所傾向、追求、熱衷的是「賦予繪畫新的或政治、或智性、或倫理的內容」〔註57〕。但在使用符號學方法的同時高居翰又無法迴避西方傳統美學長久以來的摹仿與再現傳統，自身的這種前見使他難免將這套體系的美學地位放置於重現現實量感和表象世界之下，相應的文人趣味和所達成的成就也是次一級的：「文人畫家不能一勞永逸地在他們的口號中宣稱自己是詩、畫兩個領域的佼佼者……這些文人畫家在技巧能力和表達的目標上都不能完全勝任」，故「給予詩意以最敏感、最有召喚力的圖像形式的繪畫創作的桂冠必須戴在別處」——因為文人畫是程式化的符號藝術；使文人畫家無法成為繪畫美學領域的代表者和佼佼者的原因，就在於「放棄毛筆高度的靈活性，那曾是宋代早期大師們辛勤獲得的用以達到再現目的的手段」〔註58〕。

　　然而符號化的程度以及符號化與現實性再現之間的關係，也是卜壽珊認為高居翰的判斷值得商榷的原因所在：「高居翰所發展出來的論點是藝術家的思想與感受應該通過繪畫本身的筆法和形式表達出來，並不一定要透過其畫的主題來表現……」——高的這一論點結合了他一貫的視覺研究觀念和對起於蘇軾（最終定型於元代）的文人畫傳統「僅僅是一種抒發情感的出路」的一般詮釋，然而「宋代批評家是否也深信抽象形式的表現力則不無可疑，因為對宋代文人而言，藝術仍有其主要的表現的功能（primary function of representation）」〔註59〕。此中糾結不但折射出文人畫圖像運動模式、主題來

格》，生活·讀書·新知三聯書店，2009 年版，第 8 頁。

〔註57〕〔美〕高居翰著，洪再新等譯：《詩之旅：中國與日本的詩意繪畫》，生活·讀書·新知三聯書店，2012 年版，第 7 頁。

〔註58〕〔美〕高居翰著，洪再新等譯：《詩之旅：中國與日本的詩意繪畫》，生活·讀書·新知三聯書店，2012 年版，第 7～8 頁。

〔註59〕Susan Bush, *The Chinese Literati on Painting: Su Shih（1037-1101）to Tung Ch'i-ch'ang（1555-1636）*, Hong Kong: Hong Kong University Press, 2012, p.2.

源和變形方式的複雜性，也折射出兩種常見的中西美學前見——對文人抒情性傳統的一般認知和基於摹仿觀念的表現功能之間的複雜張力，以及美國漢學家對此的複雜態度。

這個爭論的本質在於如何理解表現／再現，以及美國漢學家如何考察宋代文人繪畫趣味的基礎問題——對於表現（representation）的看法。按照卜壽珊的概括，中國繪畫是從一種圖解藝術（art of illustration）發展為一門藝術形式，其主導觀念由唐代及唐代以前作家多著意於逼真問題，轉變為元代文人視繪畫為一種和書法一樣的表意形式、寫真程度變為次要。介於中間的宋代觀點則主要是產生了藝術家同時也扮演了詮釋者角色的理念，並尤其體現於對繪畫理論中的關鍵的「氣」「韻」「氣韻」概念進行的關鍵演變。對於這個演變脈絡，卜壽珊列出三個重要節點。首先是宗炳《畫山水序》和顧愷之「傳神」的觀念。宗炳的觀念是「藝術家的主要任務是創造一個對自然的逼真複製品（a convincing replica of nature）」，其動力在於「懾於視覺印象的暗示力，本能地產生出再現的形象」，而其中對於「神」的論說又暗含了「精神上的共鳴（spiritual affinity）」〔註60〕，通過宇宙中一種活動的心靈上的律則實現觀賞者的感應；第二個是通過唐代張彥遠的論述，確定唐人對「氣韻」的表現觀念限於人物或動物而不表現於樹石山水，「氣」類比於希臘文中的 pneuma（birth of life），「韻」是動力學上的作用，在理所當然的對逼真的要求中體現生物所賦有的生命感。而到了第三個節點亦即宋代，繪畫仍然要求形象所具有的生意，但「氣韻」不但表現範圍從僅限於生物擴大至包括山水在內的所有繪畫內容，表現方式從生動的形象擴大至通過筆墨的微妙運作也可表現，「氣韻」的內涵也轉變為創作者的本性，而且是天賦的外現。卜壽珊認為郭若虛的「氣韻」論受到劉勰論詩的影響，接受了其「作家風格視人格而定」的觀念，也可能受到以曹丕對「氣」字的運用所體現的「作品風格與作家氣質相關」這樣的觀念，從而體現了文論與畫論的合流，形成了繪畫中的宋代文人立場的一個方面，並以只有非常人才能充分表現氣韻和傳神的表述體現了宋代文人的文化自信；後繼的鄧椿則更為藝術家賦予了參透事物內在本質而表現出來的使命，表明了哲學層面的根基。根據這個演變脈絡，並出於宋代新儒學的哲學觀念和各種層面的豐富繪畫實踐的結合，卜壽珊將宋代文人的

〔註60〕Susan Bush, *The Chinese Literati on Painting: Su Shih（1037-1101）to Tung Ch'i-ch'ang（1555-1636）*, Hong Kong: Hong Kong University Press, 2012, p.14.

繪畫審美立場確定為「藝術所傳達的是視覺世界的真實可信的形象，而這一形象透過非常人的心靈，可以比未經解釋的自然界更加真實」〔註61〕。

對於卜壽珊等人而言，經過這番詮釋之後，他們可以由此取得重視視覺層面表現力的西方視覺美學前見和作為表達文人精神的符號的傳統理念之間的調和，為他們觀察宋代文人繪畫趣味安置了一個較為不偏頗又能體現漢學家自身立場的視角，這種視角比較典型地反映在班宗華對宋代山水的一句概述中：「也許沒有其他時代或地方的人能如此吸引人地、如此敏銳地在視覺形式中記錄對環境的回應，在宋代之前或之後肯定沒有中國畫家如此接近客觀現實與主觀回應之間的完美平衡。」〔註62〕在盡可能避免詹姆斯·埃爾金斯（James Elkins）所嚴屬批評的「用許多別的巴洛克傳統特性的術語來描述」和「漢代藝術類似於西方的現代主義」之類的描述方式〔註63〕的同時，他們一方面設法將其關注再現性視覺表現的美學傳統融入對宋代作品的圖像分析，一方面通過挖掘畫中所隱含的「非常人的心靈」，以索隱的方式尋找其中所注入的文人人格表現，從而取得與宋代文人趣味中注重人格品評、人生經歷與精神世界體現之類詩性話語的調和。這種方法的典型體現就是對李公麟畫作的研究，無論是班宗華的隱喻視角，還是孟久麗較為「心安理得」地把「自然主義」一詞用在對《牧放圖》的描述中、使用格式塔心理學觀察《免冑圖》的構圖空間原則，而不用非常擔心詹姆斯·埃爾金斯在其他的中國山水畫研究中指出的術語運用中的西方中心問題。孟久麗甚至還藉此將中國畫學傳統中的筆法觀念融入其視覺觀察方式之中而不用花大力氣調和其中的張力，從而調和文人性的筆法趣味，令西方人和西方式的視覺觀察同樣也能解決福開森提到的中國批評家認為西畫缺乏筆法品質這一跨文化問題〔註64〕。

宋代文人的詩文趣味和詩學觀念進入繪畫的方式，美國漢學家主要理

〔註61〕 Susan Bush, *The Chinese Literati on Painting: Su Shih（1037-1101）to Tung Ch'i-ch'ang（1555-1636）*, Hong Kong: Hong Kong University Press, 2012, p.22.

〔註62〕 Richard Barnhart, *Along the Border of Heaven: Sung and Yuan Paintings from the C. C. Wang Family Collection*, New York: The Metropolitan Museum of Art, 1983, p.29.

〔註63〕 〔美〕詹姆斯·埃爾金斯著，潘耀昌、顧泠譯：《西方美術史學中的中國山水畫》，中國美術學院出版社，1999年版，第2頁。

〔註64〕 〔美〕福開森著，張郁乎譯：《中國藝術講演錄》，北京大學出版社，2015年版，第158頁。

解為兩種：一是從文人在畫上題寫詩文的行為嗜好和直接在畫面中「圖文互證」的方式出發，讓文字書寫直接進入畫面，從而在「圖文並茂」中最直接地傳達出文人士大夫們的情感、趣味、觀念乃至意識形態方面的內容；二是用詩的結構來規劃畫面和圖像的組成方式，將詩意內化於視覺結構，從而讓繪畫如同詩歌創作書寫一般運作，使得詩畫在抒情表意方面擁有統一的原理和內在本質，基於統一而相聯繫的生活經驗和審美經驗，並以此實現宋代文人在繪畫中對詩意的追求，而美國漢學家們也能據此挖掘出屬於宋代文人生活的、貫穿於詩畫之間的「隱情」。

一、「圖文並茂」

對「圖文並茂」的表現形式的觀察，不僅體現為將圖畫與文字在視覺空間上的構造與互動納入圖像的運動模式之中，也表現在內容上圖畫對文字（或文字對圖畫）的再詮釋，並藉此索隱出可能的文人人格或文人話語的表達，且這種表達可能超出「原文」或「原圖」的「本意」。如《五馬圖》（附錄圖 8-9）中李公麟所畫的馬和黃庭堅撰寫的評注在視覺上使每幅圖文自成一體，在審美上被賦予了文人視角，以駿馬指士大夫官員的隱喻也可發揮出讚賞士大夫成就和勸慰左遷官員的作用——倘若《五馬圖》真如戴寶華（Deborah Del Gais）的研究所言，受到貶謫的張詢（蘇軾文人集團成員之一）是這幅畫的接受者。根據班宗華對《孝經圖》的論證，其採用古時的文字與單幅場景圖畫交替出現的結構具有南朝繪畫簡單構圖和圖案的性質，從而營造了畫面的私密性和即時性〔註65〕。這種對仿古風格的自覺使用意在表達儒家道德行為作為值得敬畏的古制具有永恆的適用性，同時也與文學領域的古文運動、以及李公麟交遊圈子內多有古文運動支持者的文人交往狀況相呼應。在文字與圖畫即時性互動的基本構架下，李公麟將圖畫作為詮釋孝經文字並加以自己的理解、發揮的手段，不但將抽象的孝行規則生動化，也得以注入更加個人的思想與感情，這種文人性的闡發方式也成為班宗華等人「索隱」的對象，如認為李公麟通過對皇帝、大臣、隨從的位置分布和各自神態表現潛在的政治對抗的緊迫感，從而表達對當時君權過盛和黨爭等政治現狀的不滿〔註66〕；而在表現家庭生活時運用的三角形穩定構圖則在詮釋

〔註65〕 Richard Barnhart, Robert E. Harrist, Jr. and Hui-liang J. Chu, *Li Kung-lin's Classic of Filial Piety*, New York: The Metropolitan Museum of Art, 1993, pp.81-151.

〔註66〕 Richard Barnhart, Robert E. Harrist, Jr. and Hui-liang J. Chu, *Li Kung-lin's Classic*

家庭等級關係的同時表現了不同尋常的親情關係，從而被認為可能是李公麟在描繪自己的家族並以此表現儒家理想的縮影。

李公麟的《九歌圖》（附錄圖 10）、《歸去來辭圖》（附錄圖 11-12）、《後赤壁賦圖》（附錄圖 13-14）也是為詩文作畫、圖文並茂的圖文關係。早期《九歌圖》以文字配畫描繪事件，後期《九歌圖》在 12 幅肖像畫的每一幅後面都謄寫了相應的詩句。《歸去來辭圖》則根據畫卷展開的節奏對本為一整體的《歸去來辭》進行分段切割，並在圖文順序上採用了和《孝經圖》《九歌圖》不同的做法，將圖放在了敘述性正文文字的後面，從而令美國漢學家做出了以圖畫回應詩文的解讀，如孟久麗認為這種「回應」像為回應某些隱晦的作品而寫的和詩，柏棣棠（Elizabeth Brotherton）認為李公麟實際上是以圖畫作評注，包華石則更是將之與由蘇軾發起的「和」《歸去來辭》的文學風尚相聯繫，作畫回應某些主題與作詩應和具有相同的性質。《後赤壁賦圖》的畫面採用連續敘述，《後赤壁賦》的原文則被分為三個字到八行不等的多個小節謄寫在與內容相應的圖畫旁邊。

畫上題詩、以詩評畫、詩畫結合、視覺與語言結合的獨特藝術形式和審美旨趣，引起了美國漢學家相當程度的興趣，也使得他們努力尋找對這一現象及其運作原理的解釋。概而言之，首先，通過中西方在歷史上均有詩畫結合的理論這一事實，為其尋找到了合理性，而繪畫在中國藝術史上相對模糊的地位和中國書寫與繪畫載體材質的接近，又提供了為其生發新的價值的空間。然後，為繪畫尋求文化性和文化性歷史價值，被視為宋代這一文人行為和文人藝術形態的內在動力，並且這一內在追求體現了宋代在藝術領域區別於前代（尤其是唐）的特點。比如艾朗諾對比了蘇軾、黃庭堅與杜甫在評畫、題畫詩的關注點上所展現的不同：杜甫關注的是外部現象，尤其是畫如何精緻地再現物象，而黃庭堅關注的是畫所表現的內在的歷史，關注並努力尋求繪畫在藝術傳統中所具有的位置；也正因有了這樣的關注視角，蘇、黃才會自然而然地在大量評畫、題畫詩作中以對畫家人品和畫品的鑒定作為內容，構成了在畫中追求文化與文化史的表現〔註67〕。薩進德（Stuart H. Sargent）認為在這其中蘇、黃二人又有不同的著眼方向：蘇軾更注重將繪畫固定在文

---

of Filial Piety, New York: The Metropolitan Museum of Art, 1993, pp.81-151.

〔註67〕 Ronald Egan, "Poems on Paintings: Su Shih and Huang T'ing-chien", In *Harvard Journal of Asiatic Studies*, Vol. 43, No. 2（Dec., 1983）, pp.419-421.

學性文化（literary culture）當中，黃庭堅則找到了令繪畫不在詩畫關係中被文字限制住、可以將主題作更遠生發的方法〔註68〕。

　　在具體的視覺和意義構成中，從美國漢學家的視角出發，這類作品中圖畫與文字的關係也已非簡單的文字為圖畫提供可描繪的題材、圖畫闡釋潤色文字意義的關係。其畫面的構成方式被戴寶華稱為以一種常規的敘述性回應描繪詩意的問題，通過圖文互見的「宣敘性」（recitative）使觀者能夠在看圖時回憶起詩的內容，實現詩畫互證的理解，從而對通過合併構圖或異時構圖、在同一幅圖中並置幾個互相獨立的場景的表現方式獲得良好的理解。因為只有熟悉經典、詩文內容或通過閱讀隨圖文字才能理解構圖本身所沒有表現的事件順序，只有知書達禮的觀者才能理解文字與圖畫間的新的創造性闡釋關係和畫家注入的看法並參與與畫作之間的互動，才能感知並聯想到作畫者（或贊助人）可能遭遇的個人經歷，這無論對畫者還是觀者的詩文素養、對古代文化的精通程度都提出了相當高的要求，也要求其能夠理解文人的表達方式（因此在身份上最好具有文人屬性）。可以說這又使得對詩畫關係、圖文關係的視覺表現技巧和效果的關注回到了文人身份立場的話語中。通過這樣一種梳理，美國漢學家以其獨有視角更新了宋代文人繪畫觀念、趣味及其表現方式的內容，在他們的視角中將其從對傳統文人畫學「只重意念、忽視技巧（乃至技巧貧弱）」的一般成見中剝離出來，從而使他們可以較為自然地將對視覺技巧和視覺層面表現力的圖像考察注入對宋代繪畫和宋代文人畫評的論說之中。這也大大提升了在他們視野中宋代文人繪畫及文人繪畫趣味的地位。如此就呼應了早在福開森口中就已表現出的對宋代繪畫美學地位的高度評價，以及揭示了這種高度評價的內在動力。

二、詩意內化於視覺結構

　　與對李公麟作品的「圖文並茂」的關注不同，姜斐德和高居翰對詩畫結合的趣味的研究則聚焦於對所謂「詩意」的追求和表現如何盡可能內化於視覺意象和圖像結構之中，如何以較為隱性的方式作用於繪畫。他們二人的關

〔註68〕 Stuart H. Sargent, "Colophons in Countermotion: Poems by Su Shih and Huang T'ing-chien on Paintings", In *Harvard Journal of Asiatic Studies*, Vol. 52, No. 1 （Jun., 1992）, p.264.

注重點又各有不同。高居翰關注文人趣味如何進入與「文人畫」相對的南宋院畫之中，抽象而難以言說的「詩意」如何以完全不依靠文字的方式、通過畫面塑造的視覺世界表現；並宣稱只有具備足以塑造細節精緻的視覺世界的高超再現技巧、以非文人畫的方式，才能真正達成「詩意畫」中詩畫結合的文人趣味。姜斐德則努力挖掘視覺意象在詩歌中的源頭，並注意到詩歌的結構如何影響了畫面的組織方式。

對於並非明顯地圖文互證的繪畫，姜斐德認為理解其中的詩畫結合如何具體運作的關鍵是抓住宋代學者對視覺隱喻的處理方式，關注詩歌意蘊如何與對應的視覺意象進行雙向的內化與互動，即「必須想像出一幅既定的成形畫面會表現為怎麼樣的一行詩，呈現出怎麼樣的一種詩意」，以及反過來思考「宋代的士大夫把詩句或一個想法入畫的時候會變成什麼樣子」〔註69〕。這種隱喻性的交流充分體現了宋代文人的身份特性與趣味取向（姜斐德認為這種隱語同時也迫於文人所承受的政治環境），要求借助作者、觀者、回應者具有的共同性的認知才能不錯過其中的隱喻，並感知到毋庸言說乃至不可言說的「詩意」、共同理念和畫外音。除了通過李公麟式的圖解詩歌主題的表現方法，這種詩意隱喻的運作方式還包括用繪畫詩意地總括相關詩歌的真意所在，以及以類似詩歌的方式組織和處理視覺意象的結構。由此姜斐德也給出了她心目中如何理解宋代文人士大夫的繪畫價值觀念的關鍵，即畫家的「詩化的寓意」——內化於繪畫中的「意」，亦即士大夫們精緻的文字遊戲，以及這種方式的微妙與新穎，並非通常缺乏深厚學養的職業畫師所能比及〔註70〕。

對《瀟湘八景》中律詩化結構的探究是姜斐德這一研究思路的典型表現。在她的觀察中，律詩結構的表達特性在於從客觀性的觀察和描述中暗示性地流露內在情感，再轉入對詩作意義的開放性和「餘音繞梁」的表達。律詩的第二聯和第三聯在形式上要求文字對仗，下聯字詞與下聯對應位置字詞詞性相同，語義相對；內容上要求詩人作為一個客觀的觀察者出現而不直接抒發情感或表達內心世界，取而代之的表達方式是描述一個主題或

〔註69〕〔美〕姜斐德著，石傑等譯：《宋代詩畫中的政治隱情》，中華書局，2009年版，序言第1頁。

〔註70〕〔美〕姜斐德著，石傑等譯：《宋代詩畫中的政治隱情》，中華書局，2009年版，序言第5頁。

瞬間的顯著特徵，但在這些對客觀事物和特性的描述性列舉中通過對主題的選擇暗示詩人的內在情感，直到最後一聯方從經驗領域轉入個人陳述或沉思。由此律詩可以獲得「一種非同尋常的能力，他並不需要真實敘述事件便可以暗示一種情緒或者喚醒某一時刻，這些詩歌的簡約意味著它們通常把焦點集中在單個經歷上」，通過暫時而集中的聚焦極為精練地體現真實的時刻和真實的體驗〔註71〕。詩歌中運用的歷史和文學的隱喻最終令讀者從一首短詩的有限天地中飛躍到由豐富的相關文本所構成的廣大世界，從而實現詩歌意境的拓展。姜斐德認為這種詩歌體驗方式也藉由律詩性的結構被文人士大夫拓展至繪畫之中，這種結構首先通過《瀟湘八景》的標題表現。根據沈括的劄記，宋迪《瀟湘八景》的八個標題為：

> 平沙雁落，遠浦帆歸
>
> 山市晴嵐，江天暮雪
>
> 洞庭秋月，瀟湘夜雨
>
> 煙寺晚鐘，漁村落照

　　姜斐德對這組標題的律詩性進行了詳細分析：在選詞方面集中地強調「幽暗和終結的色彩」，陰鬱的情調在八個標題的起承轉合中逐步發展的結構恰與律詩相呼應；「平沙雁落，遠浦帆歸」和律詩第一聯一樣設置場景並引入主題，作為「第二聯」的「山市晴嵐，江天暮雪」、作為「第三聯」的「洞庭秋月，瀟湘夜雨」是非常工整的對仗，第七個標題的「晚鐘」暗示新的頓悟的到來，最後一個標題歸入「一幅和諧寧靜的圖景」，呼應著律詩最後一聯「應該點明用意和評語」的要求。除了意象構成的結構方式，姜斐德還認為各組標題「在聲響和寂靜之間形成對應」，從而在通感的層面與律詩性的結構進一步呼應。姜斐德認為這組標題中體現的賦詩技巧對於宋迪這樣從小研習詩文的士大夫而言再自然不過，對於觀者而言「這種易於識別的詩歌形式會促使有學問的觀眾考慮這些標題的隱喻與那些寫於瀟湘或關於瀟湘的詩歌的關係」〔註72〕。「易於識別」和「有學問」這兩個修飾集中點明了文人士大夫在賞畫過程中與繪畫意象的互動方式——從視覺識別隱喻並

〔註71〕〔美〕姜斐德著，石傑等譯：《宋代詩畫中的政治隱情》，中華書局，2009年版，第56頁。

〔註72〕〔美〕姜斐德著，石傑等譯：《宋代詩畫中的政治隱情》，中華書局，2009年版，第56頁。

展開至更豐富的文本世界。姜斐德認為這種鑒賞方法與文人身份不無相關，詩性結構在帶來豐富的文學引用性和文本指向性的同時，也隨之相對造成了「真正的原創性之罕見」。她援引貢布里希（E. H. Gombrich）的一句話解釋這一現象：「沒有事情毫無來由。」〔註 73〕

對於宋迪的《瀟湘八景》，姜斐德尚因史料原因限於依靠文字材料（畫作標題）探尋其律詩性，對於南宋王洪的《瀟湘八景》（附錄圖 15-22），由於有畫作傳世，使得姜斐德可以運用美國漢學家普遍重視的視覺方法作證畫面結構中律詩性的存在。她認為不但從王洪的創作資源來看表現了繪畫中的詩性——這些資源包括宋迪的八幅畫題、宋迪的畫題所依據的廣泛文學傳統、宋迪的原作（或臨摹本）以及惠洪（1070～1128）的瀟湘八景詩〔註 74〕；而且王洪的八幅構圖也具有類似律詩的形式，使得可以借助律詩結構的原則解釋其繪畫中的某些獨特之處。在作為「首聯」的《平沙落雁》和《遠浦歸帆》中，畫家如作詩「破題」一般展示其意圖，不但描繪了畫題，還通過引入比畫題更多的意象（與落雁相對的江岸古樹、行人，以及與船相對的水邊亭子與眺望者）應和了惠洪「倚欄心緒風絲亂，蒼茫初見疑鳧雁」〔註 75〕的詩句，從而引出了不安、漂泊、孤獨、孤傲的感覺問題。在作為「頷聯」的《山市晴嵐》和《江天暮雪》、以及作為「頸聯」的《洞庭秋月》和《瀟湘夜雨》中，王洪努力在視覺表現中形成和文學對偶類似的畫面結構，如《山市晴嵐》中的山村市場的高視角與《江天暮雪》中雪景的低視點相對，前者的開頭和後者的結尾也採用相同主題（懸崖下帶欄杆的山路）；「頷聯」一組畫與「頸聯」一組畫也形成了布局對比（第一組中心的空曠轉移到第二組的外緣，構成第一組外緣框架的群山變成第二組畫面中央的溪水潺潺的連山），從而對應了律詩第一組對仗和第二組對仗相反相成的要求。最後兩幅場景《煙寺晚鐘》和《漁村落照》也體現了律詩尾聯更換句式和情緒、以評論或洞察聯繫詩歌與周圍世界、用第八句解決第七句提出的疑問或猜測的文學規則——前者以密集的意象塑造旅途受阻的隱喻，後者則以寧靜安詳的漁村生

〔註 73〕 E. H. Gombrich, *The Sense of Order: A Study in the Psychology of Decorative Art*, Oxford: Phaidon, 1979, p.210.

〔註 74〕 〔美〕姜斐德著，石傑等譯：《宋代詩畫中的政治隱情》，中華書局，2009 年版，第 178 頁。

〔註 75〕 惠洪的八首詩歌載於《石門文字禪》卷八，見明復法師主編：《禪門逸書》初編，明文書局，1981 年版，第 4 冊第 97 頁。

活圖景為不安的漫遊劃上句號〔註76〕。

　　對於《瀟湘八景》中這種律詩性的視覺結構，姜斐德繼續運用以畫面應和詩學趣味的思路理解這些呼應與對照的作用，認為其是對「有文化的觀眾」的暗示。譬如《山市晴嵐》和《江天暮雪》、《洞庭秋月》和《瀟湘夜雨》的「對偶」形態，其在趣味上的意義在於表明「畫家正在創造某種對偶的視覺類似物，而對偶是詩歌成功的重要因素」〔註77〕。而在並不那麼複雜或並非整組繪畫的繪畫形式中，這種詩性趣味則表現為「希望作畫『如詩』的畫家可能青睞畫出一小部分詩，而非一首完整的八行律詩」〔註78〕，用提取一組可以入畫的對偶句的方式壓縮和簡化基本意象。姜斐德引用宇文所安對何謂「詩性的」（poetic）的定義佐證其觀點：

　　　　此處我所使用的「詩性的」一詞，並非意指整體的詩歌語言，而是指那種通常表達清晰的詩歌成分，此種成分與詩中的散亂元素截然不同。明顯的例子是律詩中的聯句對偶……「詩性的」成分是常常被記誦和引用的成分。〔註79〕

　　這一引用呼應了福開森對藏於克利夫蘭美術館的《訪真圖》所做的一段解說，福開森認為中西繪畫體系的不同與中西的教育體系不同有關，「中國上千年的教育體系培養了中國人不可思議的記憶能力，而西方人的心智，卻是依照分析的方法培養的」，因此中國畫「立足於記憶性復現和想像性重構，而不是對模型或模特做精確的摹寫」〔註80〕，這一解釋明顯將中國畫的創作過程與培養文人的中國傳統教育聯繫了起來。他在對《訪真圖》的解說中詳細展示了他心目中文人詩、史傳統如何通過記憶性復現介入創作中並進行想像性重構的過程：

〔註76〕〔美〕姜斐德著，石傑等譯：《宋代詩畫中的政治隱情》，中華書局，2009 年版，第 185～187 頁。

〔註77〕〔美〕姜斐德著，石傑等譯：《宋代詩畫中的政治隱情》，中華書局，2009 年版，第 183 頁。

〔註78〕〔美〕姜斐德著，石傑等譯：《宋代詩畫中的政治隱情》，中華書局，2009 年版，第 188 頁。

〔註79〕〔美〕姜斐德著，石傑等譯：《宋代詩畫中的政治隱情》，中華書局，2009 年版，187～188 頁。所引原文見 Steven Oven, "Poetry and Its Historical Ground", In *Chinese Literature: Essays, Articles, Reviews*, 12（1990），p.111.

〔註80〕〔美〕福開森著，張郁乎譯：《中國藝術講演錄》，北京大學出版社，2015 年版，第 148 頁。

在某個秋日早晨，畫家漫步於山坡上，觀看藍灰色的霧氣從山間升起。他看見山谷的另一側有座傾圮的廟宇，半隱在山谷裏；他聽見汨汨的小溪，一路匆匆向山腳流去。一條蜿蜒向上的山徑，明麗的日光下，他看到兩個行人，一個步行，一個騎驢。

帶著這些真切的印象，畫家回到家，他沒有為自己的所見做任何速寫，但是心理視像強烈而持久，他的想像在燃燒。他讀一本史書，書中提到一些史事，比如蘇東坡初到黃州，就去尋訪兩位名高望重的僧人。頃刻之間，存留在畫家心中的整個場景發生了變化：秋山開始呈現出西湖邊小山的樣子，在那裡蘇軾正進行那次著名的出訪；山間的小溪上橫跨著一座石板橋，蘇軾寬袍長髯，走在石橋上，身邊的侍童牽著一頭驢。兩位高僧棲身的廟宇，就在橋的那一邊。它坐落在一處石壁上，虯曲的老松從石壁上倒垂下來，俯瞰溪流。現藏美國克里夫蘭美術館的《訪真圖》就這樣產生了。這幅畫是藝術衝動的一個化合物，其靈感一方面來自自然實景，一方面來自藝術家充滿想像的重構。〔註81〕

福開森的解說本質上是通過畫面構成元素逆向推想出創作過程，而這一推想的內容是文人性的——想像介入並重構的是文人生活與這種生活的文人性記錄。姜斐德通過詩歌性畫面意象和組織而聯想到更廣闊的文學文化文本的解釋觀點可謂與之一脈相承。

第四節　幻境：當文人趣味成為一種符號

姜斐德認可將驅動著繪畫中詩性意象的動力置於文人士大夫文化背景和文化趣味之中的觀點，但與前述的研究有一不同，即將職業畫師也納入了這一文化之中，認為他們也可以作為文人的詩畫趣味在繪畫產品生產上的執行者，典型的例子就是王洪和他的《瀟湘八景》——即便王洪本人的身份是職業畫師而非通常意義上的文人畫家，他的《瀟湘八景》和他的這組巨作所代表的詩意性繪畫仍舊是來自文人士大夫的詩性追求的體現，通過不同程度的對文本的指向來附和詩意性所代表的文人趣味，以吸引持有此種趣味的觀眾

〔註81〕〔美〕福開森著，張郁乎譯：《中國藝術講演錄》，北京大學出版社，2015年版，第148～149頁。

為目的。

　　抓住這一文人趣味運作模式、并做出最突出表述的便是高居翰，因為這一模式意味著文人趣味在詩畫結合中的表現並不一定只能由文人畫家（特別是業餘性的文人畫家）的創作來承擔；文人趣味可以轉變為一種文化符號，交給專業的文化產品生產者——接受了文人理念和文人性質題材、具有高度技術表現力的職業畫家來執行；文人士大夫在這套模式中的角色，則轉型為文化趣味、文化理念的先行提供者，以及對相應繪畫產品的多種消費者中的一部分。繪畫中的「詩意」轉變為一種來自文人、但不以文人為唯一接受對象的文化符號；從詩意趣味的影響軌跡來看，持有這種詩意趣味和受到這種趣味影響的主體也不再侷限於文人士大夫群體，而是以此為起點層層擴展，最終令文人的詩意趣味跨出文人階層而取得更廣泛的社會影響。

　　高居翰為這種社會影響所勾畫的歷史脈絡是：首先出現於北宋後期一群文士當中，由徽宗皇帝接受並通過對畫院的要求不斷強化，逐漸影響到宮廷和畫院繪畫；文人理想中的詩意追求與畫面技巧的結合在畫院中得以完成，其所達成的最高水準奠定了此類詩意繪畫在南宋皇家畫院中的大繁榮；最終又令這種肇始於文人、帶有文人氣質的風格和理念走出上層社會，不但在創作層面擴展到畫院外更廣大的畫家群體，在欣賞主體層面還從官員、文人士大夫等進一步擴展至繁榮的城鎮中的市民階層，形成一種較為廣泛的社會性趣味。這種商人和市民階層的趣味並不卑下，「富有的商人可以購買官爵，或教育其子參加科舉，而官宦之家，經常是官員本人，也介入到半公開的商業活動之中……能夠支付並介入這種生活時尚的商人和貿易者們……很難簡單用雅俗的標準把他們和那些在社會上更優越的等級區分開來」〔註 82〕，並由此造成了詩歌抒情風格的空前普及。基於這樣的社會語境和相應的文學語境，在高居翰的觀點中，無論在繪畫中強調詩意內容的起點是否是畫家從詩句中獲得靈感，其欣賞主體的擴展導致對詩意的追求和表現不能也不會侷限於姜斐德所闡述的通過畫面指向廣大的歷史、文學、文化文本的方式。由於詩意畫的趣味主體已經不限於能夠自如應對畫面隱喻和海量的文本世界的「有學問的觀眾」，亦即需要一種不那麼依賴文本和高度的文學文化素養的表現和欣賞方法，那麼追求和獲取詩意趣味的

〔註82〕〔美〕高居翰著，洪再新等譯：《詩之旅：中國與日本的詩意繪畫》，生活·讀書·新知三聯書店，2012 年版，第 32 頁。

方式則必然著落於通過畫面本身精妙的再現性來實現。

在高居翰看來，一旦文人的詩意趣味轉化為一種符號、設定的觀看對象不再限於「感同身受」的文人士大夫和與之交遊、對文人生活有瞭解的社會精英成員（如皇室公卿等），不再在理解中訴諸與文人本身生活經驗的連續性，就意味著要將落腳點放回畫面本身（無論對於創作者、鑒賞者還是考察者）。此時，原本由畫面意象符號聯想到文人生活境遇與經歷的業餘文人創作方式，因為太過符號化和簡單化而導致畫面再現技巧變得次要，從而降低了繪畫的藝術水平，不再符合注重畫面本身精妙再現性的要求；進入南宋這一新的時期，隨著文人趣味轉化為一種更加廣泛的社會性趣味，要在畫中體現追求詩意的文人趣味就必須通過對視覺世界的精巧營造和相應的高超技巧實現。因此高居翰認為，真正能高水平地體現文人詩畫結合趣味的，反而並非北宋理念下的文人畫，而是南宋院畫中的「詩意畫」——其不但糅合了文人趣味與文人性內容，且通過繪畫本身的藝術水平而非向文人文本延伸的方式進行表現。高居翰在《詩之旅：中國與日本的詩意繪畫》一書中對這一「詩意畫」形式進行的解說，即基於這一以視覺為最重要基準的觀點展開。

美國學者奧爾蒂斯（Valérie Malenfer Ortiz）在其《夢見南宋山水：中國畫的幻象力量》（*Dreaming the Southern Song Landscape: The Power of Illusion in Chinese Painting*）中，圍繞《瀟湘臥遊圖》（附錄圖 23-27）提出了類似的闡釋邏輯，即文人士大夫不再固定為創作主體，而是審美趣味的提供者；接受了文人審美理念（乃至相關文化教育）的職業畫家，則以其精妙的技巧為文人士大夫等提供他們所需要的至高哲學理念的視覺表現，以及視覺上的愉悅享受；同時，他還注意到禪宗思想和僧侶也通過與文人士大夫的互動、禪宗思想在南宋文化中的傳播而加入了審美趣味和理念的塑造，從而為整個審美體系和審美意識的運作帶來了新的變化。《瀟湘臥遊圖》就是由這三方合力構建的審美文化的典型例證，闡示了奧爾蒂斯所認為的南宋繪畫趣味邏輯：「為文人士大夫而作的職業繪畫塑造了南宋文人畫的形態，並開啟了元代獨特的文人畫運動；與之相似，文人畫也無法在沒有禪宗僧人的作用的情況下突然顯現，因為禪畫與文人畫在社會和審美中都並非相互隔離，而是產自僧人與文人士大夫的互動之中。」〔註83〕《瀟湘臥遊圖》之所以成為文人、僧

〔註83〕Valérie Malenfer Ortiz, *Dreaming the Southern Song Landscape: The Power of*

人、職業畫家的合力表現，便是因為它在審美趣味的本質上仍是文人畫與禪畫的合體，為禪宗大師和文人士大夫而作，而為之作畫的職業畫家也很可能在思想上是禪宗的信徒，同時還保持著對文人的審美需求的敏感。

與新的文化場域中文人、僧人、職業畫家的三方互動相應，這類南宋山水畫的審美意識的思想基礎也發生了改變。奧爾蒂斯認為將儒釋二家的互動作為思想基礎是理解此時文人審美意識和趣味的關鍵。其理由是 12 世紀的禪宗佛教受到儒家環境的影響，已經變為一種高度儀式化和智性化的機構，藝術在其中也已經變為一種冥想活動和啟示教導的結合形式。對於都接受了良好教育的儒家學者和禪宗僧侶而言，他們各自所追求的修養和開悟在路徑上出現了合流——儀式、傳統、實踐與豐厚的哲學文本，以及對內在自我和外在世界的調查探究；方法上也取得了相通——學術和相應的藝術實踐與研究。在文學和藝術的術語體系上，儒釋雙方也出現了融合。在這樣一種背景下，對於南宋的文人學者精英而言，《瀟湘臥遊圖》這種山水畫所承載的是至高的哲學真理與真相，通過這種繪畫中的山水風景來揭示和理解這些真理真相的能力也被視為文人學者精英的獨有之物，是作為這一階層成員的標誌：「南宋新儒家學者為從各個層面調查世界而培養了研究能力和理性，其心志本身通過暗示而在具有高度技巧的山水畫中找到了用以檢驗其理解的視覺方法，並由此通嚮往昔聖賢的心志結構。」〔註 84〕在這種意識下，南宋山水畫一方面凝聚了從自然世界的現象中洞悉「理」、「道」的要求，另一方面化為寧靜心神、為開悟而作準備的工具，體現了這個時代對本體論知識的追求。

奧爾蒂斯的這種詮釋具有三方面的意義。其一，文人在繪畫領域的身份話語表現形式有所變化，繪畫不再被要求直接體現文人士大夫的生活經驗、生存狀態、經歷境遇；對文人士大夫和文化精英來說，在畫中體現他們身份的方式不再是直接的畫面聯想，而是處理表象世界的一種更為內在的思維理路。其二，作為焦點的自我與場域的關係也發生了轉變，文人的自我完成也不再以自我對外界的擴張來實現，而是更多地變為通過表象世界本身的敏銳觸動來感知自我的狀態。其三，在繪畫領域中處理人——世界——藝術關係

Illusion in Chinse Painting, Leiden, Boston and Koln: Brill, 1999, p.5.

〔註 84〕 Valérie Malenfer Ortiz, *Dreaming the Southern Song Landscape: The Power of Illusion in Chinse Painting*, Leiden, Boston and Koln: Brill, 1999, p.8.

的詩學預設也發生了更替，藝術品具有了將本身作為一個可以單獨進行考察思辨的現象世界的可能性，並不一定要與具體的現實生活經驗密切掛鉤。對南宋文人趣味中所包含理念的這種哲思化、內向化的詮釋，也為更深入地運用符號論美學等西方美學視角打開了通路。

按照上述詮釋，不論是出於文人內部所提供的理念的變化，還是出於參與文人趣味產生和消費之主體的擴大與轉移，富於文人詩意的繪畫都不再僅僅作為文人的自我完成與表達工具，其功能不限於展現文人士大夫身份和學識、抒發自身情性、暗示經歷境遇和對自身生存狀態進行隱喻，亦不再限於強烈要求通過畫面聯想到某個個人的具體隱情，而是更多作為通向某種抽象的精神狀態、情緒體驗或哲思的借力之物。這意味著通過繪畫對由文人的各種經驗所構成的文本進行追索的需求大大降低，那麼作為文人趣味外在表現的「詩意」也必然轉移其重點，而轉移的方向唯有回到以再現性為特徵的視覺世界——這種再現以文人詩歌中長久積累下來的一些偏重自然環境題材的內容為主題，仍然符合福開森所說的通過文學向繪畫提供題材；但其中詩畫結合的重點，已然變為對這些題材中的自然世界進行足以讓人身臨其境的視覺再現，並通過這種身臨其境的欣賞過程，使人進入一種不同於現實生活的精神生存狀態。

如此一來，對這種詩意畫進行考察的基點終於又可以回到高居翰所強調的視覺世界。這一基點首先著落於對「詩意」和詩意繪畫本質屬性的新定義，即視詩意為一種非現實經驗性的理想，而詩意畫便是「可以使一種理想敘事或神話在圖畫中獲得實現的圖畫」：

> 這種理想就是：在自然中隱居生活；到山間漫遊，尋找詩意，或駐足體驗某種景色聲響、品味它們所激起的感受；返回安全的隱居之所。這一連串主題組成了我所說的「詩之旅」。多數中國詩篇佳作所指明的同樣一連串主題，增進了我的看法，即它們對於中國詩意具有核心價值。〔註85〕

這裡包含了一種由於詩意趣味的追求主體的擴大導致的詩意形成方式的轉換：由詩意畫形成之初的「被（通過文本）辨識出來」，轉變為「被有意創造出來」。當欣賞和追求這種文人性趣味的主體不再限於文人士大夫，

〔註85〕〔美〕高居翰著，洪再新等譯：《詩之旅：中國與日本的詩意繪畫》，生活．讀書．新知三聯書店，2012年版，導論第6頁。

詩意趣味的實現方式不再指向具體的詩文文本和文學隱喻，也脫離了文人士大夫的政治生活所帶來的政治隱情，那麼詩意趣味的達成過程即轉化為一種觀者通過畫面介入獨立的虛構世界的視覺與想像體驗方式。與姜斐德將「詩意」闡釋為需要依靠學識獲得的相對具體的文學隱喻和文本指向不同，高居翰認為作為一種理想的「詩意」已經轉變為一種相對抽象、脫離現實的情緒性體驗。這種體驗一方面與多數人都熟悉的詩歌（而非富含個人隱情的文人士大夫創作）相關聯，呼應詩壇風氣，一方面依靠由畫面激起的想像構築某種脫離現實的虛幻世界而得到具體化，從而獲得現實中遙不可及的某種理想體驗：

> 南宋院畫家及其追隨者為他們的觀眾（從皇帝到有教養的城市居民）而創作，並且完成得格外出色，不斷召喚、再造和重新想像一個失去的詩意世界。吉川所寫的眷戀唐詩的風氣貫穿整個南宋詩壇，這種情況在南宋繪畫上有相應的體現。人們都熟悉唐人和宋代前期的詩歌，繪畫則在其觀者的腦海中激發起一整套理想化的、熟悉的永恆的想像，構成了我所謂的詩之旅。這些理想之事包括：從城市隱退，像隱士那樣生活；通過在自然世界中遊歷，享受身處其中的不斷延伸的感受；以及寧靜單純的人際關係。……（政治和環境因素）使得這些理想對大多數人而言，除了在想像中，都是遙不可及的。〔註86〕

在對「詩意」的這種性質的理解下，「詩意」的精神內涵也就被轉換為對人與自然世界的相融相合失而復得的憧憬，並在南宋後期繪畫中典型地體現為在畫中採用隱居山水題材以及該題材的各種延伸形式，「使得觀眾可以想像，他們能逃避喧鬧繁忙的城市，安靜的住在茅草屋裏……貫穿於詩歌和繪畫背後的信念，史意欲這樣去生活的渴望，然而很少有人意識到，這也只是作為一種提神醒腦的想法存留在那些忙於經商和仕宦者的腦海中。」〔註87〕

高居翰對詩意畫審美過程所作的這些詮釋，留有二十世紀中期美國所

〔註86〕〔美〕高居翰著，洪再新等譯：《詩之旅：中國與日本的詩意繪畫》，生活·讀書·新知三聯書店，2012年版，第40頁。

〔註87〕〔美〕高居翰著，洪再新等譯：《詩之旅：中國與日本的詩意繪畫》，生活·讀書·新知三聯書店，2012年版，第41頁。

流行的蘇珊・朗格符號論美學的深深烙印。將詩意畫視為使觀者脫離現實
的理想世界，這一觀點即是朗格「虛幻空間」（virtual space）理論的反映。
所謂「虛幻空間」，是指藝術品存在形態的本質是由藝術家以幻象（illusion）
為基礎創造出的一個不同於現實的、新的藝術空間。該空間與人們實際生
活的現實空間互不連續、截然二分（明顯有別於自然主義和實用主義美學
的審美經驗連續觀和完整觀），獨立自存於現實之外。虛幻空間的觀察者身
處兩種力的抗衡之中，一是賦予虛幻空間中所包含之審美對象的誘惑力，
二是令觀察者顧及周圍世界（特別是現實世界）的注意力；使前者強大到足
以勝過後者，便可使該虛幻空間與其觀察者超脫周圍世界，令觀察者專注
於這一虛幻空間。朗格將藝術的虛幻空間的這種存在特性稱為「離開現實
的他性（otherness）」。此外，虛幻空間的存在還具有「自我豐足」（self-
sufficiency）的性質。「自我豐足」不但意味著虛幻空間相對於現實而獨立自
存，還代表了這一空間及其中的意象構築審美經驗的獨特方式——在不完
全脫離現實經驗（但這與自然主義和實用主義美學的審美經驗連續性也大
為不同，僅僅是保留了對客觀存在物的一些把握和感受，比如自然風景之
類，以便於建立對藝術符號的基本認識）的同時，又創造一個新的經驗——
這個新的經驗完全不同於現實生活，且能容納比現實經驗更多更豐富的意
味。要實現這種「自我豐足」，首先是強化虛幻性而排除現實的實在性，使
「形式只是純粹的表象，而無現實裏的功能……使它與實際生活分離，使
它抽象化而成為游離的概念上的虛幻之物」〔註 88〕；然後使形式的外部表
象得到充分凸顯，並使之「透明」，從而達到可直觀把握的高度自我完滿、
渾然統一，也就是「一種表現力很強的形式在它可能傳達任何意蘊之前，就
必定清晰地形成了，也為人所清晰地理解了。」〔註 89〕

　　此外，高居翰將「詩意畫」的內容視為對主要偏重自然、隱逸題材的詩
歌主題的呈現，將其中追求的「詩意」解釋為一種由這些內容所引發的、相
對抽象並脫離現實的情緒性體驗，背後也正是蘇珊・朗格的形式（form）—
情感（feeling）邏輯：通過一定的情感模式運用幻象構築形式，完成某種虛

〔註88〕〔美〕蘇珊・朗格著，劉大基、傅志強譯：《情感與形式》，中國社會科學出
　　　　版社，1986 年版，第 71 頁。
〔註89〕〔美〕蘇珊・朗格著，劉大基、傅志強譯：《情感與形式》，中國社會科學出
　　　　版社，1986 年版，第 71 頁。

構經驗或歷史回憶的構造，並反映和引發與情感模式對應的抽象的情感概念；由此，複雜而難以言喻的情感通過形式而對象化，形式因為其按照情感模式構建、並對抽象的普遍情感進行表現而具有意味，人類普遍情感與有意味的形式形成連結，藝術最終成為人類情感符號的創造。對於注重視覺形式研究的高居翰來說，採用這一邏輯可以將既接通中國傳統話語中的自我表現論，又可以融入基於西方傳統靜觀美學的形式學說，於他而言這是在中國畫研究中實現中西美學對話的最佳平臺，南宋的詩意畫也正是最合適的研究與詮釋對象之一。

奧爾蒂斯則抓住來自禪宗思想的術語「幻」，並將由此產生的「對真實地方的抽象性個人視象（abstract personal vision of a real place）」〔註90〕作為對南宋詩意繪畫核心意念的概括，以及將其中包含的審美趣味稱為「審美隱居」（aesthetic eremitism）。這同樣是從「虛幻空間」理論和形式—情感邏輯出發而來的詮釋。但在此之外，他還注意到了為何會出現高居翰所說的「遙不可及的理想」，為何要試圖在虛幻的理想世界中獲得隱居一般的安逸——「所有這些變化不可能置於不變的社會與政治結構，特別是財富、權力和名望的分配」〔註91〕。無論高居翰還是奧爾蒂斯都意識到審美趣味仍然是個具有社會性維度的問題，不過奧爾蒂斯在這方面著墨更多。與抽象化、智性化、本體論色彩濃厚的「詩意」觀念一樣，奧爾蒂斯認為對「審美隱居」的追求也是由文人士大夫提供的理念——具體而言，是起於文人士大夫的心理壓力、以及對舒緩這種壓力的需求。這種心理壓力來自多個方面，包括：人口增長和經濟發展使得執政治理的難度變高；新的地方官僚和地方精英的產生帶來社會權力格局的變化；在文人士大夫的出仕過程中，首先需要在新的科舉考試中連過三關，考中後卻由於冗官制度而不一定能立即被任命官職；科舉入仕在帶來名望的同時也帶來了捲入政治風波的風險（但由此造成的貶謫等也帶來了可以進入「隱居」狀態的時間），等等。所有這些都為文人士大夫帶來了各種焦慮。此外，南宋的時局也為南宋文人士大夫尋求「審美隱居」提供了別的理由，比如圍繞主戰主和而產生的政治波亂導致了對官宦生涯的失望，以及南宋孝宗對士大夫階層的削權和強硬政治等。高居翰更將這種壓力推及文

〔註90〕 Valérie Malenfer Ortiz, *Dreaming the Southern Song Landscape: The Power of Illusion in Chinse Painting*, Leiden, Boston and Koln: Brill, 1999, p.117.
〔註91〕 Valérie Malenfer Ortiz, *Dreaming the Southern Song Landscape: The Power of Illusion in Chinse Painting*, Leiden, Boston and Koln: Brill, 1999, p.20.

人士大夫階層以外，同時涵蓋了具有和追求教養的商人階層和城市居民，以及在繁忙城鎮中從事創作的畫家，對他們造成壓力的因素還包括了「商業的擁擠」和「其他許多大城市環境和政治體制中的不確定因素」〔註92〕。

　　對於真的進入退隱狀態的文人士大夫而言，其典型行為是回到家庭甚至祖籍所在之地，或者在山林間的寺廟或庭園中尋求暫時的避世忘憂，從政治或者繁忙的城市生活中撤出，並產生與這種寧靜的撤退相應的智性和審美追求。奧爾蒂斯認為這是典型的中國知識分子傳統和文人行為方式，無論在詩歌（如陸游、楊萬里、范成大等大詩人）還是在接受了詩意觀念的繪畫中都有體現。但舒緩壓力的需求對仍身處官宦生涯和城市生活中的人來說同樣存在。他們並未或不能做出實際的退隱行為，所以舒緩壓力的「隱逸」只能在逼真但又脫離現實的虛幻空間和理想世界中尋求，由此催生了結合了詩意的情緒性體驗和對視覺世界的逼真描繪的詩意畫，以及通過這種詩意畫尋求安寧的審美行為與審美追求。而隨著加入相應審美行為和藝術活動的群體的擴大，原本與文人士大夫身份緊密相關的退隱觀念和隱逸趣味，此時也已經成為一種社會性的藝術審美意識，並成為這一時期大量的詩歌繪畫的藝術表現的中心內容。這反映了文人趣味本身也經歷著符號化的轉向，此時詩意繪畫中的文人性和文人趣味不再關乎文人獨有的具體境遇經驗，而是已被約簡為通過詩歌提供的某些題材和抽象的情感體驗，是一種最初源自文人文化、如今卻可以被普遍追求的形式性符號表徵，相應的文人趣味也只是對這樣一種形式和符號的偏好。對於文人自身而言，這樣的文人趣味符號化可能只為他們留下了可供沉思冥想的虛幻空間，但對於其他追求這種審美意識的階層（如前文中高居翰提到的「從皇帝到有教養的城市居民」）和具體進行實際創作的職業畫家而言，其意義不僅僅在於「別有洞天」的藝術世界，更在於通過這種符號使自身的趣味文人化，借助文人長久積累的文學創作所提供的詩歌題材、意蘊與繪畫的結合，不用具備文人士大夫階層那麼高程度的學識條件，便可追求文人所象徵的教養與文化價值，並滿足多個階層進行文人式「審美隱居」的需要。

　　對於這種通過詩意繪畫來廣泛追求符號化、象徵性的文人趣味的現象，高居翰幾乎完全轉向其作為視覺表徵和視覺體驗的一側；奧爾蒂斯的觀點則

〔註92〕〔美〕高居翰著，洪再新等譯：《詩之旅：中國與日本的詩意繪畫》，生活・讀書・新知三聯書店，2012年版，第40頁。

略有擴展，他還聯繫到了宋室南渡後特有的歷史情境與地理環境。就南宋的歷史情境而言，光榮的往昔，包括過去在文化上的偉大成就，都是此時所有書寫和藝術所呼喚和回憶之物，長久積累的文人書寫仍然是教養與文化的象徵；詩人和畫家共同使用的意象都是來自文學的象徵物，產生於長久的文化傳統之中，通過有技巧地展現這些意象就能在受到良好教育的心靈中引起詩性的回應，達到追溯、追求和保持文化價值的目的。另一方面，江南的自然風情也對畫家產生了刺激，並且也與詩歌中的一些傳統題材和意境相關聯（比如「瀟湘」的意象）。鑒於這兩者的結合，奧爾蒂斯一方面認為此時的詩意畫表明即使對於文人以外的階層來說，他們所持有的中國傳統審美觀念依然不相信單純的功能性或單純的審美性，文學在為繪畫賦予價值的過程中仍發揮重要作用，並使得對繪畫的鑒賞考察中牽涉著複雜的文化價值；另一方面，結合了長江流域和江南山水實景，《瀟湘臥遊圖》這類詩意畫顯現了這樣一種獨創性：「它如此強烈地沉浸於文學價值中，同時又與視覺上的真實如此相配，甚至不需要什麼題詞就可稱之為『詩意』。」〔註93〕

在對「詩意」進行了這樣一番蘇珊·朗格式的情感符號化詮釋後，出於塑造有別於現實的虛幻理想世界的需要，不但「逼真」和「靜觀」的美學觀念又重新可以在研究中用於文人理念下的繪畫，對繪畫的視覺形式的關注點和為其賦予的意義也發生了轉變，並突出體現在對雲霧山水、「未完成」或「不完全」等視覺形式從情感體驗的層面所做出的詮釋。高居翰首先從他所認為的觀者所處的狀態出發：「人們從外部來注視意象，沒有想像的介入，也沒有和畫中人物的密切聯繫……詩人畫家和觀者都只以抽象的、沉思的狀態在場」〔註94〕；然後是所注視的「未完成」或「不完全」的視覺形式，比如出現了以隱匿而迷蒙的形式作出不完全展現的「小景」形式，並通過這種「不完全」在觀眾中激起種種「言有盡而意無窮」的反應。對詩意的實現不但需要這樣的反應，更需要考慮畫面如何將觀者引入獨立於現實的虛幻世界並使觀者超脫於現實，如此方能獲得舒緩生活現實、喚起一種優雅和諧的詩意經驗、呼應人們對回歸自然等由來已久的理想的趣味目的。由此在畫面形式的演化上，畫中人物在不構成與觀者的直接互動的聯繫的前提下擔負起了引導

〔註93〕 Valérie Malenfer Ortiz, *Dreaming the Southern Song Landscape: The Power of Illusion in Chinse Painting*, Leiden, Boston and Koln: Brill, 1999, p.77.

〔註94〕 〔美〕高居翰著，洪再新等譯：《詩之旅：中國與日本的詩意繪畫》，生活·讀書·新知三聯書店，2012年版，導論第4頁。

觀者進入繪畫世界、展開「詩之旅」的任務；而展現不完全小景的要求則得到繼承並演化出了「未盡的敘述」這一美學形式，並滲透於南宋許多最優秀院體畫中。詩畫對幅的團扇形冊頁也是這一美學的典型體現之一。也正出於這一系列美學要求，對畫面再現技巧的要求仍然必須被提到相當的高度，高居翰認為這並非文人畫家們所能完成，因此文人畫大師的功績在於提出詩意的美學觀念和提升繪畫地位，而詩意趣味完成與繪畫的最終結合則由職業畫家實現，如此方能具備「有無盡的能力來重新想像熟悉的題材，把觀眾吸引到暗示性的、不確定的和未完成的敘述中」的細膩詩意境界。

　　奧爾蒂斯也是從激發抽象的情感體驗這一角度解釋詩意繪畫的一些視覺形式所具有的功用和意義。譬如雲霧繚繞的山水風景形式，他的解釋便不單純是對某種身處其中的生存狀態的暗喻或單純是對其所象徵的理想生活的嚮往，還從心理學的角度產生了安慰與平復的作用，畫中的雲氣在將觀者的想像轉換至一個夢幻世界的同時將心理上的痛感「擦除」（erase）。雲氣所製造的遮蔽與未遮蔽、時隱時現的視覺效果，使得畫者和觀者能夠「描繪一個觸手可及而又消失在永恆之中的空間」，並「激起情感和白日夢（day-dreams）」〔註95〕。「未完成」的視覺格局一是為了以有限暗示無限性，二是「為了令形式自然地顯現」〔註96〕，他以陸游的詩《怡齋》來總結這些形式中所包含的南宋文人審美意識：

> 東湖仲夏草樹荒，屋古無人亭午涼。
>
> 萱房微呀不見日，筍籜自解時吹香。
>
> 野藤蟠屈入窗罅，濕菌扶疏生屋樑。
>
> 跨溝數橡最幽翳，漲水及檻雨敗牆。
>
> 靜涵青蘋舞藻荇，閒立白鷺浮鴛鴦。
>
> 芙蕖雖瘦亦彌漫，照眼翠蓋遮紅妝。
>
> 水紋珍簟欲卷卻，團團素扇嬾復將。
>
> 天風忽送塔鈴語，喚覺清夢遊瀟湘。〔註97〕

〔註95〕 Valérie Malenfer Ortiz, *Dreaming the Southern Song Landscape: The Power of Illusion in Chinse Painting*, Leiden, Boston and Koln: Brill, 1999, p.78.

〔註96〕 Valérie Malenfer Ortiz, *Dreaming the Southern Song Landscape: The Power of Illusion in Chinse Painting*, Leiden, Boston and Koln: Brill, 1999, p.112.

〔註97〕 〔宋〕陸游著，錢仲聯校注：《劍南詩稿校注》，上海古籍出版社，1985年版，第418頁。

其中反映了三點內容：一是「對真實景色詳細而栩栩如生的描繪」，二是「對身處景中的『我』保持敏銳的意識」，三是「喚起直接的景色背後所藏的世界」，也就是「瀟湘」這個意象的意涵〔註98〕。這三種審美追求構成了南宋由詩到畫、詩畫結合中所蘊含的文人理念和文人趣味。

也正是通過提煉和概括出逼真的視覺構成、自我體驗意識、虛幻世界的理想這三種審美追求，並在詩意畫中對其進行再建構和再認識，在美國漢學家常用的社會史、文化史、個人史、自我表現和隱喻表達的視角之外，注重視覺形式的研究方法和基於視覺形式的批判標準也在宋代文人趣味背景下的繪畫中找到了最佳的運作平臺。如高居翰和奧爾蒂斯的研究所展示，在不牴觸社會史和文化史視角的同時，他們也尋得了將西方傳統的靜觀美學和蘇珊‧朗格的符號論美學融入對中國繪畫研究的最佳途徑。這一融入的焦點，外在表現為具有詩意題材和詩性表達方式的「詩意畫」等形式，內在的文人趣味及審美意識則被認為是對隱居和人與自然完美相融的憧憬—— 一種常由文人士大夫所抒發的悠久詩性傳統，並通過理念的傳播和藝術品消費而在社會層面上向有教養或追求教養的職業畫家、商人、市民階層擴散。美國漢學中的中西美學對話，在這一類型的研究中形成了另一種獨特的維度。

〔註98〕 Valérie Malenfer Ortiz, *Dreaming the Southern Song Landscape: The Power of Illusion in Chinse Painting*, Leiden, Boston and Koln: Brill, 1999, p.116.

第五章　書法之法

　　由於書法藝術與中國文字的特有形式和書寫方式緊密結合，該領域與西方學者之間的文化距離遠超思想、文學和繪畫等，美國漢學對中國書法的研究成果無論在藝術層面還是美學理論研究都遠遠少於其他文化載體。除了一些對博物館內中國書法藏品的描述性和藝術史性質闡述，美國漢學家對中國宋代書法的美學層面進行探究的主要嘗試，散見於艾朗諾的宋代文學研究中對歐陽修、蘇軾的書法觀念的一些討論，以及石慢（Peter Charles Sturman）以米芾為中心研究北宋書法的專著《米芾：北宋書法的風格與藝術》（*Mi Fu: Style and the Art of Calligraphy in Northern Song China*）。但在這些數量不多的著述中，美國漢學家仍努力克服語言文字書寫形式所造成的巨大隔閡，對中國書法美學和其中的文人趣味進行了探究，並取得了一定的成果。

　　由於書寫與文人的社會位置和日常生活具有極其緊密的關聯，書法在某種意義上成為最能體現文人身份和文人趣味的藝術領域，包括「文人畫」觀念的建立也在相當程度上依靠將書法的「筆法」觀念擴展至繪畫之中。因此，考察美國漢學家對中國宋代書法美學的研究，也是考察他們在比較文化視野下如何探究宋代文人趣味的重要組成部分。從現有文獻進行歸納，可以發現美國漢學家在這一部分的研究主要圍繞「法度」這一美學概念展開，認為「法度」的確立、實現和對「法度」的變通與超越體現了宋代文人在這一領域的趣味傾向和變化。在考察方法上，基於關聯性的美學秩序，書法之「法度」觀念由於書法作為線條結構藝術的性質而遠可追溯至先秦時期的青銅器和服飾裝飾紋樣，依靠對先秦典籍的考證而描繪出這一概念的形成過程和內涵變化；近則基於文人士大夫的焦點—區域視野，與宋代文

學中「法」的觀念和「平淡」等美學趣味形成互動，從而勾勒出宋代文人以此概念為主軸而展開的審美圖景。

第一節 「法度」概念背後的文化生態

「法」／「法度」是書法美學中的一個常見概念，無論在中國傳統文人書法還是現代書法的話語中都有著重要的位置，因此在漢學的美學研究中取得相對應的重要性也順理成章。不過在國內的書法創作論和鑒賞論中，對「法度」具體含義的明確闡述比較少見，通常是用而不釋，以傳統的上下文語境方式予以運用，常通過與規矩、規律、方法等詞的並列，以近乎同義複用的方式為其賦予含義，行文的重點基本都放在其中具體的書法學習、書法創作規律和技法表現上〔註1〕；也有相對少見的一種嘗試，將對「法度」的解釋從書法實踐推進到美學領域，如對唐代書法「尚法」風格的研究中，將「法」解釋為「在實際的體用過程中，在自然而然的實踐中本能的一種繼承意識、構造意識、規範意識」〔註2〕。後一種思路將「法度」解釋為一種審美趣味，並更進一步地延伸出從社會史和文化史視角進行考察的研究路徑。而美國漢學家對宋代文人書法趣味的研究，採用的正是這一路徑。

由於語言文字書寫形式上的巨大差別，美國學者很難從實踐角度介入對書法的研究，所以一方面採用針對線條裝飾藝術的視覺方法，觀察中國書法的形態與線條質感；一方面充分發揮其常用的社會與文化詮釋方法，並在對書法「法度」的詮釋中走得更深更遠。這兩方面特點意味著，「法度」不會被視為一個始於書法的概念和追求，對其的考證也不會從書法領域本身開始，不會侷限於書法領域內部，而是沿著線條藝術的發展圖譜上溯至更早的時間節點，進行社會史和文化史性質的綜合考察。在美國漢學的研究圖景中，對「法度」概念的考證最早已經追溯至先秦時期，借助考察同屬線條藝術的先秦青銅器裝飾紋樣及其包含的內在文化秩序而進行。在《模式與個人：古典中國的裝飾、社會與自我》（*Pattern and Person: Ornament, Society, and Self in Classical China*）一書中，包華石從先秦文獻中整理和勾勒出一套體現了禮儀

〔註1〕典型例如：徐利明：「法度與情性之辯證——草書創作論」，載《中國書法》2013年第2期，133～136頁。

〔註2〕邢志強《審美趣味與歷史轉向——隋唐書法「法度」形成過程研究》，中國美術學院碩士學位論文，2010年，第102頁。

等級制度、禮儀文化秩序和審美表現的工藝美學理論體系和工藝製作規範，對這個體系的表述由「式」（style）、「節」（grade）、「度」（degree）、「數」（number）、「法」（procedure）等概念組成。「法度」一詞的兩個組成部分「法」和「度」即源自此處，但在演變過程中超出了原有的範疇，不僅僅停留在 procedure 和 degree 這兩個最初譯法所表示的原始意義，而是構成了新的文化審美觀念和審美趣味指向。

　　雖然包華石選擇 degree（程度）來翻譯「度」的最初意義，但他也在一開始就說明「度」的多義性：度量（measure）、標準（standard）、容量（capacity），以及可以作為「法度」的一種直白對譯的「法則」（law）。而這些含義都以不同的角度或方式來處理「測量」（measurement）的問題。「度」在工藝實踐上向工匠指示了「量」的層級，即該用多少材料和裝飾，而這些量級又是等級制度下社會特權（以及相應使用材料的量級的特權）的體現，反映了榮耀和高貴的層級。因此度這個概念同時體現了物質文化與社會結構互為表裏的秩序。包華石引用兩處先秦文獻作為對「度」的解釋的出處：《禮記·仲尼燕居》中有「是故宮室得其度，量鼎得其象，味得其時，樂得其節」〔註3〕；《左傳·桓公二年》中有：「袞、冕、黻、珽，帶、裳、幅、舄，衡、紞、紘、綎，昭其度也。藻、率、鞞、鞛，鞶、厲、遊、纓，昭其數也。」〔註4〕前者表明「度」作為技術層面上關於多少、大小等的工藝規範，也表達了禮儀等級制度；後者表明各種等級的審美表達所對應的「程度」並不反映在器物的實用層面（如統治者不能只有自己穿戴腰帶和便於在祭禮中活動的長袍、而大臣不能），而是具體區分於並不直接決定實用與否的、審美表達性質的層面，如「材料、記號、裝飾物」之中〔註5〕。

　　「法」在英文文獻中通常被譯為「標準」（standard）、「規則」（rule）、「模型」（model）或「法則」（law），翻譯的差異也表明了這個概念含義的豐富性。「法」和「度」常常串聯出現，但在原始意義上，包華石認為「法」

〔註3〕原文可見：楊天宇：《禮記譯注》，上海古籍出版社，2004 年版，第 663 頁；〔清〕阮元校刻：《十三經注疏》，中華書局，1980 年版，第 1613 頁。

〔註4〕原文可見：楊伯峻：《春秋左傳注》，中華書局，2009 年版，第 86～88 頁；〔清〕阮元校刻：《十三經注疏》，中華書局，1980 年版，第 1741～1742 頁。包華石引用中文原文時均無頓號（《十三經注疏》中此處均有句讀），並將「昭」寫作「照」。

〔註5〕Martin J. Powers, *Pattern and Person: Ornament, Society, and Self in Classical China*, Cambridge and London: Harvard University Press, 2006, p.54.

和「度」的不同側重點在於，「度」的內在基本邏輯是量化（quantitative）的，「法」雖然也指涉材料使用的規模，但可能更意味著等級化的過程（graded process），因此他用 procedure 來表示「法」的原始意義，即過程中的程序和步驟。在工藝中，程序和步驟必有規、範等製作工具保證尺寸量度，並形成其製作方法和規章制度，這種結合了「度」的「規範」隱喻使得「法」可以承擔一種道德層面的維度——它可以對嗜好的放縱與沉迷進行節制，從而超出了純粹的技術領域，而更加強化「法」在規則、規範、標準層面上的意義；並可在《禮記》的文本中與「德」的概念相平行，即以工藝匠人所遵循之規則（「法」）比對君子之品行力量（「德」）。「德」是一種內在、自發、適用於貴族等級中人的節制規範，「法」則外化以供匠人等遵循，二者結合而成完整的禮儀制度〔註6〕。

在工藝技術層面上，較之最終的成品，「法」主要還是和程序、步驟相關聯，如《尚書·大誥》中：「若考作室，既底法，厥子乃弗肯堂，矧肯構？」〔註7〕《禮記·月令》中：「是月也，命婦官染采，黼黻文章，必以法故，無或差貸。黑黃倉赤，莫不質良，無敢詐偽，以給郊廟祭祀之服，以為旗章，以別貴賤等給之度。」〔註8〕但由於最終還是要反映在「別貴賤等給」的「度」上，即程序、步驟、方法、規則是為製作資源的等級化分配而設計，最後結果是固化為量和品質上的特定規格，使得「法」不但不會只表示「程序步驟」，而且在大部分語境中也無法與「度」區分或分割，從而結合為涵義更廣的「法度」概念，同時包含了方法步驟、規則、標準、過程、外在表現的量度等諸多層面的意義。本身即依靠隱喻形成的這一概念又以隱喻的方式進一步引申，從製作工藝領域進入社會政治，特別是成為早期法家「法」的概念的語源。

這個引申過程意味著包華石（以及他提及的 David Keightley 等學者）認為「法」或「法度」概念的形上化是由早期法家（以及道家化的法家）這個通常不會出現在國內美學研究視域中的學派完成的。從其論證的過程看，這是

〔註6〕 Martin J. Powers, *Pattern and Person: Ornament, Society, and Self in Classical China*, Cambridge and London: Harvard University Press, 2006, p.55.

〔註7〕 王世舜、王翠葉譯注：《尚書》，中華書局，2012 年版，第 174 頁；〔清〕阮元校刻：《十三經注疏》，中華書局，1980 年版，第 199 頁。包華石引用本段時將「厎」寫作「砥」。

〔註8〕 〔清〕阮元校刻：《十三經注疏》，中華書局，1980 年版，第 1371 頁；楊天宇：《禮記譯注》，上海古籍出版社，2004 年版，第 193 頁。

一種自成邏輯的獨特觀點，而並非僅僅因為都包含一個「法」字而進行聯想。
這個論證過程中首先引用的文獻來自《管子·明法》：

> 明主者，一度量，立表儀，而堅守之。故令下而民從。法者，
> 天下之程序也，萬事之儀表也。〔註9〕

　　此處使用了「度量」等原本的工藝技術術語，卻不再提及原有的工藝對
象，因此包華石認為它們已被從物質領域中抽象出來。而用於更高層次的社
會衡量。原本作為工藝技術和禮儀中的規則的「法」也經歷了類似的社會化
過程，但它並不同於接近後世「法律」意義的「律」和「令」，其所承載的
意義更接近於精心設計下的社會政治治理中的過程性規則。這種過程性規則
保證標準可以在單一尺度上得到具有延續性和穩定性的踐行，從而為政府贏
得可以使民眾守法的信用。在這一語境下，「法」、「法度」也從將一個階層
與另一個階層相區分的規則轉變為同等適用於各階層。這個轉變過程，包華
石以《商君書·更法》中商鞅和保守派甘龍、杜摯之間的爭論作為印證。甘
龍的言辭是：「今若變法，不循秦國之故，更禮以教民，臣恐天下之議君，
願孰察之。」〔註10〕商鞅則反駁：「各當時而立法，因事而制禮……治世不
一道，便國不必法古。」〔註11〕包華石認為甘龍所謂之「法」仍為原有禮儀
系統之內的規則，而商鞅提到的「法」分別指實體性的「規則」和「作為標
準而採用」，代表著「法」從某種從內容到指涉範圍都相對固定的規則實體
到為當下目標建立規則秩序之行為的轉變，「變法」的爭論也代表著春秋晚
期以來對以禮儀制度為核心的文化秩序的重定義，意味著社會的核心秩序基
礎從基於禮儀和祭典的社會系統走向更為系統化和抽象的社會理論。

　　當「法」成為一種社會化的維度，它也就自然地在社會的精神層面上展
開建立相互關係和秩序的作用，包華石認為慎到的「法非從天下，非從地
出，發乎人間，捨乎人心而已」〔註12〕表達的即是這層意思，並由此在社

〔註 9〕 薛和、徐尪謙：《先秦法學思想資料譯注》，江蘇古籍出版社，1990 年版，第
　　　　 31 頁。

〔註10〕 薛和、徐尪謙：《先秦法學思想資料譯注》，江蘇古籍出版社，1990 年版，第
　　　　 55～56 頁。

〔註11〕 薛和、徐尪謙：《先秦法學思想資料譯注》，江蘇古籍出版社，1990 年版，第
　　　　 56 頁。

〔註12〕 薛和、徐尪謙：《先秦法學思想資料譯注》，江蘇古籍出版社，1990 年版，第
　　　　 49～50 頁。

會秩序中產生「公」（公共、共享性、用以做出無偏見的判斷的規則）和「私」（以家庭宗法秩序統治政治的個人性趣向）的分野；而「法」的追求正在於脫離宗法制，形成更加廣泛和平面化的公共秩序和準則，即慎到所謂的「法之功，莫大使私不行」〔註13〕。由此，「法」、「法度」完成了進入社會政治領域、由工藝技術實踐到社會秩序準則的形上化過程。

　　一個廣泛、普遍、公共化的社會秩序概念除了運行於社會政治領域，同樣也會影響到美學性的方面，何況包華石對中國美學的研究在相當程度上聚焦於審美背後的政治文化。「法」和「法度」在從工藝技術上升到形上的社會文化秩序之後，必然還會回到美學之中進行表現。能夠體現作為泛化的規則秩序的「法」和「法度」的美學層面，包華石認為還是應當返回到「文」和「章」這兩個自上古即已存在的傳統概念。在包華石眼中，商鞅、慎到、管子學派這些專注於實際政治的學者只是借助為儀禮服務的工藝製作中的術語作為政治隱喻，自然不會像儒家那樣去提及本屬於禮儀制度的「文」和「章」，因此這個向審美領域返回的過程需要借助「隆禮重法」的荀子來實現。由於荀子既將儀禮制度視為建立政治治理標準和規則的起始之點，堅持統治者需要成為智慧和品德力量的模範，又因應時勢地認識到原有儀禮制度背後以血緣為基礎的貴族等差已經過時，因此相應的裝飾和審美等級需要賦予更多的實際性社會功能——即審美性的裝飾仍是區分等級的手段，但在新的以社會治理能力、品德為基礎的等級中，裝飾具備的作用是強化人的尊嚴與體面（dignity），使其能夠獲得利於其行使自身職責而所需的尊重。首先，法度的基礎在於「德」和「能」的等差秩序，包華石通過對《荀子・君道》的引用和分析予以論證：

　　　　天子三公，諸侯一相，大夫擅官，士保職，莫不法度而公，是所以班治之也。論德而定次，量能而授官，皆使其人載其事而各得其所宜。〔註14〕

　　他認為此處的「度」不再是原本儀禮制度中的禮器和裝飾等的尺寸丈

〔註13〕薛和、徐趫謙：《先秦法學思想資料譯注》，江蘇古籍出版社，1990年版，第137頁。

〔註14〕此處包華石所用《荀子》原文和英譯出自：John Knoblock, *Xunzi: A Translation and Study of the Complete Works*, Vol. 2, Stanford: Stanford Univetrsity Press, 1990, pp.182-183. 國內文本參見：〔清〕王先謙：《荀子集解》，中華書局，2012年版，第233頁。

量，而是在政治和社會治理中各依其位的特定限制；「法」指的是為實現設定的公共目標而進行的公共性程序和步驟，而不再只為一家之利。「德」的基礎也脫離了貴族秩序，從而使得有品行和能力的非貴族階層擁有成為某個位置的治理者的可能，也使得審美性的裝飾不再成為舊的儀禮制度中貴族的獨享，不同層級的治理者均可以獲得象徵自身新的社會地位和作用的「文」與「章」：

> 上賢使之為三公，次賢使之為諸侯，下賢使之為士大夫，是所以顯設之也。修冠弁衣裳、黼黻文章、雕琢刻鏤皆有等差，是所以藩飾之也。故由天子至於庶人也，莫不聘其能、得其志、安樂其事，是所同也。〔註15〕

在這種吏治理論中，由於「文」、「章」這些裝飾象徵了人在社會秩序中的地位卻又不以血緣決定和傳承，便可以激發人們不僅僅作為服務於統治者的工作人員、而是屬於自身的追求；對相應等級裝飾的審美追求激發了對其所代表的德行與能力的追求，而當人們都能通過「文」「章」認識到對自身品行能力方面潛能的承認、從而在心理上獲得滿足，整個國家也就獲得了和諧。由此，在《荀子・富國》中，作為政治秩序的「法度」獲得了相應的美學體現，以裝飾為代表的審美活動和趣味也獲得了社會文化治理中的作用，是一種地位與經濟和暴力強制相當的治理工具：

> 知夫為人主上者，不美不飾之不足以一民也，不富不厚之不足以管下也，不威不強之不足以禁暴勝悍也。〔註16〕

法度反映於審美，審美也鞏固和維持了作為建立法度基礎的德行：

> 故為之雕琢、刻鏤、黼黻、文章以藩飾之，以養其德也。故仁人在上，百姓貴之如帝，親之如父母，為之出死斷亡而愉者。〔註17〕

至此包華石借助先秦文獻完成了對「法度」概念和其中包含的審美中的

〔註15〕 John Knoblock, *Xunzi: A Translation and Study of the Complete Works*, Vol. 2, Stanford: Stanford Univetrsity Press, 1990, pp.182-183. 〔清〕王先謙：《荀子集解》，中華書局，2012 年版，第 233 頁。

〔註16〕 John Knoblock, *Xunzi: A Translation and Study of the Complete Works*, Vol. 2, Stanford: Stanford Univetrsity Press, 1990, p.129. 〔清〕王先謙：《荀子集解》，中華書局，2012 年版，第 184 頁。

〔註17〕 John Knoblock, *Xunzi: A Translation and Study of the Complete Works*, Vol. 2, Stanford: Stanford Univetrsity Press, 1990, p.125. 〔清〕王先謙：《荀子集解》，中華書局，2012 年版，第 179 頁。

政治權力關係的論證。具體的工藝技術和審美活動出自某種政治文化秩序，術語從這些具體的工藝技術和審美活動中進入政治文化領域而成為隱喻、并更新在文化秩序中的規範性的內涵，其所指涉的政治文化秩序和規範又返回到具體的審美活動中體現自身。這套從審美背後發現政治文化隱喻、以政治文化和思想論證審美的邏輯，並不僅僅為包華石所常用，而是在整個美國漢學視野中研究中國美學的一種主流方法；其應用範圍也不侷限於對儀禮裝飾紋樣的研究，而是以類比的方式進入不同的審美活動領域之中，這種方法類比思維也建立在對中國傳統文化思維中的類比和關聯性思考方式的體認之上。

　　根據這一闡釋邏輯，包括宋代文人士大夫在內的中國文化主體對「法度」的審美趣味，本質上仍然是在追求這樣一種全過程——由方法和技巧形成步驟與程序、通過步驟與程序完成和踐行某種規範、由規範的建立和實現達成某種諧和境界或最高真理；「法」和「法度」不同層面的含義因為對應了這個過程的各個階段，而成為了對其的追求的術語體現。對「法度」的追求，本質上是要將無形的秩序和秩序運作規程變得可以普遍地被把握、描述、傳遞、復現（而不必借助個別的天才靈感去獲得），是基於秩序感的文化觀念。在宋代的文化語境下，這種追求和觀念又是基於學術積累和學術文化而進行的，屬於宋代文人士大夫的學術文化趣味。這樣的闡釋邏輯不但見於包弼德所關注的王安石、司馬光、程頤如何強調在學術中以正確的方法獲得正確的結論，也見於詩學領域對黃庭堅著名的「詩法」的研究〔註18〕。作為文人士大夫日常生活核心之一、且在名稱上就有一「法」字的書法，其中的「法度」觀念和趣味也就不可避免地被置於這樣的闡釋邏輯之下。

第二節　書法中的法度之思

　　對於各個歷史階段書法的美學特徵，被廣泛徵引和接受的是清代的梁巘在其《評書帖》中的說法：「晉尚韻，唐尚法，宋尚意，元明尚態。」〔註19〕按照這一概括，「法」或「法度」作為一種對書寫的審美追求和審美趣味的

〔註18〕 參見王宇根《萬卷：黃庭堅和北宋晚期詩學中的閱讀和寫作》，生活・讀書・新知三聯書店，2015 年版，第 26～41 頁。

〔註19〕 上海書畫出版社、華東師範大學古籍研究室編：《歷代書法論文選》，上海書畫出版社，1979 年版，第 575 頁。

確立，主要成於唐代。由於宋代文化階層對屬於自身的文化問題的思考很多以唐代的文化觀念和成就作為基點或參照，因此在考察宋代文人對書法「法度」的觀念和趣味、以及美國漢學家對此的研究之前，還有必要先回顧唐代書法「法度」美學的確立過程，並在這一過程中對包華石闡釋「法」和「法度」的邏輯進行驗證。

在藝術領域建立「法度」的原動力有二：一是受魏晉六朝時期人物品題影響發展而來的人論、畫論、書論、文論中，包含著以藝術、作品等的外在表象來喻指和隱現人物品格、德性、個性、自我的隱喻思維，這就推動著藝術和藝術作品的人格化，並使其進一步成為標榜某種政治和文化理念、趣味的手段；二是這一時期中國政治混亂，文化和學術環境複雜，無論對統治者還是文人士大夫階層而言都有由亂思治、在政治方面和學術文化方面重建秩序的需求和追求。在這兩種原動力的作用下，伴隨著政局和社會混亂程度的有所降低和禮樂文化等的逐漸恢復，書法論評在齊、梁時期開始興起。此時的書論已經根據當時士大夫的審美趣味，選擇「二王」王羲之、王獻之為中心進行展開，並以此二人的書法為榜樣，在技法層面上建立對形態、結構、節奏、空間的規範和秩序意識（對應「法」、「法度」最初作為丈量和工藝技術規程的含義）；上升到文化層面則融合和標舉作為儒、道文化精髓的「中庸」、「兼善」品評觀，實質上即對文化秩序的重建。作為統治者，皇室也逐漸開始重視書法作為一門藝術所具有的意識形態作用和教化功能，並結合自己的審美趣味，運用自身的政治權力，以權力話語建立「法度」背後的政治與文化生態，並以此「法度」反過來要求書法。此處又對應了「法度」成為秩序隱喻並返回審美領域的過程。

書法「法度」所包含的這兩種文化行為在唐太宗時期都達到了具有典型性的高度。出於倡儒學、樹人倫、收斂士人心性的根本目的和自身對書寫形態的不今不古、飽滿豐腴的偏好，唐太宗在蔚已成風的「二王」審美趣味中進一步選擇「大王」王羲之為正統書風，並在書法藝術本身的層面作《筆法訣》總結其實踐，闡發其理論。在「宣之於教化」的一面，則通過對虞世南「一人有出世之才，遂兼五絕，一曰忠讜，二曰友悌，三曰博文，四曰詞藻，五曰書翰；有一於此，足為名臣，而世南兼之」〔註20〕的讚譽，以及設置弘

〔註20〕上海書畫出版社和上海華東師範大學古籍研究室編：《歷代書法論文選》，上海書畫出版社，1979 年版，第 192 頁。

文館，在科舉考試中對書法提出「楷法遒美」、「皆得正詳」等要求，事實上將儒家意識形態中的「禮序」、「事功」精神特徵冠之於「人」，將人「法度」化，並在社會層面上由上至下組織起了一種以書法為體現、以社會秩序的統一和規範與人的文化心理的重建為最終指歸的文化生活。作為士大夫階層在書法領域的代表，由隋入唐的歐陽詢、虞世南在完成由自由書寫向規範、秩序過渡的基礎上對初唐的這種文化生活進行了深度回應和參與，推動了初唐的「尚法」風氣。當意識形態結合了書寫形態、並在科舉、公文、碑銘書寫等廣泛的實際使用中不斷進行對秩序的強化，終於在盛唐至中唐的顏真卿等人身上取得了「法度」的意識形態訴求和視覺訴求的大成。

由此觀之，書法的「法度」觀念本質上是以審美趣味導向和確立某個藝術領域中的政治和文化秩序、又令該秩序在審美趣味中得以體現，是典型的以權力話語體系主導審美趣味的運作方式。無論是先秦裝飾還是書法，二者同樣作為以線條和平面空間為基礎的藝術，在作為意識形態的視覺訴求方面大有相通之處，這不但使得包華石以先秦裝飾為例對中國文化中「法度」的考察和闡釋邏輯確實可以成為站得住腳的一說，也使之同樣得以在美國漢學家對書法的研究中實行。石慢對「唐法」的描述中也可窺見這樣的認識：

> 法，（與「韻」）相對，是一種由更高的權威自上而下施加的修養之道（regimen）和準則——包括道德、政治或其他方面的。在其與唐代的聯繫中，人們尤其會考慮到王朝的開始，將在三百年內統治中國的重大結構的構成，以及用於保證其持久性的組織的編碼（codification）。唐太宗將王羲之的書法提升至經典範式的地位並在宮廷推廣其實踐，由此創製了一套統一的標準，就是這樣一個例子。唐代之法由歐陽詢例示，他是太宗的一位高級大臣，按照傳統評論者的說法，是王羲之傳統內的一位仔細的學生。他的楷書中的每一筆觸都是精確性的模範展示，每個字都是深思熟慮的典型。晉代的直覺性（spontaneity）轉換為一種精心加工的完美性圖景。歐陽詢的書法，無論是楷書還是行書，顯示著宮廷式的優雅：由控制和禮節而緩和成的優雅。〔註21〕

需要注意的是，石慢在此處將「法」譯為 method，但對其的論述建立在

〔註21〕 Peter Charles. Sturman, *Mi Fu: Style and the Art of Calligraphy in Northern Song China*, New Haven and London: Yale University Press, 1997, p.21.

「規則」的含義上，說明他對「法」的詮釋也建立在作為方法和規範的雙重性意義之中。

　　雖然對宋代書法的基本概括是「宋尚意」，但並不意味著宋代不思考「法度」問題；恰恰相反，由於北宋的建立同樣經歷了由亂而治的過程，所以也同樣有建立社會政治和文化秩序的需求和追求，並在關於詩文風格的爭論中已經有所體現；書法在宋代同樣有科舉、公文、碑銘等廣泛的實際運用，因此也不能免於建立何種法度的爭論。而到北宋中期，文人士大夫等文化精英階層們還需要思考自身的時代和身份需要什麼樣的文化和文化秩序，如何走出唐代文化高峰的影子，自身在文化領域還能做到什麼。反映在書法領域，則不免對「法度」有所進一步思考和通變，「宋意」的美學趣味和形態也是建立在對法度的思考基礎之上。因此艾朗諾、石慢等人並未放鬆對北宋文人士大夫們在這方面的思想軌跡的考察。

　　如同詩文領域的西崑體、時文與古文之爭，石慢也首先聚焦於西崑派成員與早期古文支持者在書法上的趣味。按照兩方在詩文領域的表現，石慢起初預想二者在書法上同樣也是妍美（繼承二王）與古奧之別，但進行實際考察後發現並非全然如此。楊億的書法已不存，而另一位主要的西崑派詩人李宗諤（964～1012），「他常常下筆極重，字形圓胖，使他的書寫建立了一種粗獷堅毅的存在感，與和晉代相聯繫的品質大異其趣」〔註22〕，其「粗矮而樸拙」的形式（附錄圖28）也使李宗諤與其年長的同輩李建中（945～1013）的「有誘惑力的優雅（seductive grace）」（附錄圖29）拉開了距離。但究二人之本質，他們都是植根於對唐代傳統中產生的一些形式的變異和誤解。他們二人的書法表現與西崑體詩歌和時文的風格表現並不完全對應。至於石介的書法趣味，從1035年歐陽修與其書信往返中所討論之其以古怪書法寫作石像記一事來看，包弼德認為石介的這種趣味被歐陽修視為「代表了那些抗俗自異，自以為是的人」，石介的書法「表明了刻意求奇的後果：它拋棄了過去的標準，同時又不能為別人提供楷式」〔註23〕。綜上來看，石慢認為並非王羲之傳統的直接影響、而是對唐代傳統的接受中發生的變形導致了北宋前期的書法問題，接受唐代傳統時發生變形則是因為這一傳統的宋代接受者

〔註22〕 Peter Charles. Sturman, *Mi Fu: Style and the Art of Calligraphy in Northern Song China*, New Haven and London: Yale University Press, 1997, p.38.
〔註23〕 〔美〕包弼德著，劉寧譯：《斯文：唐宋思想的轉型》，江蘇人民出版社，2001年版，第190頁。

與這一傳統的源頭已經拉開了更遠的距離，並導致了書法標準的混亂多變。米芾《書史》中有一段論述當時「趣時貴書」、「古法不講」的文字常被引用：

> 本朝太宗，挺生五代文物已盡之間，天縱好古之性，真造八法，草入三昧，行書無對，飛白入神，一時公卿以上之所好，遂悉學鍾、王。至李宗諤主文既久，士子始皆學其書，肥褊樸拙，是時不謄錄，以投其好，用取科第，自此惟趣時貴書矣。宋宣獻公綬作參政，傾朝學之，號曰朝體。韓忠獻公琦好顏書，士俗皆學顏書。及蔡襄貴，士庶又皆學之。王文公安石作相，士俗亦皆學其體，自此古法不講。〔註24〕

這一段也為石慢所引。對於米芾的評論，石慢將重點放在「古法不講」上，認為米芾意在表明 11 世紀中期書家面臨的基本問題是需要重新發現他們的藝術的更早的根源，而這個問題如果缺少可以即用的、被批准和接受的範式就難以解決；然而認識到接受傳統時的問題是一回事，糾正則是另一回事，因此 11 世紀中期以後的書法對法度的思考和回應走向了新的方向，成為最終由「唐尚法」走向「宋尚意」的內在動力，「有趣而不可預測」〔註25〕。

「趣時貴書」的現象意味著有必要講「古法」、梳理法度建立的脈絡並重建合適的法度與文化秩序，並需要文化上的領導者來發揮作用。這是石慢對米芾評論的另一項解讀，也是他和艾朗諾等人關注宋代文人書法趣味問題的一個重要方法，即從審美話語權力關係的角度來理解趣味的社會作用，尋找並關注擁有這種話語權的個人和群體如何以他們自身的趣味和審美觀來影響整個文化氛圍。於是二人不約而同地將目光轉向北宋古文運動如何看待書法，而這一視角必然聯繫到當時的政治生態。作為這一代文化人中最為多產的書法批評家以及首部銘文學著作《集古錄》的作者，一代文壇領袖歐陽修在這一背景中所表達的觀點便尤為引人關注。

艾朗諾將這一背景概括為「在（十一）世紀中期，對時下書法標準的不滿逐漸導向一場尋求改變如何實踐書法與接受書法的改革運動」，參與其中的學者與范仲淹所倡導的政治改革運動和相應在文化領域由歐陽修領導的

〔註24〕見《影印文淵閣四庫全書》，子部，藝術類，臺灣商務印書館，1986 年版，總第 813 冊，第 49 頁。

〔註25〕Peter Charles. Sturman, *Mi Fu: Style and the Art of Calligraphy in Northern Song China*, New Haven and London: Yale University Press, 1997, p.39.

古文運動相聯繫。宋初開始流行的書法觀點也是由宮廷自上而下倡導的師法二王，不但頒布《法帖》（其中二王書法至少占半數）、由皇室向新晉官員頒行，還認為無需對二王之外的書法家多作考慮；當時印刷術的流行也推動了這些書帖的複製和傳播，使得學者「只尋求重複這些空洞風格中的一種或另一種」〔註26〕。而根據古文運動的觀點，書寫與政治和思想改革密切相關，因為書寫中最重要的是承載和踐行了儒家聖賢之道，書寫的成果具有長久的價值也是因為其承載了作者的道德準則與規範，而非外在的修辭裝飾，若關注優雅美妙的外在形態則是治學的誤區。艾朗諾認為古文運動對於詩文寫作和書法都保持了這種一致的觀點，或者說將對於詩文寫作的觀點以關聯性的方式擴展到書法之中對歐陽修等人來說也不是什麼困難的事情。但是當歐陽修們真的認真考慮書法問題時，倘若只是簡單地將古文運動中「文以載道」一類的預設用在書法上，只注意思想內容層面的規範性「法度」而忽視書法作為一種外在審美形態的存在，反而會導致「碑文受到讚賞或批評的反而是其外在的書法表現、而非碑文內容」的割裂現象，因此艾朗諾認為古文學者即便要像對待文章寫作那樣對待書法，也必須正面面對書法領域中的形式審美：「聲稱碑銘的內容比其書法之美更為重要並不合適，這樣將徹底脫離書法領域，並無視書法家常常不是碑文作者的事實。與之相反，在對存留下來的碑文的讚賞中，古文學者在書法中強調的品質往往追溯至書法家（而非碑文作者）。」〔註27〕

之後，再根據書品如同文品一樣反映人品和道德規範的隱喻性關聯，古文學者需要選擇一種新的典範來代替二王，並以此倡導他們在思想文化上的選擇。在這個理路下，顏真卿便很符合邏輯地得到了特別的關注，並成為一些古文學者心目中用以替代二王的選擇，因為他楷書中方正的字體和不經調製修飾的筆觸被視為其在仕途中表現出的直率勇毅品行的完美對應，其書法風格成為了這一代知識分子和政治改革家們的簽名，具現了他們所尋求廣布全國的正直道德。如此論述的從趣味到規範、再到審美趣味的政治與社會文化動力，從歷史上看與唐太宗標舉大王、贊許虞世南而建立書法法度和文化秩序的過程如出一轍，這也支持了艾朗諾作為一位漢學家的詮釋邏輯，即與

〔註26〕 Ronald Egan, *Word, Image, and Deed in the Life of Su Shi*, Cambridge and London: Harvard University Press, 1994, pp.262-263.
〔註27〕 Ronald Egan, *Word, Image, and Deed in the Life of Su Shi*, Cambridge and London: Harvard University Press, 1994, p.263.

包華石對「法度」觀念的考證相吻合。按照這一考證邏輯,顏真卿受到歡迎也是因為他在書法中體現出的規範感和秩序感,這在審美上對當時支持古文運動、需要建立體現自身文化身份的審美規範和趣味的文人士大夫構成了吸引力:

> 顏真卿書法風格的可稱量性（weightness）和可預測性（predictability）,結合其為人所知的傑出行為,對北宋古文學者形成了巨大的吸引力。這些學者對淺薄的美感和唯美主義感到懷疑,他們視顏真卿的書法為人格品質的具現,這些品質為他們自己所敬仰、并相信是他們的治世要避免晚唐傾覆的災難所需要的。他們也視顏真卿的風格為二王的一個受人歡迎的替代。顏的正直字形和他的率直表現,與二王的優雅、修飾、連綿大相徑庭。特別是二王風格由於為宮廷所推崇而總有偽善之疑,其美與優雅意味著可能輕易墮入單純的機巧或裝飾——尋求用以隱藏不光彩意圖的逢迎面貌。〔註28〕

這種思考暗示了在北宋古文學者的觀點下,初唐時期唐太宗以政治權力建立書法法度的過程仍因其宮廷屬性而在品質上帶有淺薄意味。因此艾朗諾認為歐陽修和他的一些同時代人將書法審美趣味導入意識形態領域和思想文化規範所做的貢獻,是建立了思考書法傳統的一種新路徑:書法不再是單純吸引人的審美,而是更早的上古文化傳統之遺產的一部分;對書法的收藏、鑒賞、實踐都具有比審美上的愉悅或書寫美觀的實用目的更為深遠的意義,即從書法活動中體現「好古」,並足以聲明自己是在以自身的書法行為與上古的精神相交流——這毫無疑問是一種以儒家教化的意識形態為主導、以形成文化秩序為目的的思考方式。

然而對於這種文化秩序思考,美國漢學家在方法上的傾向和關注點往往還會走向另一個具有西學特點乃至現代性色彩的方面,就是探尋整體秩序下的個體性或者不易為整體秩序所肯定的特質,以及這種個體性、特質與整體秩序之間的張力。就像班宗華在李公麟以表現和宣揚政治和文化秩序為旨歸的《牧放圖》和《孝經圖》中所探尋的個人性隱喻,艾朗諾也注意到了以歐陽修為代表的這一代文人士大夫的書法觀中所包含的內在張力,

---

〔註28〕 Ronald Egan, *Word, Image, and Deed in the Life of Su Shi*, Cambridge and London: Harvard University Press, 1994, pp.264-265.

這種張力在歐陽修本人身上體現得尤為明顯——書法的趣味畢竟是一種審美活動，無可避免地具有審美上的偏向和個人性，歐陽修本人也在相當程度上表現出了對看似與整體文化秩序相脫離的審美活動、審美心理和對「純」藝術價值的肯定。這就使得歐陽修不得不面對審美追求和意識形態之間的溝壑，並設法為審美趣味超出「法度」所代表的意識形態領域以外的部分尋找存在價值，或者說是「必須開闢新的視野，敢於掙脫教條的束縛，勉力給出一個說法以自辯」〔註29〕。艾朗諾對歐陽修《集古錄》序跋的解讀便說明了這一研究視角：一方面歐陽修將碑銘拓片及其中的書法描述為「怪奇偉麗、工妙可喜之物」〔註30〕，充分表達出無關教化意識、並且由個人所驅動的審美性；另一方面不斷為關注碑銘及其書法尋找理由，或為碑文的史料價值（但又常被對書法的喜悅所掩蓋），或為前賢往哲的遺產及其體現的道德典範價值（但這顯然解釋不了他的所有收藏行為），或為體現個體生命及其歷史的存在感，或者乾脆借書寫水平反映文化水平的理由來直接關注書法作為一門藝術的藝術性——總之，歐陽修需要設法消弭個體性與整體文化秩序、審美追求與道德功用之間的對立，為書法審美趣味的各個方面都尋找到一個具有充分存在理由的合適位置。

這就意味著需要對「法度」的問題進行不止於秩序規範層面的進一步思考，對「法度」予以通變乃至超越，並最終導致「宋尚意」的誕生。這也是艾朗諾、石慢關注和解讀蘇軾、米芾等人書法趣味與觀念的重點所在。

第三節 從「法」到「意」的通變

對於何謂「宋意」，石慢做了如下闡述：

「意」意味著意圖（intent）、意志（will）、理由（reason），以個人特質區別個體的認知過程。這並不是說更早的書法中缺少個體性的品質，就像「法」並不侷限於唐，但從未像活躍於11世紀下半葉的宋代書法家作品那樣使「意」（ideas）得到強烈的感知、使個體得到直接的頌揚。簡要一瞥作為宋代所有書法作品中最著名者之一

〔註29〕〔美〕艾朗諾著，杜斐然等譯：《美的焦慮：北宋士大夫的審美思想與追求》，上海古籍出版社，2013年版，第3頁。
〔註30〕歐陽修《集古錄目序》，見：〔宋〕歐陽修著，李逸安點校：《歐陽修全集》，中華書局，2001年版，第599～600頁。

的蘇軾《黃州寒食詩帖》（作於約 1082 年），其中「意」的顯現主要
以損失王羲之和歐陽詢所代表的優雅完美為代價。大部分字形成蹲
伏狀，筆觸偶而壓縮至未充分成形的墨團當中。宋代書法代表對之
前傳統的一種革命性背離，長期被接受的美與實踐的標準突然被遠
遠更為個人化和人性化的東西所取代。〔註31〕

　　這一闡述的內在邏輯帶出了三個值得探討的維度：其一，「意」是建立
在對「法」、「法度」之思考與揚棄的基礎上，這意味著對「意」的趣味的闡
釋不能脫離「法」的背景和「意」與「法」的關係；其二，「意」的內涵主旨
在於追求個體性的自我表現和提升個體性的地位——這意味著圍繞自我完
成和實現這一最終依歸而產生的一系列問題，無論是置於整體文化秩序背景
還是基於個體性視角，其中的共性和張力不但出現在詩文和繪畫的趣味之
中，同樣也需要在書法領域得到面對，或者說這是貫穿了整個文化領域的美
學秩序問題；其三，圍繞「意」與「法」的關係和各自的審美趣味內涵，其
中社會史、文化史性質的視角和以形式性為主的純藝術領域追求，二者的關
係應當如何處理。這三個問題還進一步關係到對趣味的本質認識。對於被詮
釋、被研究的蘇軾、米芾等人，研究者需要梳理他們的觀念；而對於作為詮
釋者的美國漢學家而言，在詮釋的學理基礎上也需要釐清自身對藝術與政
治、社會、文化關係的理解以及與之相應的詮釋會傾向於何種方向。

　　「意」是建立在對「法」、「法度」之思考與揚棄的基礎上，也就是說對
「法」、「法度」含義的理解決定了對「意」的不同考察方向，決定了要在對
「意」的詮釋中注入何種層面的內涵。在一般印象之中，由於西方美學傳統
中具有持久和深遠影響力的純藝術（the fine arts）追求和審美非功利性觀
念，在以這種美學取向和文化趣味塑造的視野中，西方研究者更易於走上發
掘純粹形式運動之美的非功利觀照之路，注重技巧帶來的精微的形態變化。
但是從美國漢學中的這些書法研究文本來看，事實並非如這種一般前見所想。
無論在繪畫還是書法領域，美國漢學家的著述中的確也都不缺少以對線條運
動的視覺觀察為基礎的研究，但是如果以此為重點，對於「法」、「法度」的
詮釋就應當主要聚焦於作為具體「方法」和「操作過程」的層面。然而無論
是包華石對「法度」概念的考證，還是艾朗諾、石慢對宋初至歐陽修時期文

〔註31〕 Peter Charles. Sturman, *Mi Fu: Style and the Art of Calligraphy in Northern Song
China*, New Haven and London: Yale University Press, 1997, p.21.

人士大夫書法法度觀念和審美取向的趣味研究，都更加集中於法度作為「規範」的隱喻，集中於通過審美取向和取法對象的設立與轉變所實現的政教秩序、文化風氣和話語權力，是一種具有一定程度現代性的社會史視野。反倒是國內學者對此的研究，並未表現出西方常有的視「政教主導」為中國藝術主要方法特點的認知，而是以「筆法」觀念為核心，更加關注具體的運筆和結構技巧中包含的藝術特質和審美觀念，也就是聚焦於「法度」的原始含義——方法、步驟、過程。這種視角反而是更加「純藝術」的，在這一視野中的趣味，無論是追求「法」還是「意」，也就基本無關乎社會性的政教文化秩序和倫理觀念，而更接近於比較純粹的藝術理論取向。

要找到在對書法的美學考察中出現這樣「交叉」的原因，一方面可以從文字及其書寫本身的巨大鴻溝中發現端倪。文學研究是以文本內容為導向的，雖然在跨語言的閱讀和翻譯中會產生這樣那樣的誤讀問題，但畢竟有一種通過語言學習而盡可能少受制於語言的手段，所以文字形態及其書寫方式本身一般不會成為閱讀的問題。中西傳統繪畫雖在材質、畫法等媒介形態方面差異甚大，但畢竟都以具象描繪為基礎，可以連通人類對現實世界的共有感受，即使有所符號化也不會進入完全抽象的程度；因此即使不以內容和題材為導向、而進行會涉及筆法的視覺研究，也可以從量感、質感、畫面構成方面入手進行理解。而書法則是以具有強烈實用性和生活性的書寫本身作為表現形態，使得中西文字之間的根本差異和傳統書寫方式、工具之間的天壤之別被徹底放大，從而為西方人進入和理解書法製造了巨大的障礙，使得西方漢學家即使擁有比較充分的書法作品收藏和理論文本作為研究材料，也難以以中國人從具體書寫入手的研究方式去展開相應的美學研究，而通常只能將之作為一種高度抽象化的線條裝飾藝術進行理解，以近乎研究現代抽象繪畫的方式來探尋其中的美學、社會、心理意涵。所以我們可以看到，艾朗諾對蘇軾書法觀念和趣味的研究是建立在蘇軾、與蘇軾相關人士以及評論者留下的文本闡述的基礎之上，基本是一種文藝理論研究，而極少直接從蘇軾本人的書法作品入手；石慢雖然在其著作中展示了他對宋代書法作品本身的佔有和瞭解，使用了不少作品作為例證以對觀點表達進行輔助，也使用視覺研究性質的方法，但他的視覺方法基本以單個字的結體形態、整幅作品的空間結構和線條的輕重曲直特點為觀察對象，而無法像國內學者從傳統的「筆法」技巧層面對書法美學進行自律性的精

微解釋。所以，當國內學者往往從筆法結構的技巧層面入手詮釋「法」和
「意」的問題時，美國漢學家選擇從思想文化秩序的角度入手，將書法的審
美趣味問題從對藝術形式的主觀偏好和取向提升至以哲學思想為基礎的藝
術美學思想研究，或者是變為社會文化導向為主要內容的文化研究，從而
取得使他們能夠進入書法領域的路徑，並獲得在這個領域中對中國文化進
行理解和闡釋的可能。這種路徑與禮器裝飾研究具有一致性，所以可以看
出包華石詮釋「法」、「法度」的理路何以同樣體現在艾朗諾、石慢對宋代書
法之「法」的闡述當中。

　　另一方面，艾朗諾和石慢等人需要在闡釋中為文化性和藝術性的視角找
到平衡，這其中也包含著一種內在張力。雖然美國漢學家以非概念性的方式、
在實際經驗的領域中運用趣味術語和研究中國文化、文學、藝術中的審美趣
味，但在西方美學的發展脈絡中，在脫離從古希臘、古羅馬到文藝復興為止
的「前美學」階段、美學學科正式形成之後，趣味就不再是單純在文藝中進
行審美判斷和取向，並不僅僅以美醜和愉悅作為判斷核心，而是不同哲學觀
念的體現，具有反映哲學思想和文化思想的功能；自十九世紀社會學視野進
入趣味研究之後，趣味更加具有文化生產和文化場域的鮮明屬性。所以無論
是對宋代文人書法趣味中的「法」還是基於對「法」的思考而進一步產生的
「意」，其研究都不能脫離趣味的這種基本觀念背景。另一方面，從美國的實
用主義美學和經驗美學角度出發，單純出於文化性、以一種被設定的權威和
「客觀」外在標準進行判斷的「司法式批評」是不被接受的，而是必須與個
體實際經驗的連續為基礎，注重個體知覺力和知覺經驗。在桑塔亞那所強調
的知覺性的美的三個維度——情感因素、理性、審美的道德與社會功能中，
審美的道德與社會功能已經在「法度」中得到強調，因此需要進一步發掘的
就是情感因素和理性，這是對宋代文人士大夫那些需要「自辯」的審美追求
進行關注和發掘、以及在「法」的基礎上討論「意」的視角和方法論的基礎。
但是在書法領域又終究難以真正成為桑塔亞那所要求的「內行」，於是，為了
克服技術層面的難關，平衡文化性和藝術性的視角，艾朗諾和石慢將這個結
合「法」與「意」的平衡點放在了作為主體的「人」身上，因為身處特定情境
和經歷中的人既同時支撐和受制於秩序性、累積著各種歷史經驗的「法」，又
出於個體的情感和經驗因素產生和表達個體性的「意」。

　　正是基於這樣的思路，蘇軾的書法觀念和趣味被視為文化影響、實踐實

用和個體審美的平衡點與結合點；較之歐陽修，蘇軾在書法領域取得的首要進展是彌合這三個層面之間的缺口，彌合秩序性的道德倫理和個體情性之間、傳統的法度思維中秩序感的積累和新的「意」之間的間隙，將它們捏合為融貫、整體、各個層面又確實成理的存在，而不需要像歐陽修那樣在注重「法」所代表的文化秩序的同時還要勉力為審美層面的追求而自辯。在艾朗諾的概括中，蘇軾承接了古文運動信條中法度思維的基礎——書法風貌與為人品行之間的對應性關聯，在很多題詞中認為書法確實反映了書法家道德品性方面的狀態，時常聲稱一個好人的書法即使技巧上並不非常高明，也同樣值得被珍視。在「法」的本義層面的技法規範領域，由於自身就是一名出色的書法家，無論對於蘇軾自身還是出於後來的闡釋者對涵蓋藝術技巧領域的視角的期望，蘇軾都在為本身並不以書法創作著稱的歐陽修補充了這一方面的觀念：一是拓寬對技術的要求，認為應當精通楷、行、草等各體書法，而且行書、草書等的自由要以對正規合度的書體掌握為基礎，所謂對專精行、草的宣稱往往是對缺乏真正技巧的掩蓋。蘇軾宣稱真正掌握了書法的理（pattern）和意（meaning）的人可以精通各種書法，這樣所謂的「法」也從單純的秩序和倫理規約拓展至對規律和普遍的人之情性的掌握，從而為對新的「意」的闡示製造連貫的基礎。但是另一方面，蘇軾與歐陽修有一個關鍵性的不同，就是他並不願意承認某種至高的標準。從歐陽修的書法觀來看，他在思想和詩文領域中提出的、以儒家倫理道德為核心內容的「常法」觀念，在書法中也得到了貫徹，而蘇軾則不然：

> 無論是在對書法風格和人的「風格」之間關聯的評論中，還是各種風格（或更加複雜、綜合的風格）的價值，以及用筆的技巧，蘇軾都在軟化（soften）歐陽修和其他前代成員的觀點。歐陽修和他的圈子努力建立一種可以取代宮廷贊助風格的新標準。或許部分因為他們已經取得成功，部分因為蘇軾自己的取向純粹是與之有所不同，蘇軾主動地打斷了（這一進程）。在他到目前為止的評論中，他看上去不願意承認任何標準的至高地位。即使是在如何握筆的技術問題上，他所說的也是「無定法」。這與歐陽修形成鮮明對比——在歐陽修的發現中，即使握筆也「有法」，並進一步支持他希望使「萬事有法」的概括。〔註32〕

〔註32〕Ronald Egan, *Word, Image, and Deed in the Life of Su Shi*, Cambridge and London:

　　由於從根本上否定了任何標準具有唯一的至上性，也就從根本上改變了蘇軾思考法度問題的維度，以及在他的思維中「法度」各方面內在關係的構成。在構建法度標準的基礎關係：方法、規範、人和外在的生產物（書法）中，蘇軾不再訴求將某種宏觀的社會文化秩序或倫理意識形態放置在絕對的主導地位。他在一定程度上摺衷地繼承古文運動關於人品和書品關係之觀點的同時，也對這一理念的絕對性和判斷的基準提出質疑。外顯和內在的兩端不再是書法的規範性表現和人代表的倫理規範價值，而是把人提到中心，書法更多地關聯作為人的個體性要素：「神情」（「spirit and feeling」）、「風采」（「manner and bearing」）和「趣」（「flavor」）。艾朗諾將此評價為一種重要的修正和改進，具有兩大優點：「首先，它允許蘇軾緩和對這種（書法對人的）揭示的要求而無需全然拋棄之，書法所揭示的都是某種情感或『趣』。其次，它降低了對書法風格和（人的）品行之間關係的強調，而強化了書法風格和人的『風格』之間的關聯。」〔註33〕這不但意味著個體情性的進一步進入，也意味著將個體的、并作為主體的人本身也變為一種藝術化的對象；從而使得闡釋者的視角可以不再僅限於社會文化屬性，而可以更多地令個體的審美性介入其中。這種視角的打開無論對於蘇軾（及其後的米芾等人）相關思想的研究本身，還是在方法論角度對於艾朗諾等人的進一步探究，都有著很重要的意義。

　　由於否定了唯一至上的標準，蘇軾就不必落入「司法式批評」與新的個體性要求之間可能存在的困境，而可以一方面對前代積累的法度規範性認識進行折衷的繼承，另一方面也可以對更多的審美追求和趣味持以兼收並蓄的態度，乃至為自身塑造一種開放性的趣味觀念。對這種開放性的論證也是通過蘇軾與歐陽修這兩代文壇盟主之間的差異來實現的。歐陽修對二王書法本身是尊敬的，也從未像韓愈那樣直接在言辭上批評二王書風為逢迎之風，但對自二王衍生出的書法確實採用了這種批評態度，指責其令創新性的典雅讓位於做作的美感，甚至會因為一幅南朝時期銘文在書風上「太過有力」而否定對其年代屬於南朝這個「衰頹」時期的判定。蘇軾則更多注重於採納接受更多的路徑、風格、方法，無論是王羲之、顏真卿、李陽冰等

Harvard University Press, 1994, p.271.

〔註33〕Ronald Egan, *Word, Image, and Deed in the Life of Su Shi*, Cambridge and London: Harvard University Press, 1994, p.268.

書法家，還是各種書體，都具有自己的獨特性，而這些獨特性都有自身的價值，故蘇軾有「杜陵評書貴瘦硬，此論未公吾不願；短長肥瘦各有態，玉環飛燕誰敢憎」〔註34〕的論斷。另一方面，對於歐陽修一代將「正筆」的運筆方法與內心的正直關聯的倫理性觀念，蘇軾在確認其公正性和在人品與書品相關的完整性認識的同時，也提出了對這種固守一法的保留性看法和對變化的要求，如：「吾聞古書法，守駿莫如跛。世俗筆苦驕，眾中強寬我。鍾張忽已遠，此語與時左。」〔註35〕通過這些折衷地「軟化」和開放地導入的方法，蘇軾不但取消了法度標準和規範無論在具體技術還是在整體風格形態上的唯一性，也為進一步從對取何種法的思考轉向對以個體性的自我表達與實現為目標的「意」鋪平了道路。

石慢的解釋則更加激進。他同樣認為這個過程是從追求統一性、完整性的法度規範到更加注重個人表達的轉變，但對於歐陽修將個人風格和道德品質與書法方法和技巧相聯繫的論調，石慢認為這已經開始跨入意圖追求個人表達的範疇，同時也還保持著對方法、法度的一種傳統性的尊重。蘇軾則對這種舊傳統持有更加偏重主觀性的拒斥態度，這種態度表現在他與歐陽修對李建中的書法的不同評價之中。蘇軾對李建中的低評，是由於李建中屬於「經久不衰的正統中的書家，而在蘇軾看來，他在這樣一個時代進行著書寫——舊法正呈現出退化的症狀和歷史性的沒落」〔註36〕。此處所折射的蘇軾自身的主觀意識形態，即是對承續和接受而來的傳統的拒斥，以及堅定地追求一種較之歐陽修和前代人更加深遠的轉變。

在這種對之前的法度和傳統有所揚有所棄的語境下，「法度」所代表的規範性和秩序性趣味的地位就演化成一種不能不要方法和規範、但要在「規矩太多與太少之間」尋求合適的平衡、從而為個體性的「意」的表達鋪平道理的問題。石慢將這種轉變描述為「與直接相連的過去進行基礎性斷裂的看法，導致書法呈現一種高度易變的狀態」〔註37〕，也就是將之與文化的

〔註34〕《孫莘老求墨妙亭詩》，見〔宋〕蘇軾著，〔清〕王文誥輯注，孔凡禮點校：《蘇軾詩集》，上海古籍出版社，1982年版，第371頁。

〔註35〕《次韻子由論書》，見〔宋〕蘇軾著，〔清〕王文誥輯注，孔凡禮點校：《蘇軾詩集》，上海古籍出版社，1982年版，第210頁。

〔註36〕Peter Charles. Sturman, *Mi Fu: Style and the Art of Calligraphy in Northern Song China*, New Haven and London: Yale University Press, 1997, p.34.

〔註37〕Peter Charles. Sturman, *Mi Fu: Style and the Art of Calligraphy in Northern Song China*, New Haven and London: Yale University Press, 1997, p.39.

革新和新的文化秩序的建立相對應和平行。石慢認為這種狀態首先就表現在「法」的概念變得模糊。作為方法、標準和規範,「法」不可磨滅地存在於學習書法的過程中,同樣也就不可迴避地承接著被普遍接受和公認的傳統中那些徘徊不去的習慣,在建立宋人自身的文化特色的語境下自然會產生對降低這種「法」的重要性的傾向。但是另一方面,「法」、「法度」仍然是書法這門藝術的基礎,所以歐陽修仍然認為導致宋代書法出現問題的根本原因是法度的整體缺失,黃庭堅在反對初唐書法過於醉心於控制的做法的同時,也在評論楊凝式(873〜954)的書法時認為不能太過缺少「規矩」。蘇軾關於「出新意」和「變古法」的著名觀點,也並不意味著為了「新意」就要拋棄「法」的基礎性,其關鍵點在於求變。因此對於「法」的態度的結論,就變為通過引入變化的方式,在太多與太少的方法和規矩之間尋求一個理想的平衡;蘇、黃、米、蔡等北宋著名書家在實踐中所著力解決的,也正是在對結構的需求得到充分認識的前提下,如何解決他們內心中對法從何來、如何體現、如何建立新的書法文化範式等問題的不確定感。

按照美國漢學家在中國文學、藝術研究中常用的文化史和社會史維度,書法所面臨和需要的新趣味、新秩序、新的自我實現方法與形式,與文學等其他表達領域在思想文化基礎、內在原理和內在動力上具有本質上的相通;不但在審美經驗、審美追求和美學概念上可以相互借用、轉移和擴展,無論是重新尋找根基進行新的闡發還是直接「變法」,最終也會追溯到哲學(主要是早期中國哲學)的層面上。這一思路突出地表現在石慢對米芾的研究中,他不但緊密結合米芾的生平經歷,將米芾的書法風格與觀念的變化結合個人際遇進行解釋,還重點關注了體現其書法趣味和審美追求的兩個概念:一是「平淡」,這是已在宋代文人對文學的趣味中得到廣泛論述和表現的典型追求,體現了書法與詩文同樣作為文化領域和文化秩序一部分的相通性;二是「(集)大成」,這不但是一個將根源建立在早期中國哲學之上、試圖對「法」和「意」的處理提出根本性解決方案的概念,也擁有在書法風格這一外在形態之中的趣味體現和追求。

在書法的「平淡」概念上,石慢首先引用並分析了董其昌對米芾的評價:「米雲以勢為主,余病其欠淡,淡乃天骨帶來,非學可及。內典所謂無師智,畫家謂之氣韻也。」〔註38〕石慢認為,其中的「天骨」一詞最終指向

〔註38〕董其昌《容臺別集》卷三題跋《書品》,參見徐復觀《中國藝術精神》,華東

的還是一個人最根本的人格特點，因此董其昌評價米芾並不「平淡」是因為米芾的為人性格本就「不平淡」；但是董其昌卻混淆了「平淡」作為一種屬性（attribute）和作為一種風格／樣式（style）之間的區別。將「平淡」作為風格來考慮，特別是作為一種書法樣式和風格，就會自然地被吸引到一種固化的定義上：如同「even and light」這樣的翻譯所代表的、如晉代的書寫一般的「疏朗（sparse）、速度變化平緩（even-tempoed）、平靜（calm）和情感節制（self-contained）」〔註39〕。米芾的書法並非如此，所以董其昌「病其欠淡」。然而，作為一種「屬性」的「平淡」則意味著無視任何此類風格化概括，如同道家之「道」的「無」一般不拘於形；因此，將作為一種屬性的「平淡」與任何特定風格相聯繫，就是強行以有形化的思維思考無形之物。作為一種屬性的「平淡」，並不呈現在某種風格中，而是作為一種生成風格的方法。也正是在這個意義上，「平淡」與「自然」的概念實際可以互換。解決「平淡」與各種看似「不平淡」（甚至「怪奇」）的風格表現之間的內在矛盾，就是在理解「平淡」一詞的時候並不僅僅作為「平＋淡」，而是進行整體性的理解，指向以「自然」為屬性的整體構成秩序，則內在矛盾可以消弭。石慢認為「平淡」之於米芾在漣水時期的書法和書法觀念，也應當作如此解釋。從這裡明顯可以看出，隨著將此時文人對「法」的思考理解為控制性的鬆動和對個體性表達的要求的強化，美國漢學家為此時文人書法趣味和審美追求所尋找的思想基礎，也從比較純粹地考慮儒家意識形態轉為開始考慮道家哲學的因素，或者尋求一種儒道之間的平衡解釋。這樣的解釋與文學領域中的「平淡」已然有所區別。

　　在以實質上相當於「自然」的「平淡」奠定了形成自身的風格、以及風格背後的審美趣味與追求的方法之後，相比歐陽修時期對「法」更多偏重秩序性的思考，以過去存在的何種風格中所包含的方法或規範作為出發點就顯得不再那麼重要，相反可以多方取法、以集大成的方式最終融匯出自己的審美風貌。在這一邏輯下，石慢進一步推進到對「（集）大成」這一審美追求的考察。對於「大成」或「集大成」這個概念，石慢也是從董其昌開始入手，因為雖然是由董氏明確地大量運用這一觀念，但他在這方面深受米芾的影響，

師範大學出版社，2001年版，第253頁。

〔註39〕Peter Charles. Sturman, *Mi Fu: Style and the Art of Calligraphy in Northern Song China*, New Haven and London: Yale University Press, 1997, p.153.

所以即使米芾並未直接使用這一詞彙，這一觀念在米芾的身上也有很重要的體現，比如其《海嶽名言》中有：「壯歲未能立家，人謂吾書為集古字，蓋取諸長處，總而成之。既老始自成家，人見之，不知以何為祖也。」〔註40〕石慢認為這就是米芾所抒發的「大成」方法和觀念，至於這一觀念的思想源頭，至早可追溯至孔、孟時期的早期儒家哲學，在他們的語境中「大成」意味著社會或個人事業（enterprise）的一種高度完成；就近則與宋代佛學的影響有關，尤其是關聯到禪宗的「悟」。經過如此解釋，「大成」在宋代乃至以後的文人美學中的重要地位就不言而喻，尤其是在如何構成一種風格表現的範式方面：

> 它（「大成」）與舊時代的先見相吻合，暗示了智慧與經驗的一種最終穩定期。如同佛家的啟示，它假定了從各個角落獲取普遍知識並加以和諧的融合，像悟（enlightenment）一樣暗示了個人的超越。「大成」是體現絕對自然的領域，在這個領域中行動都是直覺性和無預謀的，並在某種特定的完美形式中達到成熟，這一形式承載了對個人巔峰的洞察。〔註41〕

實踐這一理論的難點也正在於理論與實踐之間的分歧，即在以最終形成一種高度完成的風格範式為目的的實際行動中，認識和接受他人的經驗總比追尋和理解自身容易，而且「讀千卷書行萬里路」的取法和經驗累積並不保證一定能跨過開悟的門檻。這種對外接受與自我理解之間的張力也被石慢認為是米芾晚年書法的美學主題，或者說是對其達到「大成」的宣言造成的困擾：一種「對『自己是誰』和『他被怎樣理解』的不安全感」。這種不安全感在石慢這樣的研究者那裡，也產生了「米芾晚期書法究竟是如他所宣稱的那樣，還是單純是『宋意』的終極表現（自然觀念的呈現）」這樣的疑問〔註42〕。

然而，無論對上述難題如何闡釋，就宋代文人書法的趣味而言，意味著由「法」至「意」而進行的、以審美文化秩序為根本內容的思考，在「如何實

〔註40〕上海書畫出版社、華東師範大學古籍研究室編：《歷代書法論文選》，上海書畫出版社，1979年版，第360頁。

〔註41〕Peter Charles. Sturman, *Mi Fu: Style and the Art of Calligraphy in Northern Song China*, New Haven and London: Yale University Press, 1997, p.173.

〔註42〕Peter Charles. Sturman, *Mi Fu: Style and the Art of Calligraphy in Northern Song China*, New Haven and London: Yale University Press, 1997, p.174.

現自我完成」這一最終主題的加持下，演變到了一個新階段：從最初強調外在和整體的文化控制力與約束力，到尋求個體表達的新空間和新方法，進一步發展到一個更加內省化、心性化、個體哲學化的層面。而美國漢學界研究者的方法，隨著這些階段的變遷，也從整體的社會史、文化史視角轉向更多尋求依託於哲學思潮的個體性美學觀念。

結　語

　　美學和審美文化研究在美國自身的學術體系中並非具有主流地位的「顯學」，這與並無「美學」之名、但有著深厚美學性傳統的中國傳統文化，以及中國當代曾經掀起的「美學熱」所象徵的美學的地位，都有差別。但當美國學者帶著自身的文化與學術觀念進入異域的中國文化之中，其在文學、藝術等審美領域所取得的研究成果，以及這些成果對中西文化交流、跨文化對話、文化之間相互理解和反觀自身的推動，都做出了不弱於思想、社會等領域的貢獻。本書聚焦於美國漢學中的美學研究中涉及的一個小範圍問題——宋代的文人趣味，有更具特定時代特色的歷史文化情境、更為明確的審美主體和更為具體的審美問題與趣味追求，雖然較之美國漢學中涉及的美學領域仍顯得範圍狹小，尚難做到以一總萬地反映美國漢學中的整個美學研究；但筆者正是試圖從這樣一個比較小的角度出發，努力探索之前並未得到國內學界足夠關注、但具有充分研究價值的這一領域，並為之投以與美國漢學在這一領域的貢獻相稱的關注。

　　現當代美國漢學的整體發展進程，基本始終與包容、綜合、開放、自我更新、歷史情境主義和不斷強化跨文化觀念等特點相伴，並在結合具體與實際問題的過程中不斷進行與之相匹配的轉向。其中針對宋代的學術研究亦不例外，對宋代人文中的美學層面研究更是如此。總體來看，置於美國漢學視野內的宋代文人趣味雖然屬於限定範圍內相對具體的研究，但可以折射出美國漢學在美學層面的研究中在包容能力、綜合能力和自我更新能力上所具有的整體性特點。就自我更新而言，對宋代文人趣味的研究方法和關注視角，表明了美國漢學自 20 世紀中葉起在對中國藝術和中國傳統審美文化的研究

中所實現的整體方法論轉向，即脫離早期漢學研究中常見的簡單對比和西方中心論的誤區，不再將中國文學、藝術、審美文化與西方藝術史階段和進程進行簡單比附。這與 20 世紀中後期整個美國漢學的方法轉向是一致的，也意味著在審美領域同樣反映出漢學對中西文化關係和交流範式的共性認識。

美國漢學包容性和綜合性的一面充分體現於其對中國傳統審美的認識中所形成的研究思路和方法，並在宋代文人趣味這一相對具體的研究對象身上有著鮮明的體現。這種包容和綜合具有橫跨中西和縱貫不同人類領域的立體性——在對宋代文人趣味的研究、以及其所屬於的中國傳統審美的研究中，美國漢學家逐漸形成了一套融合中國傳統理路、西方的形式分析和圖像學分析、基於社會史和文化史的詮釋模式等多種方法的綜合研究體系，並因應漢學研究對象的需要，將美國自身的美學特點、文化特點中的某些部分帶入這一研究體系的構造之中，反映出美國漢學在這一研究中的獨具特色。

在哲學和美學的本質上，宋代文人趣味研究所反映的美國漢學研究方法論建立在了自然主義、實用主義和有機哲學的基礎之上，其對文化思維和審美體系的思考，體現了感性與審美主體的重要性、試圖在感性基礎上融合理性與倫理的努力、力圖恢複審美與人類生活各個領域經驗之連續性的觀點。雖然美國漢學家不會以「治何經典」的方式來做非常直接明確的理論引用、闡述和建構，但從他們的具體研究案例和研究方法中仍可以發現懷特海、桑塔亞那、杜威、托馬斯·門羅等人的影子，就西方角度而言具有鮮明的美國色彩；但是同樣由於這種哲學美學基礎的自然主義和實用主義性質，使得美國漢學家在具體的研究中並不會只侷限於自然主義、實用主義或美國自身的文化觀念和理論，而是也會根據具體的研究問題、從研究者個體的觀念出發選擇融入更多的美學方法。於是我們可以看到布迪厄的文化場域理論同樣為美國漢學家所用，符號論美學和格式塔心理學美學也被應用於具體繪畫作品的視覺研究之中。

選擇以自然主義、實用主義和有機哲學作為研究方法論的基礎，同樣也是作為研究對象的中國一側的特點使然。中國文化有豐厚的審美傳統、理論實踐與審美活動之實，但並未提出可以與西方的「美」、「美學」、「純藝術」（the fine arts）相同或相對應的概念，也不在概念、文本、形式層面進行所謂的「元批評」。如果以西方的概念來觀察，中國傳統審美文化特點與其說是「美」導向，不如說是「趣味」導向。宋代文人美學和文人趣味的表現方

式及其所思考的審美問題也正是如此。因此，美國漢學家既無法輕易而不作調整地使用西方傳統中的無利害靜觀美學，也難以將事實上在美國美學中更為主流的分析美學流派作為自己的研究基礎，在中國傳統審美文化中尋找和建立「何謂美」、「何謂藝術」、「怎樣才能稱之為藝術品」等問題的理論高度。所以，美國漢學家不著力於從理論高度進行建構和分析，不易看到他們對美學理論的直接表述，而是主要採用非常貼近審美產品和審美行為本身、結合各種審美活動參與者生平境遇、講求直接而連續的審美經驗和注重實際的研究方法，其中不但有美國美學和美國文化取向自身的特點，也突出反映了中西美學之間和跨文化視域中差異性的一面。

宋代文人士大夫在思想領域十分活躍，其所開展和參與的文化活動的密度、強度、廣泛性均空前提高，宋代的文人趣味也不侷限於文人自身的「專業」、「職業」，而是在更多的關注領域有著與文人意識形態和文化思維相對應的表現，並牽涉到從社會到個人、從教化到愉悅、從尋求屬於宋代文人士大夫的共通表達到展現自身的個體獨特性的多種複雜維度。研究對象的特點使得美國漢學家的綜合研究和具體研究特色愈加突出。美國漢學家主要採用非常貼近審美產品和審美行為本身、講求直接而連續的審美經驗和注重實際的研究方法，即使是對中國藝術作品的具體審美考察，也不再是單純的藝術研究，往往會結合藝術家與鑒賞者的際遇和所處具體歷史情境，並融入更大的文化研究框架之中。一方面，對宋代文人趣味的研究並非為某個單一領域的學者所專有，或者說並未體現為一個可以稱之為「美學研究」的單一領域，而是在事實上形成了思想史、文學史、藝術史等多個領域學者共同涉及、共同參與、共同建構的研究圖譜；另一方面，由於自然主義和實用主義美學注重直接、具體、描述性、包容性、綜合性的美學方法理念的影響，他們的研究和表述也往往分散在各個具體領域的具體問題中，通常不會對自己所持有的理念、運用的方法和自己的研究對象作大而化之的概論。這就需要對他們的研究文本進行仔細梳理、分析、綜合，才能歸納出美國漢學家從事這種比較文化研究時具有普遍性和共通性的觀念和方法。

通過本書所嘗試的研究，筆者認為美國漢學家在研究宋代文人趣味時表現出的普遍性和共通性主要有三。

第一，「美學的秩序」這一對中國文化思維的概括，是研究宋代審美文化的美國學者的一種隱性共識。安樂哲和郝大維以「美學的秩序」描述中國

文化中的感性、類比和關聯思維框架，與概括西方的「邏輯的秩序」或「理性的秩序」相對，在文化思維的深層領域構建了不同於西方思維方式的「美學性傳統」。雖然安、郝對其的論述是在哲學思想領域進行，但在事實上也涵蓋了美學領域，這可以從具體論述過程中運用的美學材料中發現。雖然研究宋代文人趣味的美國漢學家大多並未對此進行直接的理論引用，但根據其各自的具體研究進行分析，可以發現「美學的秩序」的基本內容──文化思維的感性和美學性總體特質，主觀性的價值判斷，關聯性的經驗擴展模式，理象互動的思維表述，通過「焦點─區域」結構實現的自我完成與自我表現，同樣是美國漢學家對宋代審美文化基本結構、構成方式和作為主體的文人的特點進行認識和闡釋時的觀念基礎。

第二，美國漢學家研究宋代文人趣味的「他者」視角，是來自多種文化和多種美學的觀念與方法的碰撞融合。就西方文化一側，便包括了基於歐洲哲學傳統的「靜觀」審美觀念、美國自身的實用主義和自然主義美學、符號論美學、格式塔心理學乃至具有馬克思主義色彩的社會史與文化史方法；同時他們也試圖更多通過與中國文化典籍和文學藝術作品的直接閱讀、觀看、接觸（而不是借助翻譯），來取得對基於宋代文化轉型背景的文化秩序觀、藝術表現論和個體心性論等的認識。雖然對如何處理它們的關係的跨文化論述並非美國漢學家在研究宋代文人趣味和審美文化時大量直接闡述的內容，但仍然是他們所需要解決並努力提出自己解決方式的重大課題，並較為隱性地反映在對宋代文人趣味所涉及的藝術形式、技巧、審美鑑賞活動的具體考察之中。

第三，美國漢學家研究宋代文人趣味時形成和處理的中西美學碰撞，如果要上升到藝術和審美理論層面上進行一個集中的總結，可以認為其所集中反映的是如何預設和處理人──自然（世界）──藝術三者的關係，乃至由這一關係產生的不同領域審美經驗、文化經驗、生活經驗的連續性問題，個體性對藝術產品和形式的介入問題和個體生存狀態、相應藝術表達與整體文化意識形態之間的張力問題。這些問題在中西雙方的人文傳統中都具有重要的位置：在這些問題上，西方人文視野中的趣味概念和相關理論具有重要地位，美國本土美學（特別是自然主義和實用主義美學）也頗具特色；中國傳統審美文化中並沒有與之完全對應的理論術語，卻不乏對這些問題的深刻思考。當然，歐洲美學、美國美學和中國傳統美學對這些問題會取得共通、相

似或可以相互借鑒的認識，也會具有不同的觀點，並反映在具體的藝術和審美研究方法中，比如對視覺研究和傳記式研究的不同看法。在美國漢學家對宋代文人趣味中所包含的「異質」的藝術、審美形式和審美文化的研究中，所體現的正是這樣一種複雜的、值得我們去認真深入探索的中西美學融合與張力。

趣味雖然是一個與從社會到個體的人的實際體驗密切相關的美學問題，但畢竟還是一個理論術語。不過在美國漢學研究方法論的上述普遍性和共通性特點的作用下，美國漢學家對宋代文人趣味的考察並未遵循從理論構建到事實例證、自上而下的通常路線，而是充分地被推向由各種具體化的審美問題所構成的圖景：基於對宋代文人士大夫在社會身份特徵、文化思維和文化意識形態上的特點，他們的審美趣味被凝聚在文學、書法、繪畫等具體領域中，概括為一系列充分體現宋代文人文化和文人美學特色的具體美學意念、追求和審美行動——對西崑體的反應、「平淡」、「理趣」、宋詞寫作活動及其地位提升、江西詩派的構建、詩畫結合、「法度」、「尚意」等。對它們的認識，被認為須著落於歐陽修、梅堯臣、蘇軾、米芾、李公麟等具體的實踐者和推動者，要結合這些宋代文人士大夫代表人物的具體生平、境遇、經歷和所處的歷史情境。對於這些趣味的功用的認識，也不限於個體的審美愉悅、文人身份體現和文人文化場域內部的社交和文化共通感，還往往要上升至社會史和文化史的層面，觀察文人士大夫們在此之中的進退兩面：進則如何上升至以「教化」為主要特徵的對普遍文化秩序的思考，退則考慮其中的自我實現和自我完成——這種實現和完成可以是「自我表現」層面的抒情、遣興、學識、傳記表達和自我形象塑造，也可以是通過作為沉思、修養的工具而有助於哲思上的開悟、心靈的休憩和心性的養成。如此，美國漢學家在對宋代文人趣味的考察和認識中構建了認識中國文化的豐富圖景。

當然，跨文化的理解也勢必帶來跨文化的誤讀，這在美國漢學家考察宋代文人趣味時也不可避免。這種誤讀一方面具有不可避免的主觀性，體現在對中西文化的基本認識和異質文化如何互適的詮釋方法構建。另一方面，這種誤讀也有一定的客觀因素。雖然美國漢學家如今多致力於直接閱讀中文典籍、著作和文本來獲得最新鮮的認識，但語言能力仍然會在理解上構成一定的限制。美國漢學家所實行的崇尚具體的描述性研究形態，要求對第一手的材料進行充分的佔有，如文字著述和藝術作品——較之前者，對藝術作品的

收集難度更高，書法、繪畫等作品主要依託臺灣、日本、美國博物館和一些個人收藏，數量的限制也導致了研究範圍和深度的限制，並導致了詮釋不足和詮釋過度等問題的出現。就漢學家自身而言，也有自身能力的限制，比如中文水平中的漢字書寫能力直接限制了對書法的認識（更不用說親身實踐），也少有漢學家能親自執筆作水墨畫的記錄。但是，這些主觀客觀因素造成的誤讀可以視為一種「缺陷」，更可以視為對漢學研究進行關注的價值之一，因為限制下的誤讀既強烈體現著跨文化視域的特點，也可作為對我們自身的鏡鑒。

綜上所述，從美國漢學視野下的宋代文人趣味研究中，我們可以看到美國乃至西方文化與美學的自身特點如何通過進入中國文化的語境而折射出來，可以從他們的包容性、綜合性、具體性和描述性研究方法中窺見美國漢學的文化基礎和學術觀念，從他們的研究理路和成果中獲得對自身認識的有益借鑒和方法上的啟示，並充分體現出中西美學與文化的互動形態。宋代文人趣味只是美國漢學對中國美學和中國傳統審美文化所展開的研究的一隅，美國漢學在這方面的研究還有待並值得我們做進一步的挖掘和深思。

參考文獻

一、中文文獻及譯著

1. 〔英〕阿爾弗雷德·諾思·懷特海著，周邦憲譯：《觀念的冒險》，譯林出版社，2014 年。

2. 〔英〕阿爾弗雷德·諾思·懷特海著，李步樓譯：《過程與實在》，商務印書館，2011 年。

3. 〔美〕阿諾德·貝林特著，李媛媛譯：《藝術與介入》，商務印書館，2013 年。

4. 〔美〕艾朗諾著，杜斐然等譯：《美的焦慮：北宋士大夫的審美思想與追求》，上海古籍出版社，2013 年。

5. 〔美〕埃倫·迪薩納亞克著，戶曉輝譯：《審美的人》，商務印書館，2004 年。

6. 安平秋、〔美〕安樂哲：《北美漢學家辭典》，人民文學出版社，2001 年。

7. 〔美〕包弼德著，劉寧譯：《斯文：唐宋思想的轉型》，江蘇人民出版社，2001 年。

8. 〔美〕卜壽珊，姜一涵、張鴻翼譯：「北宋文人的繪畫觀」，《國立編譯館館刊》1982 年第 11 卷第 2 期，143～186 頁。

9. 程傑：「宋詩『平淡』美的理論和實踐」，載《南京師大學報（社會科學版）》1995 年第 4 期，72～77 頁。

10. 〔宋〕鄧椿著，黃苗子點校：《畫繼》，人民美術出版社，1963 年。

11. 〔宋〕范成大：《范石湖集》，上海古籍出版社，1981 年。

12. 方智範：「楊億及西崑體再認識」，載《華東師範大學學報（哲學社會科學版）》2000 年第 32 卷第 6 期，3～17 頁。

13. 馮若春：《「他者」的眼光——論北美漢學家關於「詩言志」、「言意關係」的研究》，四川大學博士學位論文，2004 年。

14. 馮偉：《北宋初期科舉文化與西崑體》，湘潭大學碩士學位論文，2005 年。

15. 〔美〕福開森著，張郁乎譯：《中國藝術講演錄》，北京大學出版社，2015 年。

16. 高超：《宇文所安唐詩研究及其詩學思想的建構》，天津師範大學博士學位論文，2012 年。

17. 〔美〕高居翰著，李佩樺等譯：《氣勢撼人：17 世紀中國繪畫中的自然與風格》，生活・讀書・新知三聯書店，2009 年。

18. 〔美〕高居翰著，洪再新等譯：《詩之旅：中國與日本的詩意繪畫》，生活・讀書・新知三聯書店，2012 年。

19. 葛紅：《宇文所安唐詩史方法論研究》，西北大學博士學位論文，2010 年。

20. 顧之京：「宋詩理趣漫論」，載《河北大學學報》1990 年第 3 期，42～48 頁。

21. 郭齊勇、李蘭蘭：「安樂哲『儒家角色倫理』學說析評」，載《哲學研究》2015 年第 1 期，42～48 頁。

22. 韓經太：「論宋人平淡詩觀的特殊指向與內蘊」，《學術月刊》1990 年第 7 期，52～58 頁。

23. 韓振華：「從宗教辯難到哲學論爭——西方漢學界圍繞孟子『性善』說的兩場論戰」，載《中山大學學報（社會科學版）》2012 年第 6 期，156～166 頁。

24. 韓振華：「孟子是個講『邏輯』的人嗎？——基於對西方漢學視角的考察」，載《復旦學報（社會科學版）》2014 年第 1 期，65～75 頁。

25. 〔德〕漢斯—格奧爾格・伽達默爾著，洪漢鼎譯：《真理與方法》，商務印書館，2010 年。

26. 杭春曉：「高居翰『視覺研究』中的辭與圖——中國繪畫史研究方法之再檢討」，載《文藝研究》2014 年第 12 期，125～135 頁。

27. 〔美〕郝大維、〔美〕安樂哲著，施忠連等譯：《期望中國：中西哲學文化比較》，學林出版社，2005 年。

28. 〔美〕郝大維、〔美〕安樂哲著，施忠連譯：《漢哲學思維的文化探源》，江蘇人民出版社，1999 年。

29. 〔德〕黑格爾著，朱光潛譯：《美學》，商務印書館，1979 年。

30. 〔宋〕胡仔：《苕溪漁隱叢話》，人民文學出版社，1962 年。

31. 黃暉：《論衡校釋》，中華書局，1990 年。

32. 〔宋〕黃庭堅著，〔宋〕任淵、〔宋〕史容、〔宋〕史季溫注，黃寶華點校：《山谷詩集注》，上海古籍出版社，2003 年。

33. 〔美〕姜斐德著，石傑等譯：《宋代詩畫中的政治隱情》，中華書局，2009 年。

34. 〔德〕康德著，鄧曉芒譯：《判斷力批判》，人民出版社，2002 年。

35. 〔美〕肯達爾·L·沃爾頓著，趙新宇等譯：《扮假作真的模仿》，商務印書館，2013 年。

36. 〔宋〕李昉等編：《文苑英華》，中華書局，1966 年。

37. 〔唐〕李林甫等撰，陳仲夫點校：《唐六典》，中華書局，1992 年。

38. 〔英〕李斯託威爾著，蔣孔陽譯：《近代美學史評述》，上海譯文出版社，1980 年。

39. 李勇：「異域視野中的『中國藝術』──英美漢學界中國美術史研究芻論」，載《文藝評論》2014 年第 5 期，11～16 頁。

40. 〔魏〕劉劭著，梁滿倉注譯：《人物志》，中華書局，2009 年。

41. 劉耘華：「『清掃通向中國的道路』──郝大維和安樂哲的中西比較文化方法論試探」，載《文藝理論研究》2013 年第 6 期，146～156 頁。

42. 魯曙明主編：《中國學》，中國人民大學出版社，2012 年。

43. 〔宋〕陸游著，錢仲聯校注：《劍南詩稿校注》，上海古籍出版社，1985 年。

44. 〔宋〕梅堯臣著，朱東潤校注：《梅堯臣集編年校注》，上海古籍出版社，1980 年。

45. 〔美〕孟久麗著，何前譯：《道德鏡鑒：中國敘述性圖畫與儒家意識形態》，生活·讀書·新知三聯書店，2014 年。

46. 明復法師主編:《禪門逸書》,明文書局,1981 年。

47. 〔宋〕歐陽修著,李逸安點校:《歐陽修全集》,中華書局,2001 年。

48. 〔法〕皮埃爾·布迪厄著,劉暉譯:《藝術的法則:文學場的生成和結構》,中央編譯出版社,2001 年。

49. 〔美〕喬迅著,邱士華等譯:《石濤:清初中國的繪畫與現代性》,生活·讀書·新知三聯書店,2010 年。

50. 〔美〕喬治·桑塔亞那著,楊向榮譯:《美感》,人民出版社,2013 年。

51. 〔美〕喬治·桑塔亞那著,張旭春譯:《藝術中的理性》,北京大學出版社,2014 年。

52. 秦寰明:「西崑體的盛衰與宋初詩風的演進」,載《南京師大學報(社會科學版)》1989 年第 1 期,58～63 頁。

53. 〔清〕阮元校刻:《十三經注疏》,中華書局,1980 年。

54. 上海書畫出版社、上海華東師範大學古籍研究室編:《歷代書法論文選》,上海書畫出版社,1979 年。

55. 舒大剛主編,四川大學古籍研究所編纂:《宋集珍本叢刊》,線裝書局,2004 年。

56. 宋曉春:「比較哲學視閾下安樂哲《中庸》翻譯研究」,載《外語與外語教學》2013 年第 2 期,77～80 頁。

57. 〔美〕蘇珊·朗格著,劉大基、傅志強譯:《情感與形式》,中國社會科學出版社,1986 年。

58. 〔宋〕蘇軾撰,王松齡點校:《東坡志林》,中華書局,1981 年。

59. 〔宋〕蘇軾著,〔清〕王文誥輯注,孔凡禮點校:《蘇軾詩集》,上海古籍出版社,1982 年。

60. 〔宋〕蘇軾著,孔凡禮點校:《蘇軾文集》,中華書局,1986 年。

61. 〔宋〕蘇舜欽著,沈文倬校點:《蘇舜欽集》,上海古籍出版社,1981 年。

62. 譚曉麗:《和而不同——安樂哲儒學典籍合作英譯研究》,復旦大學博士學位論文,2011 年。

63. 田耕宇:「由浪漫到平實——從文人關注視野與生活情趣的轉變看宋代文學的理性精神」,載《西南民族大學學報(人文社科版)》2005 年第 26 卷第 11 期,79～85 頁。

64. 〔英〕托馬斯‧霍布斯著，黎思復、黎廷弼譯：《利維坦》，商務印書館，1986 年。

65. 〔美〕托馬斯‧門羅著，石天曙、滕守堯譯：《走向科學的美學》，中國文藝聯合出版公司，1984 年。

66. 〔美〕W‧J‧T‧米歇爾著，陳永國譯：《圖像學：形象，文本，意識形態》，北京大學出版社，2012 年。

67. 王世舜、王翠葉譯注：《尚書》，中華書局，2012 年。

68. 〔清〕王先謙：《荀子集解》，中華書局，2012 年。

69. 王宇根. 《萬卷：黃庭堅和北宋晚期詩學中的閱讀和寫作》，生活‧讀書‧新知三聯書店，2015 年。

70. 文化部藝術研究院音樂研究所編：《中國古代樂論選輯》，人民音樂出版社，1987 年。

71. 吳堅旭：「創造性模仿在繪畫藝術中的意義——高居翰對董其昌『仿』之闡釋」，載《深圳大學學報（人文社會科學版）》2009 年第 4 期，143～146 頁。

72. 吳佩烱：「跨文化語境中的觀看與認知——美國漢學之李公麟研究中的觀念與方法」，載《文藝研究》2017 年第 1 期，127～138 頁。

73. 吳文治主編：《宋詩話全編》，江蘇古籍出版社，1998 年。

74. 吳小如：「『西崑體』平議」，載《文學評論》1990 年第 5 期，76～78 頁。

75. 謝琰：「諷物、觀理與宋詩的『理趣』」，載《文學評論叢刊》2012 年第 14 卷第 1 期，130～137 頁。

76. 邢志強：《審美趣味與歷史轉向——隋唐書法「法度」形成過程研究》，中國美術學院碩士學位論文，2010 年。

77. 徐復觀：《中國藝術精神》，華東師範大學出版社，2001 年。

78. 徐利明：「法度與情性之辯證——草書創作論」，載《中國書法》2013 年第 2 期，133～136 頁。

79. 許紀霖、宋宏編：《史華慈論中國》，新星出版社，2006 年。

80. 楊伯峻：《春秋左傳注》，中華書局，2009 年。

81. 楊伯峻：《論語譯注》，中華書局，2012 年。

82. 楊伯峻：《孟子譯注》，中華書局，2012 年。

83. 楊天宇：《禮記譯注》，上海古籍出版社，2004 年。

84. 楊曉輝：「西崑體的形成及其對宋代詩風的開創意義」，載《吳中學刊（社會科學版）》1995 年第 1 期，27～30、85 頁。

85. 葉朗：《中國美學史大綱》，上海人民出版社，1985 年。

86. 〔美〕宇文所安：《中國文論：英譯與評論》，上海社會科學院出版社，2003 年。

87. 〔美〕約翰・杜威著，高建平譯：《藝術即經驗》，商務印書館，2010 年。

88. 〔美〕詹姆斯・埃爾金斯著，潘耀昌、顧泠譯：《西方美術史學中的中國山水畫》，中國美術學院出版社，1999 年。

89. 張海惠主編：《北美中國學——研究概述與文獻資源》，中華書局，2010 年。

90. 張思齊：「從中西詩學比較看宋詩的理趣」，載《文學遺產》2002 年第 1 期，29～38 頁。

91. 張妍：《自我指涉與表演：柯馬丁解釋〈詩經〉等文本的策略》，浙江大學博士學位論文，2014 年。

92. 章培恒，駱玉明：《中國文學史》，復旦大學出版社，1996 年。

93. 〔梁〕鍾嶸著，曹旭集注：《詩品集注》，上海古籍出版社，1994 年。

94. 朱光潛：《西方美學史》，北京：人民文學出版社，1979 年。

95. 朱靖華：「略說宋詩議論化理趣化」，載《中國人民大學學報》1994 年第 6 期，81～85 頁。

96. 〔宋〕《宣和畫譜》，景元大德吳氏刻本，臺北國立故宮博物院，1971 年。

二、英文文獻

1. Abrams, M.H.（eds.）, *The Norton Anthology of English Literature, 4th edition*, New York: W. W. Norton & Company, 1979.

2. Barnhart, Richard, *Along the Border of Heaven: Sung and Yuan Paintings from the C. C. Wang Family Collection*, New York: The Metropolitan Museum of Art, 1983.

3. Barnhart, Richard, et al, *Li Kung-lin's Classic of Filial Piety*, New York: The Metropolitan Museum of Art, 1993.

4. Barnhart, Richard, *Wintry Forests, Old Trees: Some Landscape Themes in Chinese Painting*, New York: China House Gallery & China Institute in America, 1973.

5. Bickford, Maggie, *Bones of Jade, Soul of Ice: The Flowering Plum in Chinese Art*, New Haven: Yale University Art Gallery, 1985.

6. Bickford, Maggie, *Ink Plum: The Making of a Chinese Scholar-Painting Genre*, Cambridge: Cambridge University Press, 1996.

7. Bickford, Maggie, "The Painting of Flowers and Birds in Sung-Yuan China", In Maxwell K. Hearn and Judith G. Smith（eds.）, *Arts of the Sung and Yuan*, New York: The Metropolitan Museums of Art, 1996, pp.293-315.

8. Bol, Peter K. *This Culture of Ours: Intellectual Transitions in T'ang and Sung China*, Stanford: Stanford University Press, 1994.

9. Bourdieu, Pierre, *Distinction: A Social Critique of the Judgment of Taste*, Cambridge and London: Harvard University Press, 1984.

10. Bourdieu, Pierre, "Intellectual Field and Creative Project", In M. F. D. Young（eds.）, *Knowledge and Control: New Directions for the Sociology of Education*, London: Collier-Macmillan, 1971: 161-188.

11. Bourdieu, Pierre, *The Field of Cultural Production*, New York: Columbia University Press, 1993.

12. Brotherton, Elizabeth, "Beyond the Written Word: Li Gonglin's Illustrations to Tao Yuanming's "Returning Home"", In *Artibus Asiae*, Vol. 59, No. 3 / 4（2000）, pp.225-263.

13. Brotherton, Elizabeth, "Two Farewell Handscrolls of the Late Northern Song", In *Archives of Asian Art*, Vol. 52（2000 / 2001）, pp.44-62.

14. Bush, Susan, *Early Chinese Texts on Painting*, Hong Kong: Hong Kong University Press, 2012.

15. Bush, Susan, "Poetry and Pictorial Expression in Chinese Painting", In Martin J. Powers and Katherine R. Tsiang（eds.）, *A Companion to Chinese Art*, West Sussex: Wiley Blackwell, 2016, pp.499-516.

16. Bush, Susan, *The Chinese Literati on Painting: Su Shih（1037-1101）to Tung*

Ch'i-ch'ang（1555-1636）, Hong Kong: Hong Kong University Press, 2012.

17. Cahill, James, *Three Alternative Histories of Chinese Painting, the Spencer Museum of Art & University of Kansas, 1988.*

18. *Cahill, James, Wu Chen, A Chinese Landscapist and Bamboo Painter of the Fourteenth Century, Dissertation of University of Michigan, 1958.*

19. Chaves, Jonathan, *Mei Yao-ch'en and the Development of Early Sung Poetry*, New York and London: Columbia University Press, 1976.

20. Chaves, Jonathan, ""Not the Way of Poetry": The Poetics of Experience in the Sung Dynasty", In *Chinese Literature: Essays, Articles, Reviews（CLEAR）*，Vol. 4, No. 2（Jul., 1982）, pp.199-212.

21. Dewey, John, *Art as Experience*, New York: G. P. Putnam's Sons, 1934.

22. Egan, Ronald, "On the Circulation of Books during the Eleventh and Twelfth Centuries", In *Chinese Literature: Essays, Articles, Reviews*, Vol. 30（Dec., 2008）, pp.9-17.

23. Egan, Ronald, "Ou-yang Hsiu and Su Shih on Calligraphy", In *Harvard Journal of Asiatic Studies*, Vol. 49, No. 2（Dec., 1989）, pp.365-419.

24. Egan, Ronald, "Poems on Paintings: Su Shih and Huang T'ing-chien", In *Harvard Journal of Asiatic Studies*, Vol. 43, No. 2（Dec., 1983, pp.413-451.

25. Egan, Ronald, "Su Shih's "Notes" as a Historical and Literary Source", In *Harvard Journal of Asiatic Studies*, Vol. 50, No. 2（Dec., 1990）, pp.561-588.

26. Egan, Ronald, *The Literary Works of Ou-yang Hsiu*, New York: Cambridge University Press, 1984.

27. Egan, Ronald, *The Problem of Beauty: Aesthetic Thought and Pursuits in Northern Song Dynasty China*, Cambridge: Harvard University Asia Center, 2006.

28. Egan, Ronald, "The Problem of the Repute of Tz'u During the Northern Sung",   In Pauline Yu（eds.）, *Voices of the Song Lyric in China*, Oxford: University of California Press, 1994, pp.191-225.

29. Egan, Ronald, *Word, Image, and Deed in the Life of Su Shi*, Cambridge and London: Harvard University Press, 1994.

30. Ferguson, John C., *Outlines of Chinese Art*, Charleston: Forgotten Books, 2012.

31. Frankel, Hans H., "Poetry and Painting: Chinese and Western Views of Their Convertibility", In *Comparative Literature*, Vol.9, No.4（Autumn, 1957）, pp. 289-307.

32. Fuller, Michael A., *Drifting among Rivers and Lakes: Southern Song Dynasty Poetry and the Problem of Literary History*, Cambridge and London: Harvard University Press, 2013.

33. Fuller, Michael A., "Pursuing The Complete Bamboo in The Breast: Reflections on a Classical Chinese Image for Immediacy", In *Harvard Journal of Asiatic Studies*, 1993, 53（1）, pp.5-23.

34. Fuller, Michael A., *The Road to East Slope: The Development of Su Shi's Poetic Voice*, Stanford: Stanford University Press, 1990.

35. Gombrich, E. H., *The Sense of Order: A Study in the Psychology of Decorative Art*, Oxford: Phaidon, 1979.

36. Hall, David L., *The Uncertain Phoenix*, New York: Fordham University Press, 1982.

37. Hall, David L. and Roger T. Ames, *Anticipating China: Thinking through the Narratives of Chinese and Western Culture*, Albany: State University of New York Press, 1995.

38. Hall, David L. and Roger T. Ames, *Thinking form the Han: Self, Truth, and Transcendence in Chinese and Western Culture*, Albany: State University of New York Press, 1997.

39. *Harrist, Jr., Robert E., "Art and Identity in the Northern Sung Dynasty: Evidence from Gardens"*, In Maxwell K. Hearn and Judith G. Smith（eds.）, *Arts of the Sung and Yuan*, New York: The Metropolitan Museums of Art, 1996, pp.147-164.

40. *Harrist, Jr., Robert E., Painting and Private Life in Eleventh-Century China: Mountain Villa by Li Gonglin*, Princeton: Princeton University Press, 1998.

41. Hawes, Colin S. C., "Mundane Transcendence: Dealing with the Everyday in Ouyang Xiu's Poetry", In *Chinese Literature: Essays, Articles, Reviews*, Vol.

21（Dec., 1999），pp.99-129.

42. Hawes, Colin S. C., *The Social Circulation of Poetry in the Mid-Northern Song: Emotional Energy and Literati Self-Cultivation*, Albany: State University of New York Press, 2005.

43. Hay, Jonathan, *Shitao: Painting and Modernity in Early Qing China*, Cambridge: Cambridge University Press, 2001.

44. Hearn, Maxwell K., *How to Read Chinese Paintings*, New York: The Metropolitan Museums of Art, 2008.

45. Langer, Susanne K., *Feeling and Form: A Theory of Art Developed from Philosophy in a New Key*, New York: Charles Scribner's Sons, 1953.

46. Loehr, Max. "The Question of Individualism in Chinese Art", *In Journal of the History of Ideas, Vol.22, No.2（Apr. - Jun., 1961），pp.147-158.*

47. Malpas, *J. E., Place and Experience: A Philosophical Topography, Cambridge: Cambridge University Press, 2004.*

48. Moeller, Hans-Georg and Andrew Whitehead（eds.），*Landscape and Travelling East and West, Bloomsbury, 2014.*

49. Mungello David E., "Neo-Confucianism and Wen-jen Aesthetic Theory", *In Philosophy East and West*, Vol. 19, No. 4（Oct., 1969），pp.367-383.

50. Murck, Alfreda, *Poetry and Painting in Song China: The Subtle Art of Dissent,* Cambridge: Harvard University Asia Center, 2002.

51. Murck, Alfreda, *"Words in Chinese Painting",* In Martin J. Powers and Katherine R. Tsiang（eds.），*A Companion to Chinese Art*, West Sussex: Wiley Blackwell, 2016, pp.457-473.

52. Nisbett, Richard E., *The Geography of Thought: How Asians and Westerners Think Differently... and Why*, London and Boston: Nicholas Brealey Publishing, 2003.

53. Ortiz, Valérie Malenfer, *Dreaming the Southern Song Landscape: The Power of Illusion in Chinse Painting*, Leiden, Boston and Koln: Brill, 1999.

54. Owen, Steven, "Poetry and Its Historical Ground", In *Chinese Literature: Essays, Articles, Reviews,* 12（1990），pp.107-118.

55. Peterson, Willard J., "Introduction", In Willard J. Peterson, Andrew H. Plaks and Ying-shih Yu（eds.）, *The Power of Culture: Studies in Chinese Cultural History*, Hong Kong: The Chinese University Press, 1994, pp.1-9.

56. Powers, Martin J., "Humanity and "Universals" in Sung Dynasty Painting", In Maxwell K. Hearn and Judith G. Smith（eds.）, *Arts of the Sung and Yuan*, New York: The Metropolitan Museums of Art, 1996, pp.135-146.

57. Powers, Martin J., *Pattern and Person: Ornament, Society, and Self in Classical China*, Cambridge and London: Harvard University Press, 2006.

58. Santayana, George, *The Sense of Beauty: Being the Outlines of Aesthetic Theory*, New York, Chicago and Boston: Charles Scribner's Sons, 1896.

59. Sargent, Stuart H., "Colophons in Countermotion: Poems by Su Shih and Huang T'ing-chien on Paintings", In *Harvard Journal of Asiatic Studies*, Vol. 52, No. 1（Jun., 1992）, pp.263-302.

60. Schmidt, J. D., "Ch'an, Illusion, and Sudden Enlightenment in the Poetry of Yang Wan-li", In *T'oung Pao*, Second Series, Vol. 60, Livr. 4 / 5（1974）, pp.230-281.

61. Schmidt, J. D., *Stone Lake: The Poetry of Fan Chengda*, Cambridge: Cambridge University Press, 1992.

62. Shusterman, Richard, *Analytic Aesthetics*, New York: Basil Blackwell, 1989.

63. Silbergeld, Jerome, "On the Origins of Literati Painting in the Song Dynasty", In Martin J. Powers and Katherine R. Tsiang（eds.）, *A Companion to Chinese Art*, West Sussex: Wiley Blackwell, 2016, pp.474-498.

64. Sturman, Peter Charles, "In the Realm of Naturalness: Problems of Self-Imaging by the Northern Sung Literati", In Maxwell K. Hearn and Judith G. Smith（eds.）, *Arts of the Sung and Yuan*, New York: The Metropolitan Museums of Art, 1996, pp.165-188.

65. Sturman, Peter Charles, *Mi Fu: Style and the Art of Calligraphy in Northern Song China*, New Haven and London: Yale University Press, 1997.

附錄 本書涉及的部分宋代書畫作品

附圖 1

附圖 2

附圖 3

附圖 4

附圖 1～4：（北宋）李公麟，《臨韋偃牧放圖》，絹本設色，北京故宮博物院。

附圖 5

（北宋）李公麟，《孝經圖》第 2 章，佚名摹本（疑為 14 世紀），手卷，紙本水墨，
臺北故宮博物院。

附圖6

（北宋）李公麟，《孝經圖》第8章，約11世紀晚期，手卷，絹本水墨，美國大都會博物館。

附圖 7

（‧北宋）李公麟，《孝經圖》第 5 章，約 11 世紀晚期，手卷，絹本水墨，美國大都會博物館。

附圖 8

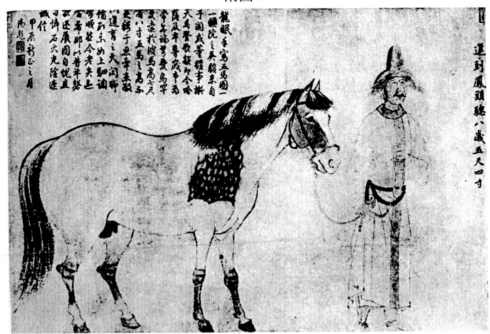

附圖 9

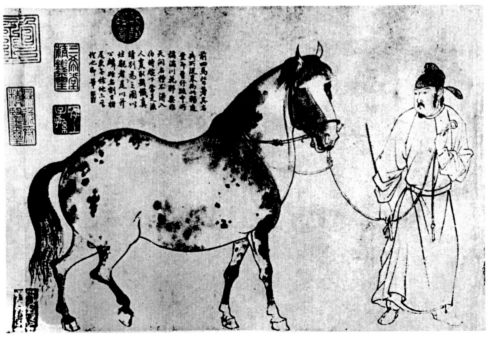

附圖 8～9：（北宋）李公麟，《五馬圖》（局部），約 1090 年，手卷，紙本水墨，現下
落不明。

（傳）（北宋）李公麟，「湘夫人」，出自《九歌》圖卷第四部分，約16世紀摹本，手卷，絹本水墨，日本大阪藤田美術館。李公麟原作已失傳。

附圖 11

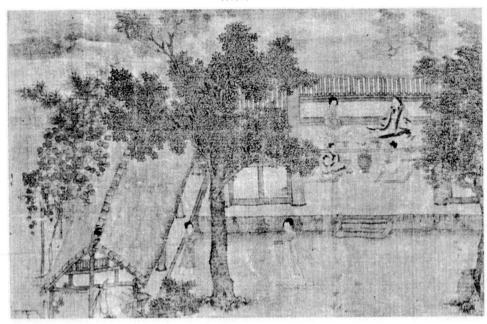

附圖 12

附圖 11～12：(傳)(北宋)李公麟,《歸去來辭圖》第二、七部分,約 1110 年,手
卷,絹本設色,美國弗利爾美術館。

附圖 13

附圖 14

附圖 13～14：（傳）喬仲常《後赤壁賦圖》局部，約 12 世紀，手卷，紙本水墨，美國
納爾遜藝術博物館。喬仲常不但師法李公麟，與李公麟也有親屬關係。

附圖 15

（南宋）王洪，《瀟湘八景》之「平沙落雁」，約 1150 年，手卷，絹本水墨，普林斯頓大學藝術博物館。

附圖 16

（南宋）王洪，《瀟湘八景》之「遠浦歸帆」，約 1150 年，手卷，絹本水墨，普林斯頓大學藝術博物館。

附圖 17

（南宋）王洪，《瀟湘八景》之「山市晴嵐」，約 1150 年，手卷，絹本水墨，普林斯頓大學藝術博物館。

附圖 18

（南宋）王洪，《瀟湘八景》之「江天暮雪」，約 1150 年，手卷，絹本水墨，普林斯頓大學藝術博物館。

附圖 19

（南宋）王洪，《瀟湘八景》之「洞庭秋月」，約 1150 年，手卷，絹本水墨，普林斯頓大學藝術博物館。

附圖 20

（南宋）王洪，《瀟湘八景》之「瀟湘夜雨」，約 1150 年，手卷，絹本水墨，普林斯頓大學藝術博物館。

附圖 21

（南宋）王洪，《瀟湘八景》之「煙寺晚鐘」，約 1150 年，手卷，絹本水墨，普林斯頓大學藝術博物館。

附圖 22

（南宋）王洪，《瀟湘八景》之「漁村落照」，約 1150 年，手卷，絹本水墨，普林斯頓大學藝術博物館。

附圖 23

（南宋）舒城李生，《瀟湘臥遊圖》局部之「漁村落照」（題跋為董其昌），約 1170 年，手卷，紙本水墨，東京國立博物館。

附圖 24

（南宋）舒城李生，《瀟湘臥遊圖》局部之「煙寺晚鐘」，約 1170 年，手卷，紙本水
墨，東京國立博物館。

附圖 25

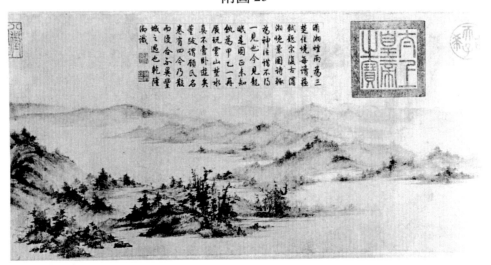

（南宋）舒城李生，《瀟湘臥遊圖》局部之「瀟湘夜雨」，約 1170 年，手卷，紙本水
墨，東京國立博物館。

附圖 26

（南宋）舒城李生，《瀟湘臥遊圖》局部之「山市晴嵐」，約 1170 年，手卷，紙本水墨，東京國立博物館。

附圖 27

（南宋）舒城李生，《瀟湘臥遊圖》局部之「江天暮雪」，約 1170 年，手卷，紙本水墨，東京國立博物館。

附圖 28

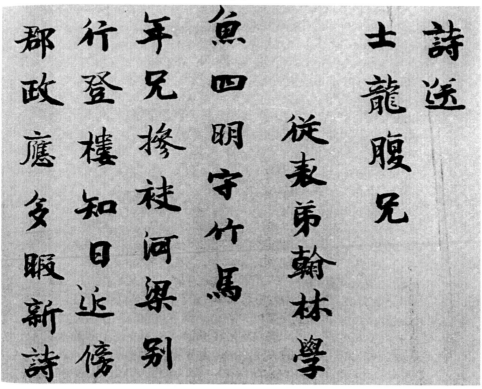

（北宋）李宗諤（964～1012）書法，冊頁局部，臺北故宮博物院。

附圖 29

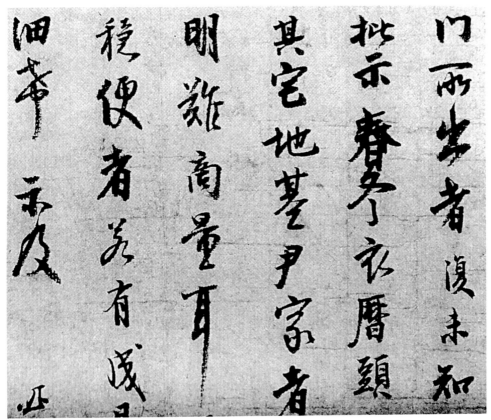

（北宋）李建中（945～1013）書法，冊頁局部，臺北故宮博物院。